mémentos

APPRENDRE UTILE

2021/22

Droit administratif général

Ramu de Bellescize

est professeur des universités (Université du Mans) et membre de Wolfson College (Université de Cambridge). Il a été *visiting scholar* à Georgetown University (États-Unis).

Du même auteur, chez le même éditeur

Collection « Carrés Rouge »

– *L'essentiel du Droit administratif général*, 8e éd. 2021-2022.

Collection « Mémentos »

– *Exercices corrigés de Droit administratif général*, 1re éd. 2014.

Collection « Droit Expert »

– *Droit des cultes et de la laïcité*, 2018.

Suivez-nous sur www.gualino.fr

Contactez-nous gualino@lextenso.fr

DANGER
LE PHOTOCOPILLAGE TUE LE LIVRE

1, Parvis de La Défense
92044 Paris La Défense Cedex
978-2-297-13368-5
ISSN 2680-073X

mémentos

APPRENDRE UTILE

2021/22

Ramu de Bellescize

Droit administratif général

9e

Cours intégral et synthétique + Outils pédagogiques

Gualino
un savoir-faire de Lextenso

mémentos

APPRENDRE UTILE

- **C'est un cours complet et synthétique avec des aides pédagogiques différenciées.**
- **Il correspond à un enseignement dispensé en Licence et Master.**
- **Il est entièrement rédigé de manière structurée, claire et accessible.**
- **Il est à jour de l'actualité la plus récente.**

Présentation

Le droit administratif est le ***droit de l'administration***. Au sens matériel, l'administration a pour vocation de servir l'État. Au sens organique, l'administration désigne l'ensemble des organes qui participent à l'action administrative. Le droit administratif est aussi le ***droit de l'activité administrative***. Il peut, sous certaines conditions, s'appliquer à des personnes privées auxquelles une mission d'intérêt général a été confiée.

Pour accomplir leur mission d'intérêt général, les personnes publiques ou privées sont investies de ***prérogatives de puissance publique***. La France étant un État de droit, ces prérogatives sont mises en œuvre sous le contrôle du juge qui veille à ce que l'administration n'agisse qu'en application de la loi et dans le respect de la loi. C'est ce que l'on appelle le ***principe de légalité***.

La particularité du système français est que ce contrôle est effectué par un juge spécifique : le ***juge administratif***. Et il est effectué en vertu d'un droit spécifique : le droit administratif. Il y a donc d'une part, séparation des autorités administratives et judiciaires, et d'autre part, autonomie du droit administratif par rapport au droit privé.

La dualité du système ainsi établi soulève une question : celle du critère du droit administratif. La complexité mais aussi la richesse du droit administratif viennent de ce que la question n'a jamais été vraiment résolue. La réponse change à mesure que les missions de l'administration évoluent.

Plan de cours

PARTIE 1
Le principe de légalité administrative

Chapitre 6 L'administration centrale de l'État 97

PARTIE 3
L'action administrative

PARTIE 5
La justice administrative

PARTIE 6
La responsabilité administrative

PLAN DE COURS

PLAN DE COURS

Liste des principales abréviations

AJDA	Actualité juridique de Droit administratif
CE	Conseil d'État
CGCT	Code général des collectivités territoriales
CJA	Code de justice administrative
CJUE	Cour de justice de l'Union européenne (ex. CJCE)
Cons. const.	Conseil constitutionnel
Const.	Constitution de 1958
CMP	Code des marchés publics
D.	Dalloz (Recueil)
D.	Décret
EDCE	Études et documents du Conseil d'État
EP	Établissement public
EPA	Établissement public administratif
EPIC	Établissement public industriel et commercial
GAJA	Grands arrêts – Jurisprudence administrative
GIP	Groupement d'intérêt public
PGD	Principes généraux du droit
PFRLR	Principes fondamentaux régis par les lois de la République
QPC	Question prioritaire de constitutionnalité
RFDA	Revue française de droit administratif
RIDC	Revue internationale de droit comparé
RDP	Revue de droit public et de la science politique en France et à l'étranger
TA	Tribunal administratif
T. confl.	Tribunal des conflits

Introduction

1. LA SÉPARATION DES AUTORITÉS ADMINISTRATIVES ET JUDICIAIRES

L'organisation de la justice en France se distingue par une dualité d'ordre juridictionnel : d'un côté il y a l'ordre administratif, de l'autre l'ordre judiciaire. Les deux ordres constituent deux ensembles distincts et autonomes de juridiction. Certains pays européens, notamment la Grèce ou le Luxembourg ont adopté ce modèle qui reste cependant relativement peu répandu dans le monde. À cette dualité, il existe des sources historiques et des sources juridiques.

A - Les sources historiques

La dualité d'ordre juridictionnel commence sous l'Ancien régime. La révolution de 1789 va la parachever.

1) L'Ancien régime

La dualité trouve ses racines dans l'Ancien régime. En 1641, par l'Édit de Saint-Germain, le cardinal de Richelieu limite le droit de remontrances du Parlement de Paris en faisant « très expresses inhibitions et défenses » aux corps judiciaires « de prendre à l'avenir connaissance d'aucunes affaires qui peuvent concerner l'État, l'administration et le gouvernement d'icelui que nous réservons à notre seule personne ». Cette interdiction est renouvelée par arrêt du conseil du roi (Louis XIV) du 8 juillet 1661 : il est interdit aux cours de justice de s'occuper des litiges d'ordre administratif.

2) La Révolution

La méfiance des révolutionnaires à l'égard des juges va rendre l'interdiction, faite aux tribunaux judiciaires de s'immiscer dans les fonctions administratives, plus explicite encore. La loi des 16 et 24 août 1790 et le décret du 16 fructidor an III, toujours en vigueur aujourd'hui, proclame que « les fonctions judiciaires sont distinctes et demeureront toujours séparées des fonctions administratives [...]. Les juges judiciaires ne pourront [...] troubler de quelque manière les opérations des corps administratifs ni citer devant eux les administrateurs pour raison de leur fonction ». Le décret est ainsi rédigé : « Défenses itératives sont faites aux tribunaux de connaître des actes d'administration, de quelque espèce qu'ils soient, aux peines de droit ».

B - Les sources juridiques

Le dualisme juridictionnel repose sur une interprétation de la séparation. À cette interprétation, il existe un fondement constitutionnel.

1) L'interprétation de la séparation

Pour assurer une véritable séparation, il faut qu'un ordre de juridiction spécifique existe. Cette idée, dans sa mise en œuvre, va conduire à la création du Conseil d'État.

a) La nécessité d'un ordre de juridiction propre

Le dualisme juridictionnel repose sur une interprétation propre à la France de la séparation des pouvoirs. Selon celle-ci, laisser le juge judiciaire juger les actes de l'administration revient à lui permettre de porter atteinte à la séparation des pouvoirs. Le principe de séparation des pouvoirs ne correspond pas à ce qu'on appellerait en Angleterre « l'indépendance judiciaire », mais au fait que l'administration doit être indépendante du judiciaire et pour cette raison exemptée de la compétence de la juridiction judiciaire. D'où la nécessité de disposer d'un ordre de juridiction propre afin de permettre à l'administration de ne pas être jugée par le juge judiciaire, ce que résume la citation du conseiller d'État Henrion de Pansey : « Juger l'administration, c'est encore administrer »[1].

b) La création du Conseil d'État

La création du ***Conseil d'État*** par la Constitution du 22 Frimaire an VIII, puis des ***Conseils de préfecture*** permet la mise en place d'un juge spécialisé au fait des difficultés de l'action administrative. Elle donne également la possibilité aux citoyens de contester une décision de l'administration.

Progressivement, en dépit de sa proximité initiale avec l'administration, le Conseil d'État s'érige en juridiction indépendante. La justice est d'abord retenue au sens où le Conseil d'État ne fait que proposer des solutions au souverain. La justice déléguée ne sera établie que par la loi du 24 mai 1872 qui met un terme à la justice retenue. À partir de cette date, justice administrative et justice judiciaire qui sont toutes deux des justices déléguées, sont sur un pied d'égalité. Le Conseil d'État juge « au nom du peuple français », de manière autonome. Ses décisions s'imposent au souverain.

2) Les fondements constitutionnels de la séparation

Ce fondement a d'abord été dégagé par le Conseil constitutionnel. Le Conseil d'État, dans sa fonction contentieuse, a ensuite été inscrit dans la Constitution.

1. Panse H. de, *De l'autorité judiciaire en France*, 1810.

a) La jurisprudence du Conseil constitutionnel

Le 22 juillet 1980 dans sa décision « loi de validation »[2], le Conseil constitutionnel a reconnu que l'indépendance de la juridiction administrative faisait partie des principes fondamentaux reconnus par les lois de la République (PFRLR). Ce principe fondamental se fonde sur la loi des 16 et 24 août 1790 et sur le décret du 16 fructidor an III. Une partie de la compétence de la juridiction administrative et par voie de conséquence, son existence, a également été constitutionnalisée par la décision du 23 janvier 1987 « Conseil de la concurrence »[3].

b) La Constitution

À l'origine, le Conseil d'État n'était mentionné qu'en tant qu'organe consultatif dans la constitution de 1958. Il a été reconnu comme organe juridictionnel, dans l'article 61-1, à l'occasion de la révision constitutionnelle du 23 juillet 2008 et l'introduction de la question prioritaire de constitutionnalité.

2. L'AUTONOMIE DU DROIT ADMINISTRATIF

L'autonomie du droit administratif est déjà en germe dans le droit de l'Ancien régime. Au cours du XIXe siècle, de nombreuses lois administratives sont adoptées par le Parlement. Elles sont loin cependant de couvrir la totalité du champ du droit administratif. L'autonomie est finalement affirmée avec le plus de netteté par un arrêt de la IIIe République, l'arrêt *Blanco*. Une fois le principe de l'autonomie affirmé, sa portée reste à déterminer et surtout, son fondement : l'intérêt général.

A - L'arrêt *Blanco* et l'autonomie du droit administratif

Les faits de l'arrêt *Blanco* rendu par le Tribunal des conflits le 8 février 1873, permettent de mettre en lumière son apport au principe de l'autonomie du droit administratif.

1) Les faits de l'arrêt Blanco

Agnès Blanco, âgée de cinq ans et demi, est renversée par un wagonnet de la Manufacture des tabacs de Bordeaux, exploitée en régie par l'État. Le wagonnet, poussé par des employés de la manufacture la blesse. Elle doit être amputée d'une jambe. Son père, Jean Blanco, intente une action en responsabilité civile contre l'État sur la base des articles 1240 et suivants du Code civil pour obtenir réparation du préjudice subi par sa fille. La première question qui se pose est de savoir quel est le juge compétent pour statuer sur cette affaire : le juge administratif ou le juge judiciaire ? Il s'agit en effet d'un accident dû à une entreprise appartenant à l'État. Se pose ensuite la question de savoir

2. 22 juill. 1980, n° 80-119 DC, Loi portant validation d'actes administratifs.
3. 23 janv. 1987, n° 86-224 DC, Loi transférant à la juridiction judiciaire le contentieux des décisions du Conseil de la concurrence.

quel est le droit applicable : le Code civil peut-il être invoqué dans une action en responsabilité contre l'État ?

2) *L'apport de l'arrêt* Blanco

Le Tribunal des conflits se prononce pour la compétence du juge administratif. Il décide en outre, ce qui est fondamental pour l'autonomie du droit administratif, que la responsabilité de l'administration « ne peut être régie par les principes qui sont établis dans le Code civil, pour les rapports de particulier à particulier [...] Que cette responsabilité n'est ni générale, ni absolue ; qu'elle a ses règles spéciales qui varient suivant les besoins du service et la nécessité de concilier les droits de l'État avec les droits privés ». En d'autres termes, que le droit qui doit être appliqué à l'administration est un droit spécifique.

Depuis l'arrêt *Blanco*, la thèse de l'autonomie du droit administratif a été réaffirmée à de nombreuses reprises, notamment par le commissaire du gouvernement Rivet, dans l'arrêt *Savonneries Henri Olive*, de 1921[4] : « s'il est intéressant pour vous [juges administratifs] de connaître les applications que font du Code civil, en matière de paiement de l'indu, les tribunaux judiciaires, vous ne sauriez oublier qu'ayant à trancher non un litige entre particuliers, mais un litige où l'État est partie, votre décision peut s'inspirer de principes différents [...] Vous êtes maîtres de votre jurisprudence. À vous de la créer [...] en ne retenant les règles du Code civil que dans la mesure où l'application en est compatible avec les nécessités de la vie collective [...] ».

B - La portée de l'autonomie

La portée principale de l'autonomie du droit administratif est son indépendance. Mais l'autonomie n'est pas absolue. Il existe des tempéraments.

1) *L'indépendance du droit administratif*

Le droit administratif est indépendant du droit privé. Cette indépendance se matérialise par l'existence d'un corps de règles suffisamment homogène pour régir l'essentiel de l'activité de l'administration. Les règles du droit administratif ne dérogent pas au droit commun. Elles constituent un ensemble complet. L'autonomie emporte plusieurs conséquences sur le régime du droit administratif :

- l'administration dans ses rapports avec les individus n'est pas régie par les mêmes principes que les individus, mais par un ensemble de droits et de prérogatives particuliers à elle seule ;
- en droit administratif, il y a liaison de la compétence (du juge) et du fond (du droit administratif) ;
- le droit administratif est un droit prétorien. Le juge reconnaît à la jurisprudence le pouvoir de créer du droit lorsque la loi est silencieuse ;
- lorsque le juge administratif est amené à dégager une règle, il se tient pour libre vis-à-vis du droit privé et dégage la règle de droit administratif selon ce que lui paraissent être les besoins propres de la vie administrative.

4. CE, 25 nov. 1921, Savonneries Henri Olive : Lebon, p. 977 ; RDP 1922, p. 107, concl. Rivet.

2) Les tempéraments à l'autonomie

L'autonomie du droit administratif ne signifie pas que toute l'activité de l'administration est soumise au droit administratif. L'autonomie est le principe certes, mais l'originalité de son contenu est variable. Différentes règles coexistent au sein du droit administratif. Certaines sont propres au droit administratif, d'autres sont en revanche inspirées du droit privé. Il existe ainsi une échelle de particularisme dans le droit administratif, composé de trois marches :

- sur la première, ***le droit administratif est par son contenu, totalement différent du droit privé***. Ce sera le cas par exemple, des prérogatives de puissance publique ;
- sur la seconde, ***la règle appliquée par le droit administratif est la même qu'en droit privé***. Chaque droit applique, de manière indépendante, une règle identique ;
- sur la dernière marche, ***le droit administratif vise expressément un texte de droit civil***. Ce sera par exemple le cas de l'article 1231-6 du Code civil sur les intérêts moratoires (somme destinée à réparer le préjudice causé par le retard dans l'exécution d'une obligation).

Il demeure cependant autonome au sens où le juge administratif, lorsqu'il applique une règle de droit privé, le fait en toute liberté.

C - Le fondement de l'autonomie : l'intérêt général

Dans l'arrêt *Blanco*, il est question de « droits de l'État » pour justifier l'autonomie du droit administratif. Le commissaire du gouvernement Rivet, dans ses conclusions sur l'arrêt *Savonneries Henri Olive* invoque « les nécessités de la vie collective ». Ces deux expressions recouvrent une même réalité : ***l'intérêt général***, qui est la clef de voûte du droit administratif français. C'est parce que l'intérêt général est présent qu'un droit spécial, distinct du droit privé, est nécessaire[5]. Deux conceptions de l'intérêt général existent. L'une utilitariste, l'autre volontariste.

1) La conception utilitariste de l'intérêt général

La première conception de l'intérêt général, utilitariste, correspond à la vision anglo-saxonne. Selon cette conception, il ***n'existe pas de volonté générale distincte des intérêts individuels***. Ce que l'on présente comme la volonté générale n'est que la somme des intérêts individuels. Cette approche laisse peu de place à l'arbitrage de la puissance publique et traduit une méfiance de principe envers l'État. La conséquence pour le droit administratif est que si celui-ci est toléré, il doit demeurer l'exception. Seul un nombre restreint d'activités doit être soumis à son régime. Celles sans lesquelles il est difficile de concevoir un État souverain. En dehors de ces activités, l'administration n'est pas fondée à mettre en œuvre des prérogatives de puissance publique.

5. « L'intérêt général », Rapport du Conseil d'État, EDCE 1998, p. 253.

2) *La conception volontariste de l'intérêt général*

La seconde conception de l'intérêt général, volontariste, correspond davantage à la tradition française. Selon cette conception, il existe ***un intérêt général distinct des intérêts individuels***. L'expression a varié selon les époques – bien public, bien commun, intérêt général –, mais l'idée reste la même. Un intérêt général existe, qui échappe aux individus, qui les transcende. L'action administrative est, pour cette raison, d'une autre nature que l'action des particuliers. Cela explique que l'administration, lorsqu'elle met en œuvre l'intérêt général, dispose de prérogatives spécifiques lui permettant d'accomplir sa mission, par-delà les intérêts individuels. Cela justifie le déséquilibre existant en droit administratif entre les droits de l'administration et les droits des particuliers.

3. LES CRITÈRES DU DROIT ADMINISTRATIF

Un critère unique du droit administratif n'a jamais vraiment existé. D'où la grande complexité des solutions en la matière[6]. Selon les époques, ou parfois simultanément, la conception jurisprudentielle, doctrinale ou même politique des fondements du droit administratif a pu varier. Différents critères ont été utilisés. Quatre âges peuvent être distingués, correspondant à quatre critères différents.

A - L'âge de l'administration

Le droit administratif s'est d'abord appliqué dès que l'administration était partie prenante. Le critère était par conséquent simple : dès que l'administration agissait, peu importe sous quelle forme ou dans quel but, le droit administratif s'appliquait.

B - L'âge de la puissance publique

Du début à la fin du XIXe siècle, la référence à la notion de puissance publique fonde le droit administratif. Il s'agit d'une doctrine des moyens. Lorsque l'État agit en qualité de puissance publique, qu'il commande, interdit, autorise, en d'autres termes que les actes qu'il accomplit sont des actes d'autorité et non de gestion, le droit administratif doit être appliqué. En vertu de la règle de la compétence et du fond, la juridiction administrative est compétente. Lorsqu'au contraire, l'État se comporte comme un simple particulier en accomplissant des actes de gestion, qu'il conclut par exemple des contrats de droit commun, le droit privé doit être appliqué, les activités de gestion relevant du juge judiciaire. C'est ce que l'on a appelé « l'école de la puissance publique » ou « l'école de Toulouse » dont la figure emblématique était Maurice Hauriou.

---

6. Rivero J., « Existe-t-il un critère du droit administratif ? », RDP 1953, p. 279.

C - L'âge du service public

L'arrêt *Blanco* du 8 février 1873 marque l'abandon du critère de puissance publique remplacé par celui du service public. Le droit administratif doit s'appliquer dès qu'il y a service public, mais uniquement dans ce cas. Il s'agit d'une doctrine des buts. L'arrêt *Blanco* lie ainsi à la notion de service public l'application des règles spéciales de droit administratif et la compétence de la juridiction administrative. La relation entre le service public et le régime administratif était si étroite que la doctrine a cru pouvoir les assimiler l'un à l'autre. C'est la théorie de l'école dite « du service public », ou « école de Bordeaux » (Duguit, Jèze, Bonnard). Ce critère a dû être à son tour abandonné. L'apparition des services publics industriels et commerciaux qui sont des services publics organisés et gérés selon des procédés de droit privé, ayant entraîné l'extension de la compétence du juge judiciaire et du droit privé.

D - L'âge de la gestion publique et de la gestion privée

Des pans entiers du contentieux des services publics ont été transférés au juge judiciaire à mesure que se développait une gestion privée des services publics. La notion de service public a continué à perdre de son influence sans pour autant disparaître. Elle joue toujours un rôle important au sens où la jurisprudence attache des conséquences à la présence d'un service public. Elle n'a plus cependant le rôle de critère exclusif.

Un autre critère est désormais utilisé pour limiter l'application du droit administratif. Ce critère complémentaire au service public réside dans la distinction entre ce que l'on appelle la gestion publique et la gestion privée. Le régime administratif ne s'applique plus que lorsque l'activité de service public s'exerce sous la forme de la gestion publique, dans des conditions exorbitantes du droit commun. Ce régime rappelle, mais sous une forme assez différente, le critère de la ***puissance publique***.

Pour aller plus loin

L'arrivée du droit administratif en Angleterre

L'évolution qui s'est produite en Angleterre au cours de la fin du XIXe siècle puis du XXe siècle illustre à la fois des résistances qu'a pu susciter le droit administratif et les raisons susceptibles de conduire à son adoption.

L'opposition au droit administratif

L'idée qui prévaut en Angleterre au XIXe siècle, et dont le juriste Dicey fut l'un des plus grands promoteurs[7], est qu'il ne peut y avoir d'État de droit, de « *rule of law* », qu'à partir du moment où d'une part, les parties sont soumises au même droit, et d'autre part où ce droit est appliqué par les tribunaux judiciaires. Le règne du droit, la « *rule of law* », est indissociable de la *common law*. Tous les sujets, gouvernés et gouvernants, doivent être soumis au même droit et au même juge. La solution française – deux droits, deux juges – est de ce fait complètement étrangère à la conception de la « *rule of law* » telle qu'elle existe en Angleterre au XIXe siècle. Elle est même considérée par la majorité des juristes libéraux comme « un instrument

7. Dicey, *Introduction to the Study of the Law of the Constitution*, 8e éd., 1915.

d'oppression », conçu « pour le service exclusif d'un pouvoir absolu »[8], et ce d'autant plus que le droit administratif est soustrait au juge ordinaire. Le droit administratif, droit inégalitaire par essence, qui tend à conférer des pouvoirs exorbitants à l'administration, ne peut dans ces conditions, qu'être condamné. Son rôle serait de permettre des inégalités entre l'administration et les particuliers en les soumettant à un droit supposé moins avantageux.

L'adoption du droit administratif

Deux évolutions vont se produire parallèlement, qui vont contribuer à acclimater le droit administratif en Angleterre. Les juristes anglais découvrent d'abord que le droit administratif tel que l'élabore le Conseil d'État français à travers sa jurisprudence ne correspond pas à l'idée qu'ils s'en font. Le droit administratif n'est pas un « vêtement dissimulant l'arbitraire du pouvoir ». Il apporte même aux administrés une protection efficace. Or, cette protection, et c'est la seconde évolution, est devenue indispensable aux administrés. Avec l'apparition en Angleterre du « welfare state » au début du XXe siècle, l'administration s'est vue conférer des prérogatives exorbitantes du droit commun. Face à cette montée en puissance, le système judiciaire anglais, enraciné dans sa tradition privatiste de « *Common law* », se trouve dépassé. Le droit ne parvient plus à protéger les sujets contre l'administration. Après bien des résistances l'Angleterre finit par se rallier au droit administratif, les juristes britanniques comprenant que ce droit est le meilleur moyen pour soumettre l'administration au droit. Certes, l'Angleterre n'adopte pas, comme la France, la dualité de juridiction. Mais des quasi-juridictions administratives s'y développent. Au sein de certains tribunaux, il existe des chambres spécialisées en droit administratif. Cette évolution illustre la nécessité de faire une place à part à l'administration en raison de ses caractéristiques essentielles : la poursuite de l'intérêt général et les prérogatives de puissance publique.

Loi sur l'organisation judiciaire des 16 et 24 août 1790
Extraits du titre II : Des juges en général

Article 10 : Les tribunaux ne pourront prendre directement ou indirectement aucune part à l'exercice du pouvoir législatif, ni empêcher ou suspendre l'exécution des décrets du corps législatif, sanctionnés par le Roi, à peine de forfaiture.

Article 13 : Les fonctions judiciaires sont distinctes et demeureront toujours séparées des fonctions administratives. Les juges ne pourront, à peine de forfaiture, troubler, de quelque manière que ce soit, les opérations des corps administratifs, ni citer devant eux les administrateurs pour raison de leurs fonctions.

Article 17 : L'ordre constitutionnel des juridictions ne pourra être troublé, ni les justiciables distraits de leurs juges naturels, par aucune commission, ni par d'autres attributions ou évocations que celles qui seront déterminées par la loi.

8. V. la préface de Jean Rivero au livre de Spyridon Flogaïtis, *Administrative law et droit administratif*, 1986, LGDJ-Lextenso.

BIBLIOGRAPHIE

AMSELEK (P.), « Le service public et la puissance publique. Réflexions autour d'une étude récente », AJDA 1968, p. 492.

AUBY (J.), « La bataille de San Romano », AJDA 2001, p. 912.

BENOIT (F.-P.), « Les fondements de la justice administrative », in *Mélanges offerts à Marcel Waline*, tome II, 1974, LGDJ-Lextenso, p. 283.

BOULOUIS (J.), « Supprimer le droit administratif ? », Pouvoirs 1988, n° 46, p. 5.

BRAIBANT (G.), « Le rôle du Conseil d'État dans l'élaboration du droit », in *Mélanges René Chapus*, 1992, Montchrestien, p. 91.

CASSESE (S.), *Culture et politique du droit administratif*, traduction Morabito (M.), 2008, Dalloz.

CHEVALLIER (J.), « Les fondements idéologiques du droit administratif français », in *Variations autour de l'idéologie de l'intérêt général*, Vol. 2, 1979, Paris, PUF, p. 3.

GAUDEMET (Y.), « L'exportation du droit administratif français. Brèves remarques en forme de paradoxe », in *Mélanges Philippe Ardant*, 1999, LGDJ-Lextenso, p. 431.

HAURIOU (M.), « De la formation du droit administratif français depuis l'an VIII », in *Mélanges Garsonnet*, pièce XVII, 1893 (RGDA 1892, Tome 2).

LAUBADÈRE DE (A.), « Réflexions sur la crise du droit administratif français », D. 1952, chron. p. 5.

LEGENDRE (P.), « La royauté du droit administratif. Recherches sur les fondements traditionnels de l'État centriste en France », in *Trésor historique de l'État en France*, 1992, Paris, Fayard, pp. 578-609.

MESTRE (J.-L.), « Les fondements historiques du droit administratif français », EDCE 1982-1983, p. 63.

RIVERO (J.) « Apologie pour les faiseurs de systèmes », D. 1951, chron. p. 99. – « Existe-t-il un critère du droit administratif ? », RDP 1953, p. 279. – « Le huron au Palais Royal ou réflexions naïves sur le recours pour excès de pouvoir », D. 1962, chron. p. 37.

VEDEL (G.), « Les bases constitutionnelles du droit administratif », EDCE 1954, p. 21.

« L'avenir du dualisme juridictionnel : continuité ou rupture ? », Dossier, Revue de droit d'Assas, n° 18, mai 2019, pp. 34 à 94.

PARTIE 1

Le principe de légalité administrative

L'action de l'administration est subordonnée à des règles qui l'habilitent à agir, qui fixent les conditions de son action et qui déterminent les droits des administrés. Si cette soumission au droit s'appelle « principe de légalité », c'est parce que lors de son apparition, la source essentielle de la légalité était la loi.

Les sources se sont aujourd'hui considérablement diversifiées, à telle enseigne que certains auteurs préfèrent parler du principe de « juridicité » de l'action administrative. L'expression est différente mais la réalité qu'elle recouvre est la même : l'administration est soumise au droit. Les actes qui ne respectent pas ce droit doivent être annulés par le juge. Le problème est que cette légalité est « composite, infiniment plus abondante et mobile qu'autrefois »[1]. D'où la nécessité d'identifier les sources de cette légalité. Mais même une fois identifiées, des conflits peuvent surgir entre les différentes sources, tant elles sont variées, parfois même contradictoires.

1. Gaudemet Y., « Le principe de légalité », in *Dictionnaire de la culture juridique*, 2010, PUF.

Le droit offre des éléments de réponses aux différents conflits susceptibles de surgir. Parfois, la légalité des temps ordinaires ne peut s'appliquer, notamment en cas de circonstances exceptionnelles. Le droit prévoit alors des tempéraments au principe de légalité.

CHAPITRE 1

Les sources du droit administratif

Si l'on devait décrire l'évolution des sources du droit administratif, un mot y suffirait : la dilatation. À l'origine de ce phénomène, il y a les sources nouvelles, et elles sont nombreuses, qui sont venues, depuis le début de la Ve République, s'adjoindre aux anciennes. Ces sources nouvelles sont constituées de la jurisprudence du Conseil constitutionnel et « du droit venu d'ailleurs », le droit européen sous ses différentes formes. L'enjeu pour l'administration de cette multiplication des sources est l'encadrement plus étroit de sa liberté d'action et la soumission à des règles souvent plus complexes.

Les sources du droit administratif s'organisent selon un principe hiérarchique. La source suprême est composée du bloc de constitutionnalité. Les autres sources doivent être en conformité avec la Constitution. Il s'agit du droit international, de la loi, du règlement, des principes généraux du droit et de la jurisprudence.

1 • LE BLOC DE CONSTITUTIONNALITÉ

Le bloc de constitutionnalité comprend la Constitution. Il regroupe également l'ensemble des normes auxquelles le Conseil constitutionnel, par le jeu d'une jurisprudence audacieuse, a donné une valeur constitutionnelle. Il s'agit de la Déclaration des droits de l'homme, du Préambule de 1946, de la Charte de l'environnement, des Principes fondamentaux reconnus par les lois de la République et des décisions du Conseil constitutionnel. Ces sources s'imposent au législateur. Une loi qui les contredirait serait contraire à la Constitution, encourant ainsi la censure du Conseil constitutionnel.

A - La Constitution

La Constitution est le statut de l'État. Elle fonde, par voie de conséquence, le droit administratif dont l'objet est de permettre l'action administrative de l'État. Les dispositions de la Constitution de 1958 relatives à l'administration sont cependant peu nombreuses. Il s'agit essentiellement de règles de compétences parmi lesquelles on peut citer :

– *les articles 13 et 21* qui répartissent le pouvoir de nomination des fonctionnaires de l'État entre le président de la République et le Premier ministre ;
– *l'article 20, alinéa 2*, aux termes duquel « le gouvernement dispose de l'administration et de la force armée » ;

– *l'article 21, alinéa 1* aux termes duquel : « Le Premier ministre dirige l'action du gouvernement. Il est responsable de la défense nationale. Il assure l'exécution des lois. Sous réserve des dispositions de l'article 13, il exerce le pouvoir réglementaire et nomme aux emplois civils ».

Des règles de fond existent également. Elles ont été dégagées par le Conseil constitutionnel et intégrées au bloc de constitutionnalité.

B - La Déclaration des droits de l'Homme et le Préambule de la Constitution de 1946

Le Préambule de la Constitution de 1958 proclame l'attachement du peuple français « aux droits de l'homme et aux principes de la souveraineté nationale tels qu'ils ont été définis par la Déclaration de 1789, confirmée et complétée par le Préambule de la Constitution de 1946 [...] ». Deux possibilités s'offraient au juge : reconnaître à ces textes une simple valeur philosophique ou leur reconnaître une valeur constitutionnelle. Le Conseil d'État a opté pour la valeur constitutionnelle en 1960 dans l'arrêt *Société Eky*[1]. Le Conseil constitutionnel l'a suivi en 1971 dans la décision *Liberté d'association*[2].

C - La Charte de l'environnement

Depuis la révision de la Constitution du 1er mars 2005, la Charte de l'environnement appartient au bloc de constitutionnalité. Le Conseil constitutionnel[3] puis le Conseil d'État[4] lui ont reconnu valeur constitutionnelle. Certaines dispositions de la Charte ont une valeur proclamatoire. Tel est le cas de celle rappelant que « les ressources et les équilibres naturels ont conditionné l'émergence de l'humanité ». D'autres ont une valeur juridique réelle. Le Conseil constitutionnel a ainsi jugé qu'il découlait du préambule de la Charte de l'environnement que la protection de l'environnement, patrimoine commun de l'humanité, constituait un objectif de valeur constitutionnelle[5].

D - Les principes fondamentaux reconnus par les lois de la République

Le Préambule de la Constitution de 1946 fait référence aux « principes fondamentaux reconnus par les lois de la République » (PFRLR). Le Conseil constitutionnel, dans sa décision du 16 juillet 1971, s'est fondé sur les PFRLR pour reconnaître une valeur constitutionnelle à un premier principe en s'appuyant sur une loi de la IIIe République : la liberté d'association. Depuis, une dizaine de libertés ont reçu le statut de PFRLR. Parmi ceux-ci, la liberté de l'enseignement ou la liberté de conscience[6].

1. CE, 12 févr. 1960, Société Eky : Lebon, p. 101.
2. 16 juill. 1971, n° 71-44 DC, Liberté d'association.
3. 19 juin 2008, n° 2008-564 DC, Loi relative aux OGM.
4. CE, 3 oct. 2008, Commune d'Annecy : Lebon, p. 322, GAJA.
5. Cons. const., 31 janv. 2020, n° 2019-823 QPC, Union des industries de la protection des plantes.
6. 23 nov. 1977, n° 77-87 DC, Liberté d'enseignement et de conscience.

Deux conditions doivent être réunies pour que Conseil constitutionnel reconnaisse un PFRLR :

- le principe doit avoir été ***établi par une loi de la République***. Cela exclut les lois du 1er et 2nd empire ainsi que celle des différentes monarchies. Il existe cependant une exception qui concerne le principe de la compétence exclusive de la juridiction administrative pour l'annulation ou la réformation des décisions prises dans l'exercice des prérogatives de puissance publique[7]. Le Conseil constitutionnel s'est en partie fondé, pour dégager ce principe, sur la loi des 16 et 24 août 1790 adoptée par l'Assemblée nationale le 16 août et sanctionnée par Louis XVI, le 24 août ;
- la ***loi doit être antérieure à la IVe République***. Concrètement, cela signifie que la quasi-totalité des PFRLR sont issues de grandes lois adoptées sous la IIIe République (1870-1940).

E - Les décisions du Conseil constitutionnel

Il faut distinguer entre les décisions du Conseil constitutionnel et les réserves d'interprétation contenues dans les décisions.

1) Les décisions

L'article 62 de la Constitution dispose que « les décisions du Conseil constitutionnel ne sont susceptibles d'aucun recours. Elles s'imposent aux pouvoirs publics et à toutes les autorités administratives et juridictionnelles ». Cette disposition revient à donner aux décisions du Conseil constitutionnel une valeur constitutionnelle. Cependant, l'autorité de la chose jugée, c'est-à-dire la valeur constitutionnelle, ne s'attache qu'à deux éléments de la décision :

- leur dispositif d'abord, c'est-à-dire la partie finale du jugement qui contient la décision proprement dite ;
- les motifs ensuite, ceux tout au moins qui correspondent au dispositif[8].

Le juge administratif veille à ce que l'administration respecte ces deux éléments[9]. Les autres motifs n'ont au contraire aucune autorité de la chose jugée.

2) Les réserves d'interprétation

La technique des réserves d'interprétation permet au Conseil constitutionnel de déclarer une disposition conforme à la Constitution, à condition que cette disposition soit interprétée ou appliquée de la façon que le Conseil indique. Le Conseil d'État, dans une décision du 15 mai 2013[10], a précisé leur statut :

- elles sont revêtues de l'autorité absolue de la chose jugée ;
- elles lient le juge administratif pour l'application et l'interprétation de cette disposition ;
- le juge administratif doit faire application de ces réserves, le cas échéant, d'office.

---

7. 23 janv. 1987, n° 86 224 DC, Conseil de la concurrence.
8. 16 janv. 1962, n° 62-18 DC, Loi d'orientation agricole.
9. CE, ass., 20 déc. 1985, SA Établissements Outers : Lebon, p. 382.
10. CE, 15 mai 2013, Commune de Gurmençon.

2. LE DROIT INTERNATIONAL

Le droit international constitue une source ancienne du droit administratif. La Constitution de la IVe République s'y réfère dans son alinéa 14 : « La République française, fidèle à ses traditions, se conforme aux règles du droit international public ».

La Constitution de la Ve République fait de même dans son article 55. Dans les deux cas, il s'agit du droit international classique. Le constituant a également consacré l'existence d'une branche spécifique du droit international : le droit de l'Union européenne. Ce droit ne doit pas être confondu avec le droit de la Convention européenne des droits de l'homme.

A - Le droit international classique

Aux termes de l'article 55 de la Constitution de 1958, « Les traités ou accords régulièrement ratifiés ou approuvés ont, dès leur publication, une autorité supérieure à celle des lois, sous réserve, pour chaque accord ou traité, de son application par l'autre partie ». Les pouvoirs du Conseil d'État en matière d'interprétation des traités sont étendus. Il interprète lui-même les stipulations obscures d'un traité[11] et il décide lui-même si les deux conditions auxquelles l'article 55 subordonne son application sont bien remplies[12].

Aux termes de la première condition, le traité ou l'accord international doit avoir été régulièrement ratifié ou approuvé. La seconde condition exige que le traité ou l'accord soit appliqué par l'autre partie. C'est ce que l'on appelle la ***réserve de réciprocité***.

Compte tenu de l'importance qu'ils ont en droit administratif, ***deux traités*** peuvent être mentionnés :

- le premier, ratifié par la France en 1974, est la ***Convention européenne de sauvegarde des droits de l'homme*** et des libertés fondamentales. Ce traité sert de base à l'annulation de nombreux actes administratifs qui portent atteinte aux droits de l'individu ;
- le second est le ***traité de Rome*** du 25 mars 1957, instituant la CEE, modifié par des traités postérieurs à de très nombreuses reprises.

B - Le droit de l'Union européenne

Le droit de l'Union européenne est devenu, au fil du temps, une source majeure du droit administratif. Rares sont les domaines qui échappent à son emprise. Son application est très contrôlée, tant par les juridictions nationales que par les juridictions européennes. Au sein du droit de l'Union européenne, il convient de distinguer entre le droit originaire et le droit dérivé.

11. CE, ass., 29 juin 1990, GISTI : Lebon, p. 171, GAJA.
12. CE, ass., 18 déc. 1998, SARL Blotzheim : Lebon, p. 383.

1) Le droit originaire

Le droit originaire est le droit qui fonde l'Union européenne. Il est composé des traités européens qui constituent, comme les traités internationaux, des sources de légalité. Ces traités (10 traités qui vont du traité de Paris de 1951 au Pacte budgétaire européen de 2012) sont regroupés dans le traité sur l'Union européenne (TUE) et le traité sur le fonctionnement de l'Union européenne (TFUE).

2) Le droit dérivé

Le droit dérivé est constitué du droit édicté par l'Union européenne. Il se compose :

- des ***règlements européens*** qui établissent des normes applicables directement dans chaque État ;
- des ***directives*** qui sont destinées à tous les États ou, plus rarement, à certains d'entre eux. Les directives définissent des objectifs à atteindre mais laissent en principe aux États, une certaine liberté sur les moyens pour atteindre ces objectifs dans un délai limité. La directive, pour devenir une source de légalité au profit des particuliers doit faire l'objet d'une transposition en droit interne. Depuis l'arrêt d'assemblée *Perreux*, du 30 octobre 2009[13], le Conseil d'État reconnaît la possibilité pour tout justiciable de se prévaloir, à l'appui d'un recours dirigé contre un acte administratif même non réglementaire, des dispositions précises et inconditionnelles d'une directive.

C - La Convention européenne des droits de l'homme

La Convention européenne de sauvegarde des droits de l'homme et des libertés fondamentales du 4 novembre 1950 est entrée en vigueur en 1953. La France l'a ratifiée en 1974. Elle a pour but de protéger les droits de l'homme. Depuis 1982, des recours individuels peuvent être formés, après épuisement des voies de recours internes, par des citoyens des États parties à la Convention, devant la Cour européenne des droits de l'homme mise en place en 1959 et siégeant à Strasbourg.

L'article qui a le plus d'incidence sur le droit administratif français est l'article 6 de la CEDH qui garantit à toute personne un procès équitable, dans un délai raisonnable et par un tribunal impartial et indépendant. Cet article a servi de fer de lance à une remise en cause de la procédure devant la juridiction administrative. La CEDH considère que le cumul des fonctions consultatives et juridictionnelles qui existe au sein de la juridiction administrative est contraire à l'article 6 de la convention. La juridiction doit être impartiale. Elle doit aussi, en vertu de la théorie des apparences, thème cher à la CEDH, apparaître comme impartiale[14].

13. CE, ass., 30 oct. 2009, Perreux.
14. CEDH, 6 mai 2003, Kleyn c/Pays-Bas.

3. LA LOI

Il existe aujourd'hui, aux alentours de 10 500 lois en vigueur en France. Le nombre de lois votées par le Parlement chaque année oscille entre 40 et 50. Les normes législatives se répartissent dans différentes catégories. L'une d'entre elles, celle des lois ordinaires, a vu son domaine encadré par la constitution de 1958.

A - Les différentes catégories de normes législatives

Les normes législatives se divisent en deux catégories : les lois et les ordonnances.

1) Les lois

Il existe 6 types de lois :

- les ***lois ordinaires***. Ce sont les plus nombreuses (un peu moins d'une centaine de lois sont adoptées par le Parlement chaque année, en incluant toutes les lois : ordinaires, organiques, de finances, de transposition de normes européennes, autorisant la ratification de conventions internationales...). En réalité, une cinquantaine de lois chaque année ont vraiment une valeur normative ;
- les ***lois référendaires***. Le Conseil constitutionnel refuse d'en contrôler la conformité à la Constitution parce qu'elles constituent l'expression directe de la volonté nationale[15] ;
- les ***lois organiques***. Elles ont pour objet d'expliciter ou de compléter la Constitution. Votées selon une procédure spécifique prévue à l'article 46 de la Constitution, elles sont soumises au contrôle obligatoire du Conseil constitutionnel ;
- les ***lois de finances***. Elles sont d'une nature particulière puisqu'elles ne sont pas constitutives de droit pour les particuliers[16] ;
- les lois autorisant la ***ratification ou l'approbation de traités*** ou accords internationaux (art. 53) ;
- les ***lois de programmation*** (art. 34) qui déterminent, pour plusieurs années, les « objectifs de l'action de l'État » dans un domaine déterminé, ainsi que les moyens financiers correspondants.

2) Les ordonnances

De manière en principe exceptionnelle (crise, urgence) le Gouvernement peut intervenir, par voie d'***ordonnance***, dans le domaine de la loi. Les ordonnances sont encadrées de manière très précise par l'article 38 de la Constitution qui a constitutionnalisé la pratique des décrets-lois des IIIe et IVe Républiques. Le Parlement doit habiliter le Gouvernement à agir dans le domaine législatif pour une durée déterminée, en définissant avec précision la finalité et le domaine d'intervention.

Les ordonnances sont délibérées en Conseil des ministres, soumises pour avis au Conseil d'État, puis signées par le président de la République. Souvent implicite par le passé, leur ratification parlementaire doit être expresse depuis la révision de la Constitution

15. 6 nov. 1962, n° 62-20, Élection du Président de la République au suffrage universel direct.
16. CE, 28 mars 1924, Jaurou : Lebon, p. 356.

du 23 juillet 2008. Avec la ratification qui lui donne une nature législative, l'ordonnance sort de la compétence du juge administratif pour rentrer dans celle de la QPC.

Les dispositions d'une ordonnance non ratifiée, passé le délai d'habilitation, sont assimilées par le Conseil constitutionnel, à des dispositions législatives. Le Conseil constitutionnel est donc compétent, dans le cadre de la question prioritaire de constitutionnalité, pour en contrôler la conformité avec les droits et libertés garantis par la constitution[17].

B - Le domaine de la loi

Au commencement, le domaine de la loi était strictement limité par la Constitution de 1958. L'interprétation qui a été faite de ce domaine a conduit à un déplacement de la frontière entre la loi et le règlement, à l'avantage de la loi.

1) La limitation initiale du domaine de la loi

Dans la mythologie républicaine qui a prévalu jusqu'au commencement de la Ve République, la loi, au motif qu'elle était votée par le Parlement, était l'expression de la volonté générale. Son domaine était illimité. La Constitution de 1958 a introduit une rupture en la cantonnant dans un domaine définit par l'article 34 de la Constitution. Il s'agit de l'une des mesures les plus emblématiques de la rationalisation du parlementarisme. Une frontière, théoriquement précise, délimite ce qui relève de la loi et ce qui relève du règlement.

Au sein de cette nouvelle répartition des compétences, la loi n'a plus qu'une compétence d'attribution. Elle devient, en principe tout au moins, l'exception, le règlement étant le principe. L'article 34 distingue entre les matières dont la loi « fixe les règles » (garanties fondamentales accordées aux citoyens) et celle dont la loi « détermine les principes fondamentaux » (organisation générale de la défense nationale ; libre administration des collectivités territoriales...).

2) L'extension du domaine de la loi

La limitation du domaine de la loi prévue par les articles 34 et 37 de la Constitution de 1958 ne s'est pas réalisée comme cela avait été prévu : « La révolution était possible, la révolution n'a pas eu lieu », selon l'expression du professeur Jean Rivero[18]. Le Conseil d'État, comme le Conseil constitutionnel ont, dans leur jurisprudence, atténué la distinction au profit de la loi en utilisant l'imprécision du critère matériel de délimitation des deux domaines. C'est finalement le pouvoir réglementaire qui a été limité. Le Conseil constitutionnel a jugé qu'une loi empiétant sur le domaine réglementaire n'était pas de ce seul fait inconstitutionnelle dès lors que, pendant la discussion parlementaire, le gouvernement avait eu la faculté d'opposer l'irrecevabilité[19].

17. 28 mai 2020, n° 2020-843 QPC, Assoc. Force 5.
18. J. Rivero, colloque à Aix-en-Provence, 1978.
19. 30 juill. 1982, n° 82-143 DC, Blocage des prix et salaires.

4. LE RÈGLEMENT

L'administration peut édicter des dispositions de portée générale destinées soit à mettre en œuvre la loi, soit à agir de manière autonome. Ces deux types de dispositions relèvent du pouvoir réglementaire. Sous la Ve République, des changements ont affecté aussi bien la notion de pouvoir réglementaire que les titulaires de ce pouvoir.

A - La notion de pouvoir réglementaire

Le pouvoir réglementaire est le pouvoir dont disposent les autorités exécutives et administratives de prendre unilatéralement (c'est-à-dire sans l'accord des destinataires) des actes exécutoires comportant des dispositions générales et impersonnelles (décret, arrêté).

Ce pouvoir a connu une évolution importante avec la Ve République : contrairement à ce qui existait avant 1958, les normes réglementaires (Const., art. 21) ne sont plus seulement des textes d'application des lois. Aux termes de l'article 37 de la Constitution du 4 octobre 1958, il existe un ***pouvoir réglementaire autonome***, intervenant dans un domaine propre, en l'absence de loi.

Quand il est saisi d'un règlement autonome, le Conseil d'État le confronte directement aux articles 34 et 37 afin de vérifier qu'il n'empiète pas sur le domaine de la loi. Le pouvoir réglementaire d'exécution des lois qui se fonde sur l'article 21 de la Constitution permet de prendre toutes les mesures nécessaires à la mise en œuvre de dispositions législatives. La validité du règlement est appréciée cette fois au regard de la loi et non de la Constitution. Il s'agit d'une application de la ***théorie de l'écran législatif***. La loi, en renvoyant pour ses modalités d'application aux décrets, est considérée comme ayant habilité le pouvoir réglementaire à empiéter sur le domaine législatif, dès lors que cet empiétement est nécessaire à sa mise en œuvre.

B - Les titulaires du pouvoir réglementaire

La Constitution ou la jurisprudence reconnaissent un pouvoir réglementaire à des autorités dont le niveau de compétence peut être national, local, ou enfin relever du niveau du chef de service.

1) Au niveau national

Sous la IIIe République, le pouvoir réglementaire était entièrement détenu par le président de la République. Sous la IVe République, seul le président du Conseil détenait ce pouvoir. Aujourd'hui, à la tête de l'exécutif, le partage du pouvoir réglementaire est la règle. Le président de la République ne détient le pouvoir réglementaire que pour les textes les plus importants, c'est-à-dire les décrets délibérés en Conseil des ministres (Const., art. 13). Le Premier ministre dispose du pouvoir réglementaire de droit commun : « Sous réserve des dispositions de l'article 13, [le Premier ministre] exerce le pouvoir réglementaire » (Const., art. 21).

Les ministres en revanche, ne disposent pas du pouvoir réglementaire en vertu du texte constitutionnel. Il est toutefois possible au Premier ministre ou au législateur de déléguer le pouvoir réglementaire aux ministres. Par ailleurs, le juge administratif a depuis longtemps, dans son arrêt *Jamart*, admis que le ministre disposait d'un pouvoir réglementaire pour organiser ses services[20].

2) Au niveau local

Au sein de l'administration d'État déconcentrée, le pouvoir réglementaire est exercé par le préfet. Dans le cadre de la décentralisation territoriale, l'article 72 de la Constitution dispose que, dans les conditions prévues par la loi, ces collectivités prennent des mesures réglementaires édictées par les autorités territoriales ou les assemblées délibérantes. Le maire, par ses activités réglementaires, encadre les activités susceptibles de troubler l'ordre public. Il met ainsi en œuvre un pouvoir réglementaire de police.

3) Les chefs de service

Le Conseil d'État, dans sa décision *Jamart*[21], a dans un premier temps reconnu aux ministres puis à tout chef de service la capacité de prendre les mesures réglementaires nécessaires au bon fonctionnement du service. Ce pouvoir est cependant limité au sens où il ne peut s'exercer qu'envers ceux qui sont en relation avec le service : usagers ou agents[22].

5. LES PRINCIPES GÉNÉRAUX DU DROIT

Le juge n'est en principe rien d'autre que « la loi qui parle ». C'est la raison pour laquelle « des principes généraux du droit on dit que le juge les recueille plus qu'il ne les crée »[23]. Il lui arrive cependant d'aller plus loin en les dégageant, à partir d'un texte. La notion et le contenu de principe général du droit ont été précisés par la jurisprudence et la doctrine.

A - La notion de principe général du droit (PGD)

L'expression proprement dite de principe général du droit est apparue dans l'arrêt *Aramu* en 1945[24]. Auparavant, le Conseil d'État s'était servi implicitement de cette notion pour imposer à l'administration le respect des principes d'égalité ou de liberté individuelle, mais sans utiliser l'expression. Les principes généraux du droit ont force obligatoire. Leur non-respect peut conduire à l'annulation d'un acte administratif et à l'engagement de la responsabilité de la puissance publique.

Tout principe général du droit revêt en principe trois caractères :

- ils sont des ***principes non écrits***, ce qui signifie qu'ils existent même lorsqu'aucun texte ne les consacre ;

---

20. CE, 7 févr. 1936, Jamart : Lebon, p. 172, GAJA.
21. CE, 7 févr. 1936, Jamart, préc.
22. T. confl., 15 janv. 1968, Cie Air France c. Époux Barbier : Lebon, p. 789 ; chef de service d'un SPIC exercé par une société à statut privé.
23. Chapus R., *Droit administratif général*, 14e éd., 2000, LGDJ-Lextenso, p. 89.
24. CE, ass., 26 oct. 1945 : Lebon, p. 213.

- ils sont ***issus de la tradition juridique française*** au sens où ils s'enracinent dans un droit préexistant. Le juge ne les crée pas de toutes pièces. En principe, il ne fait que « recueillir » ces principes. En réalité, la plupart du temps, les principes généraux du droit constituent les instruments d'une politique jurisprudentielle ;
- ils sont dégagés par les juges.

B - Le contenu des principes généraux du droit

Il n'est pas aisé de dresser une liste des principes généraux du droit (PGD). Le juge les dégage à mesure que les affaires se présentent à lui, ils sont par conséquent d'une grande diversité. Un certain nombre de PGD s'inspirent de la tradition libérale de 1789.

Ils ont pour objet d'assurer :

- l'égalité des administrés devant le service public[25] ;
- l'égalité d'accès aux emplois publics[26] ;
- la non-rétroactivité des actes administratifs[27] ;
- le principe de continuité des services publics[28] ;
- le principe selon lequel le recours pour excès de pouvoir est ouvert même sans texte contre tout acte administratif[29].

Pour aller plus loin

Un principe général du droit : la protection des agents publics

Extrait de CE, 13 janvier 2017, M. F.

« Il résulte d'un principe général du droit que, lorsqu'un agent public est mis en cause par un tiers à raison de ses fonctions, il incombe à la collectivité dont il dépend de le couvrir des condamnations civiles prononcées contre lui, dans la mesure où une faute personnelle détachable du service ne lui est pas imputable, de lui accorder sa protection dans le cas où il fait l'objet de poursuites pénales, sauf s'il a commis une faute personnelle, et, à moins qu'un motif d'intérêt général ne s'y oppose, de le protéger contre les menaces, violences, voies de fait, injures, diffamations ou outrages dont il est l'objet. Ce principe général du droit s'étend à toute personne à laquelle la qualité de collaborateur occasionnel du service public est reconnue. [...] ».

6. LA JURISPRUDENCE

Par rapport aux principes généraux du droit, les règles jurisprudentielles ont un objet beaucoup plus technique. Elles ne s'appliquent qu'à une situation précise. Il n'en demeure pas moins que l'autorité de la chose jugée liée aux décisions, au même titre que le bien-fondé de la jurisprudence, en fait une source très importante.

25. CE, 9 mars 1951, Société des concerts du Conservatoire : Lebon, p. 131, GAJA.
26. CE, ass., 28 mai 1954, Barel : Lebon, p. 308, GAJA.
27. CE, ass., 25 juin 1948, Société du journal l'Aurore : Lebon, p. 289, GAJA.
28. CE, ass., 7 juill. 1950, Dehaene : Lebon, p. 426.
29. CE, ass., 17 févr. 1950, Ministre de l'Agriculture c. Dame Lamotte : Lebon, p. 110, GAJA.

A - L'importance de la jurisprudence en droit administratif

En dépit de la méfiance traditionnelle à son égard, la jurisprudence possède en droit administratif un rôle créateur.

1) *La méfiance traditionnelle à l'égard de la jurisprudence*

Il existe en France, à l'égard du rôle créateur du juge, une certaine forme d'appréhension voire de crainte.

Montesquieu, s'en fit l'écho dès 1748, dans De l'esprit des lois : les juges doivent être « la bouche qui prononce les paroles de la loi, des êtres inanimés qui n'en peuvent modérer ni la force, ni la rigueur. [...] Les jugements doivent être fixes à un tel point qu'ils ne soient jamais qu'un texte précis de la loi ». L'origine de cette défiance est connue : elle vient du mauvais souvenir laissé par les Parlements d'Ancien régime. Ceux-ci s'étaient notamment opposés, grâce à la technique des arrêts de règlement, aux tentatives de réformes libérales de la monarchie. En réaction fut voté l'article 5 du Code civil aux termes duquel les juridictions ne sauraient adopter des arrêts de règlement en se prononçant « par voie de disposition générale et réglementaire sur les causes qui lui sont soumises ».

En principe, seule la loi possède une portée générale, car elle est la seule à être l'expression de la volonté générale. Mais parallèlement à l'article 5, l'article 4 du Code civil dispose que « le juge qui refusera de juger, sous prétexte du silence, de l'obscurité ou de l'insuffisance de la loi, pourra être poursuivi comme coupable de déni de justice ».

2) *Le rôle créateur de la jurisprudence*

Le juge administratif crée du droit pour suppléer au silence de la loi. L'absence de code de droit administratif, équivalent au Code civil, définissant les grands principes et les notions du droit administratif, rend ce travail de création d'autant plus indispensable. Le professeur René Chapus observe ainsi qu'au lieu « d'avoir simplement à se reporter aux suites, normalement cohérentes, des articles dont les codes et, de façon générale, les lois et règlements sont constitués et d'avoir sous les yeux l'ensemble des dispositions définissant un régime ou une notion, il faut cueillir les arrêts, un par un, et s'efforcer, une fois la récolte achevée, de les rapprocher en faisant un sort particulier à ceux qui sont importants et en s'attachant à en extraire l'économie d'un régime ou la définition d'une notion »[30].

Certes, le droit administratif ne connaît pas le système des précédents, ses décisions ne se réfèrent jamais à une décision antérieure. La jurisprudence n'en demeure pas moins une source fondamentale en droit administratif. Certaines des plus grandes notions du droit administratif ont été créées par voie jurisprudentielle. Tel est le cas, parmi de nombreux exemples, de la notion d'acte administratif ou du régime de responsabilité de la puissance publique.

---

30. Chapus R., *Droit administratif général*, 14e éd., 2000, LGDJ-Lextenso, p. 7.

B - Avantages et inconvénients de la jurisprudence

Le caractère jurisprudentiel du droit administratif possède des avantages et des inconvénients. L'enjeu du débat est d'autant plus important que les normes créées par le juge ont autorité de la chose jugée.

1) Les avantages

Le système est souple, car la jurisprudence s'adapte facilement aux évolutions. Une règle devenue obsolète peut être aisément modifiée par le juge dans l'établissement d'une nouvelle jurisprudence ou dans un revirement de jurisprudence. Cette souplesse est d'autant plus grande que le juge n'est pas lié par le système des précédents. La jurisprudence permet encore de prendre en compte, dans une certaine mesure, l'équité, et de chercher la conciliation entre les droits des citoyens, leurs libertés, et les nécessités de l'action administrative.

2) Les inconvénients

Une règle jurisprudentielle est par nature rétroactive : le juge énonce une règle en même temps qu'il l'applique au litige. D'où un risque pour la sécurité juridique. Cette rétroactivité peut cependant être tempérée par le juge en n'adoptant des règles nouvelles qu'à l'occasion de contentieux dont la solution ne s'en trouvera pas modifiée. Il peut se réserver de ne faire application que dans des contentieux ultérieurs. Cette solution n'est cependant pas toujours possible. Le juge peut alors, afin de ne pas fragiliser la sécurité juridique, moduler dans le temps les effets de sa décision.

Le Conseil d'État se reconnaît ainsi le pouvoir de décider qu'une annulation contentieuse ne produira ses effets qu'à une date qu'il détermine. L'administration aura ainsi le temps nécessaire pour remédier aux effets de l'annulation[31]. Encore faut-il pour que cette jurisprudence s'applique, que l'annulation de l'acte produise « des conséquences manifestement excessives ».

3) L'autorité de la chose jugée

Les normes créées par le juge ont « autorité de la chose jugée » lorsqu'elles ont acquis un caractère définitif, du fait de l'épuisement des voies de recours. Cela signifie qu'elles s'imposent à l'administration. Lorsqu'elles sont frappées d'appel, il convient de distinguer selon qu'elles ont été rendues par des juridictions administratives ou judiciaires. Pour les décisions des juridictions judiciaires, l'appel a normalement un effet suspensif. Pour les décisions des juridictions administratives, l'appel n'est pas suspensif, sauf si un sursis à exécution a été accordé.

Il existe une exception où l'administration peut refuser de prêter le concours de la force publique à l'exécution d'une décision de justice. Son refus est légal s'il est animé par le souci de préserver l'ordre public[32].

---

31. CE, ass., 11 mai 2004, Association AC ! et autres : Lebon, p. 197.
32. CE, 30 nov. 1923, Couitéas : Lebon, p. 789, GAJA : refus d'exécuter un jugement judiciaire expulsant 8 000 membres de tribus tunisiennes, en raison des troubles graves qu'aurait entraînés l'expulsion.

Pour aller plus loin

Le droit français et la Convention européenne des droits de l'homme

Jean-François Burgelin, procureur général à la Cour de cassation, Extrait de *La paille et la poutre*, Recueil Dalloz, 2004, n° 18, p. 1249.

« Il n'y a guère de doute sur l'avenir de la souveraineté nationale en matière de justice : elle est destinée à se diluer au sein d'une gouvernance judiciaire européenne.

Nous pouvons, à juste titre, regretter que l'interprétation d'une Convention internationale, signée au lendemain de la guerre, ait pour conséquence, un demi-siècle plus tard, la disparition progressive de ce qui a fait le sel et l'originalité du droit français. Le général de Gaulle avait bien senti le danger et s'était opposé à toute ratification de la Convention.

Ses successeurs, moins bien inspirés ou moins prudents, ont, par paliers successifs, ouvert totalement notre pays à une jurisprudence qui vient, par-delà notre législation nationale, nous dire qu'il convient notamment de changer nos procédures, nos usages, le droit des personnes ou le droit de la communication, en attendant que d'autres domaines soient atteints.

La raison commande de se persuader que nulle autorité politique nationale ne reviendra, à terme prévisible, sur cette subordination de notre justice à l'Europe. Il faut donc, d'une part, y habituer nos esprits, d'autre part, essayer de sauver ce qui, de nos institutions, mérite d'être défendu avec toute l'énergie dont nous disposons encore.

Non pas qu'il faille se faire d'illusions excessives : l'Europe des droits de l'homme n'est qu'un bastion avancé de l'influence américaine dont la culture judiciaire est en train d'inonder le monde entier. L'européanisation n'est que le faux nez d'une mondialisation qui tend à nous submerger.

Ce que nous pouvons et devons défendre, ce sont précisément les spécificités de notre droit qui paraissent apporter une meilleure défense des droits fondamentaux des hommes que certaines coutumes étrangères ».

BIBLIOGRAPHIE

Amselek (P.), « Les sources du droit », in *Archives de philosophie du droit*, T. 27, 1982, p. 251.

Camby (J.-P.), *La loi*, 2015, LGDJ-Lextenso, coll. Systèmes.

Chevallier (J.), *L'État de droit*, 6e éd., 2017, LGDJ-Lextenso, coll. Clefs.

Gaudemet (Y.), « Le principe de légalité », in *Dictionnaire de la culture juridique*, 2010, PUF.

Genevois (B.), « Principes généraux du droit », in *Encyclopédie Dalloz, Contentieux administratif*.

Haquet (A.), *La loi et le règlement*, 2009, LGDJ-Lextenso, coll. Systèmes.

Stirn (B.), *Les sources constitutionnelles du droit administratif*, 10e éd., 2019, LGDJ-Lextenso, coll. Systèmes.

Teboul (G.), « Nouvelles remarques sur la création du droit par le juge administratif dans l'ordre interne », RDP 2002, p. 1363.

CHAPITRE 2

Les conflits entre les sources du droit administratif

Les sources du droit administratif étant hiérarchisées, les conflits qui les opposent devraient se résoudre facilement : la norme supérieure l'emporte sur la norme inférieure. Tout le problème tient à ce que ni le droit national, ni le droit international, ne saurait renoncer sans risque à affirmer leur suprématie. Chaque ordre juridique ambitionne de primer l'autre, et l'effectivité de chaque ordre juridique se voit nécessairement hypothéquée, à un moment donné, par l'autre.

En réalité, tout dépend du point de vue auquel on se place pour envisager la question des rapports entre le droit national et le droit international. Si l'on considère la question du point de vue de l'ordre international, le principe de la primauté du droit international sur le droit interne l'emporte. Si on l'envisage du point de vue du droit national, la souveraineté de l'État conduit à conférer à la Constitution la valeur de norme suprême. Cette différence de point de vue conduit à envisager les conflits de normes susceptibles d'exister en droit administratif selon qu'ils se posent devant la Cour de justice de l'Union européenne, le Conseil constitutionnel ou la juridiction administrative.

1 • LES CONFLITS DE NORMES DEVANT LA COUR DE JUSTICE DE L'UNION EUROPÉENNE

Pour l'Union européenne, il est impératif que le droit européen, qu'il soit originaire ou dérivé, l'emporte sur toutes les normes de droit national, aussi importantes soient-elles. Cette position est à peu près aussi ancienne que la Communauté européenne elle-même. Elle a été confirmée et même renforcée. À tel point que pour la CJUE, le droit de l'Union européenne l'emporte même sur les constitutions nationales.

A - La primauté du droit de l'Union européenne

L'affirmation la plus triomphante de la primauté du droit européen sur les droits nationaux résulte de la décision de la Cour de justice des Communautés européennes (devenue depuis Cour de justice de l'Union européenne – CJUE), *Flaminio Costa c/Enel* du 15 juillet 1964[1]. Cette décision, qui témoigne d'une vision à la fois conflictuelle et hiérarchisée des rapports entre le droit européen et les droits nationaux précise tant le fondement de la primauté que son champ d'application et ses conditions de mises en œuvre.

Pour la CJUE, « à la différence des traités internationaux ordinaires, le traité CEE [européen] a institué un ordre juridique propre intégré au système juridique des États membres [ce qui a] pour corollaire l'impossibilité pour les États de faire prévaloir, contre un ordre juridique accepté par eux sur une base de réciprocité, une mesure unilatérale ultérieure qui ne saurait lui être opposable ». La CJUE ajoute un peu plus loin, que « la force exécutoire du droit communautaire ne saurait [...] varier d'un État à l'autre, à la faveur des législations internes ultérieures, [sans quoi] les obligations contractées dans le traité instituant la Communauté ne seraient pas inconditionnelles mais seulement éventuelles si elles pouvaient être mises en cause par les actes législatifs futurs de signataires ».

La primauté du droit européen est inhérente à sa nature même. C'est précisément la raison pour laquelle la jurisprudence de la CJUE s'emploie à fonder la primauté du droit européen sur une autre base que celle du droit international général. Tout le raisonnement de la CJUE dans la décision *Costa c/Enel* repose sur cette idée de spécificité du droit européen.

B - La primauté sur la Constitution

La CJUE a renforcé, dans sa décision *Kreil* du 11 janvier 2000, la primauté du droit de l'Union européenne sur les constitutions nationales. Le professeur Arnaud Haquet a vu dans cet arrêt « une nouvelle étape dans le processus d'assujettissement des droits nationaux au droit communautaire dérivé »[2]. Il faut désormais admettre sans conteste qu'une simple directive communautaire prévaut sur une disposition constitutionnelle nationale, et cela quel que soit son domaine d'intervention. Il importe peu à cet égard que la compétence en cause soit de nature régalienne, comme la défense nationale, ce qui était le cas dans l'arrêt *Kreil*. La CJUE affirme ainsi implicitement, mais clairement, le caractère « infra-communautaire » des normes constitutionnelles.

2. LES CONFLITS DE NORMES DEVANT LE CONSEIL CONSTITUTIONNEL

La Constitution de 1958 a introduit une disposition qui s'est révélée redoutable pour la souveraineté de la loi : le ***contrôle de constitutionnalité***. Alors que la tradition républicaine faisait de la loi votée par le Parlement l'expression de la volonté générale, la loi

1. 15 juill. 1964, Flaminio Costa c/Enel.
2. Haquet A., note sous CJCE, 11 janv. 2000, « Les directives communautaires prévalent-elles sur les règles constitutionnelles ? », Tanja Kreil, n° C-285/92, Droit administratif, février 2000, p. 23.

n'est désormais plus le reflet de cette volonté que dans le respect de la Constitution. Le Conseil constitutionnel refuse en revanche de procéder à un contrôle de la conformité des lois aux traités.

A - Les conflits entre la loi et la Constitution

Au nom du respect de la hiérarchie des normes, le dogme de l'incontestabilité de la loi a été largement remis en cause. Jusqu'en 2008, le Conseil constitutionnel ne pouvait effectuer le contrôle de la loi qu'avant sa promulgation. Depuis 2008, dans le cadre de la question prioritaire de constitutionnalité (QPC), il peut également examiner la conformité de la loi à la Constitution après sa promulgation.

1) Le contrôle de la loi non promulguée

Aux termes de l'article 62, alinéa 1 de la Constitution, une loi déclarée non conforme à la Constitution par le Conseil constitutionnel ne peut être promulguée. Elle n'entre donc pas en vigueur. En juin 2021, le Conseil constitutionnel avait rendu un peu plus de 815 décisions dites « DC », dans le cadre du contrôle de l'article 61, depuis sa première décision rendue en 1959[3]. Ce contrôle, aussi efficace et radical soit-il, est strictement encadré par la Constitution :

- les ***lois référendaires ne peuvent pas être examinées par le Conseil constitutionnel***[4]. Celui-ci a décidé en 1962 qu'il « résulte de l'esprit de la Constitution qui a fait du Conseil constitutionnel un organe régulateur de l'activité des pouvoirs publics que les lois que la Constitution a entendu viser dans son article 61 sont uniquement les lois votées par le Parlement et non point celles qui, adoptées par le Peuple à la suite d'un référendum, constituent l'expression directe de la souveraineté nationale » ;
- seules, ***les plus hautes autorités peuvent saisir le Conseil constitutionnel*** dans le cadre de l'article 61 : le président de la République, le Premier ministre le Président du Sénat et le Président de l'Assemblée nationale. La révision constitutionnelle du 29 octobre 1974, en étendant cette saisine à soixante députés ou soixante sénateurs, a permis à l'opposition de saisir le Conseil constitutionnel ;
- la saisine doit intervenir après l'adoption de la loi par le Parlement et avant sa promulgation.

2) Le contrôle de la loi promulguée (QPC)

La révision constitutionnelle du 23 juillet 2008 a étendu le contrôle de constitutionnalité aux lois promulguées. Ce contrôle, entré en vigueur le 1er mars 2010, et qui a remporté un grand succès (plus de 900 décisions ont été rendues en juin 2021) se fait dans le cadre de la question prioritaire de constitutionnalité (QPC). Il est organisé en trois étapes, qui correspondent aux juridictions parties prenantes à la QPC.

---

3. 14 mai 1958, n° 59-1 DC, Élection des membres de la Haute Cour de justice.
4. 6 nov. 1962, n° 62-20 DC, Loi relative à l'élection du Président de la République au suffrage universel direct.

a) Le juge du fond

L'article 61, alinéa 1 de la Constitution dispose que « lorsqu'à l'occasion d'une instance en cours devant une juridiction, il est soutenu qu'une disposition législative porte atteinte aux droits et libertés que la Constitution garantit, le Conseil constitutionnel peut être saisi de cette question sur renvoi du Conseil d'État ou de la Cour de cassation qui se prononce dans un délai déterminé ».

La loi organique n° 2009-1523 du 10 décembre 2009 précise les conditions de mise en œuvre de la question prioritaire de constitutionnalité. Tout justiciable, peut contester la constitutionnalité d'une disposition législative à l'occasion d'un procès devant une juridiction administrative ou judiciaire, lorsqu'il estime que la loi qui lui est appliquée au cours de ce procès porte atteinte aux droits et libertés que la Constitution lui garantit. Seules les parties, et uniquement celles-ci, peuvent soulever une QPC.

La juridiction du fond, saisie par une partie d'un moyen d'inconstitutionnalité d'une loi, décide sans délai si les conditions suivantes sont réunies :

- la disposition contestée est applicable au litige, ou à la procédure, ou constitue le fondement des poursuites ;
- elle n'a pas déjà été déclarée conforme à la Constitution (sauf en cas de changement de circonstances) ;
- la question n'est pas dépourvue de caractère sérieux.

b) Le Conseil d'État et la Cour de cassation

Si ces conditions sont remplies, la juridiction du fond transmet dans les huit jours la question à la Cour de cassation ou au Conseil d'État. Le Conseil d'État et la Cour de cassation ont trois mois pour vérifier que les deux premières conditions sont remplies et s'assurer que la question est nouvelle ou présente un caractère sérieux. Si tel est le cas, ils saisissent le Conseil constitutionnel.

c) Le Conseil constitutionnel

Lorsqu'il est saisi, le Conseil constitutionnel a trois mois, à compter du jour où il a été saisi, pour rendre sa décision. Deux hypothèses se présentent :

- le Conseil constitutionnel déclare la disposition contestée ***conforme à la Constitution***. La juridiction doit l'appliquer, à moins qu'elle ne la juge incompatible avec une disposition du droit de l'Union européenne ou d'un traité ;
- le Conseil constitutionnel déclare la disposition contestée ***contraire à la Constitution***. Cette décision emporte deux conséquences. L'application de la disposition est écartée dans le procès concerné ; la disposition est abrogée (contrairement à l'annulation qui est rétroactive, l'abrogation vaut uniquement pour l'avenir) soit immédiatement, soit à compter d'une date ultérieure fixée par le Conseil lui-même.

Les décisions du Conseil constitutionnel ne sont susceptibles d'aucun recours.

B - Les conflits entre la loi et les traités

Le Conseil constitutionnel refuse de procéder à un contrôle de la conformité des lois aux traités. Cette jurisprudence constante a été inaugurée par sa décision du 15 janvier 1975 relative à la loi sur l'interruption volontaire de grossesse[5]. Le Conseil constitutionnel a jugé que, malgré le principe de la primauté des traités sur les lois posé par l'article 55 de la Constitution, il n'était pas compétent pour examiner la conformité des lois avec les engagements internationaux de la France et notamment la Convention européenne des droits de l'homme.

La position du Conseil s'explique par le rôle assigné par l'article 61 de la Constitution au Conseil constitutionnel : contrôler la conformité de la loi à la Constitution et non pas celle de la loi aux traités. Or une loi contraire à un traité n'est pas pour autant contraire à la Constitution. La Constitution fait écran entre le traité et la loi.

3. LES CONFLITS DE NORMES DEVANT LA JURIDICTION ADMINISTRATIVE

Différents types de conflits de normes peuvent se poser devant les juridictions administratives. Il peut s'agir d'un conflit entre la Constitution et les traités ; entre la loi et les traités ; entre la loi et la Constitution ; et enfin entre le droit national et le droit communautaire dérivé.

A - Les conflits entre la Constitution et les traités

Le principe de la primauté de la Constitution sur le droit international a été clairement affirmé par les différentes cours souveraines françaises. À ce principe, il semble que le Conseil constitutionnel ait apporté un tempérament.

1) Le principe de primauté de la Constitution

Au principe de primauté il existe deux fondements.

a) L'affirmation du principe

Pour le Conseil d'État, la Cour de cassation et le Conseil constitutionnel, le droit international et son corollaire, le droit de l'Union européenne, sont « sous[6] » la Constitution. Affirmée par la décision du Conseil d'État *Sarran et Levacher* de 1998[7], puis par la Cour de cassation en 2000 dans la décision *Fraisse*[8], cette solution signifie que la suprématie conférée aux engagements internationaux ne s'applique pas dans l'ordre interne à la Constitution.

---

5. 15 janv. 1975, n° 74-54 DC.
6. Alland D., « Le droit international « sous » la constitution de la Ve République », RDP 1998, p. 1650.
7. CE, ass., 30 oct. 1998, Sarran et Levacher : Lebon, p. 368, GAJA.
8. Cass. ass. plén., 2 juin 2000, n° 99-60274, Mme Fraisse.

Dans l'ordre interne, les traités internationaux ne prévalent sur la loi que parce que la Constitution en dispose ainsi. Ils ne prévalent pas sur la Constitution elle-même. La portée de la décision *Sarran* est donc de réaffirmer que la construction juridique nationale, aussi ouverte au droit communautaire soit-elle, résulte de la faculté de l'État français de négocier et de contracter des traités librement, en tant qu'État souverain. Les normes constitutionnelles ne peuvent être renversées par les normes internationales, sans qu'il y ait prise de décision par le pouvoir constituant[9].

b) Les fondements du principe

Le fondement sur lequel repose cette solution est double :

– d'une part, ***le droit administratif ne traite pas le droit européen***, et singulièrement le droit de l'Union européenne, ***d'une manière distincte du droit international en général*** ; il est certes la principale occasion de mettre en œuvre la supériorité du droit international, mais il n'est qu'une composante de ce droit, sans privilège particulier ;
– d'autre part, ***le droit européen est***, comme l'ensemble du droit international et du droit national, ***subordonné à la Constitution***[10]. Cette position s'explique facilement : un État dont la Constitution est entièrement dominée par le droit international n'est plus un État souverain. La Constitution est la norme suprême de laquelle toutes les autorités de l'État, législatives, exécutives et judiciaires, tirent leur autorité. Elle est l'expression du pouvoir originel.

Si la France renonçait à la solution de la primauté de la Constitution, elle disparaîtrait de l'ordre international en tant qu'État souverain. Le droit européen prime le droit national, parce que la Constitution française et tout particulièrement son article 55 aux termes duquel « les traités ou accords régulièrement ratifiés ont, dès leur publication, une autorité supérieure à celle des lois », en dispose ainsi. Ce n'est pas parce que tel est le bon vouloir de la CJUE exprimé notamment dans l'arrêt *Costa*.

2) Le tempérament à la primauté

Animé par le souci de conciliation, souhaitant à tout prix éviter un conflit entre normes nationales et normes européennes, le Conseil constitutionnel a créé ce qui semble être un tempérament, voir une exception à la primauté de la Constitution. Il l'a fait dans le cadre de ce que l'on appelle le « dialogue des juges », expression fort commode qui permet d'éviter de parler de soumission du juge national au juge européen.

Depuis une jurisprudence amorcée en 2004, pour le Conseil constitutionnel, la Constitution ne peut faire obstacle au droit européen que si celui-ci porte atteinte, non pas à la Constitution elle-même, mais à une « disposition expresse et spécifique » de la Constitution qui compose « l'identité constitutionnelle de la France »[11]. Le Conseil constitutionnel n'a même pas été chercher ce concept « d'identité constitutionnelle » dans la Constitution française. Il l'a emprunté au traité établissant une Constitution pour

---

9. Favoreu L. et autres, *Droit constitutionnel*, 1998, Dalloz, p. 313.
10. Stirn B., « Juridictions administratives et cours européennes », Revue Administrative 1998, n° 301, p. 217.
11. 30 nov. 2006, n° 2006-543 DC, Loi relative au secteur de l'énergie.

l'Europe (art. I-5) dont la ratification avait pourtant été massivement rejetée lors du référendum du 29 mai 2005 en France.

Par le biais de cette notion, le Conseil constitutionnel semble opérer un tri dans la Constitution entre deux types de dispositions :

- celles qui relèvent de l'identité constitutionnelle, susceptibles d'arrêter la primauté du droit européen ;
- les autres, moins importantes, qui peuvent être traversées par le droit européen.

La protection constitutionnelle, par réduction de sa surface, a ainsi été considérablement diminuée. On peut même se demander si, dans le cadre de cette jurisprudence, la digue constitutionnelle ne commence pas à céder.

B - Les conflits entre la loi et les traités

La décision du Conseil d'État de procéder à un contrôle de conventionalité a entraîné une atteinte à la séparation des pouvoirs et une atteinte à la souveraineté de l'État.

1) *Le contrôle de conventionalité*

Depuis l'arrêt *Nicolo* du 20 octobre 1989, le Conseil d'État, suivant la Cour de cassation[12], contrôle la compatibilité d'une loi avec les stipulations d'un traité, même lorsque la loi est postérieure au traité. La théorie de l'écran législatif, en vertu de laquelle lorsque la loi était postérieure au traité, le Conseil d'État la faisait prévaloir sur un traité ou sur un acte communautaire dérivé, a donc été abandonnée avec l'arrêt *Nicolo*. Le juge administratif annule désormais un acte administratif qu'il juge contraire à un traité.

Le contrôle de conventionalité a permis au juge administratif de renforcer considérablement son contrôle de la conformité du droit national au droit de l'Union européenne originaire et dérivé et au droit de la Convention européenne des droits de l'homme. Lorsque la loi n'est pas conforme au droit international, il écarte son application dans le cas d'espèce concerné. Le contrôle de conventionalité marque de ce fait une brèche dans l'incontestabilité de la loi. Celle-ci occupe désormais, par rapport au droit international et même par rapport au droit européen dérivé, « une position seconde, subordonnée »[13].

2) *L'atteinte à la séparation des pouvoirs*

La primauté du droit de l'Union européenne, le contrôle de conventionalité qui en découle, ont entraîné, non sans résistance, l'abandon de l'un des fondements du droit français : l'interdiction faite aux tribunaux de s'immiscer dans l'exercice du pouvoir législatif. Cette interdiction trouve son origine dans le principe de séparation des pouvoirs qui interdit au juge, à peine de forfaiture, de prendre toute mesure susceptible d'être assimilée à une suspension de la loi. Le principe a été affirmé par la loi sur l'organisation judiciaire des 16 et 24 août 1790 aux termes de laquelle « les tribunaux ne pourront prendre directement ou indirectement aucune part à l'exercice du pouvoir législatif, ni empêcher ou suspendre l'exécution des décrets du corps législatif [...] »

12. Cass. civ., 15 mai 1975, n° 73-13556, Société des cafés Jacques Vabre.
13. Pactet P., « La loi, permanence et changements », in *Mélanges Chapus*, 1992, Montchrestien, p. 510.

Au nom du contrôle de conventionalité, le juge peut désormais, sous certaines conditions, tenir une loi pour non avenue.

3) L'atteinte à la souveraineté de l'État

La primauté du droit européen a conduit, à son tour, à la remise en cause d'une notion encore plus fondamentale : la souveraineté. Car si la souveraineté est le monopole d'édiction du droit positif par l'État, elle est aussi le monopole de son abrogation. La loi du souverain ne peut faire l'objet d'une abrogation par un tiers. Or, lorsque le juge n'applique pas une loi nationale pour défaut de conformité au droit européen, il lui retire tacitement sa force obligatoire, ce qui revient à l'abroger. Cette situation peut paraître choquante. En effet, le droit qui s'impose ainsi à la France émane d'instances sans caractère démocratique. La Cour de justice de l'Union européenne n'a aucune légitimité tandis que la Commission européenne qui est l'auteur d'une grande partie du droit européen est tout simplement un organisme administratif.

C - Les conflits entre la loi et la Constitution

Le juge administratif s'estime incompétent pour procéder au contrôle de constitutionnalité de la loi. Par deux arrêts de section rendus le 6 novembre 1936, *Arrighi* et *Dame veuve Coudert*, le Conseil d'État a jugé « qu'en l'état actuel du droit public français, le moyen tiré de l'inconstitutionnalité d'une loi n'est pas de nature à être discuté devant le Conseil d'État statuant au contentieux ».

Eisenmann, dans son commentaire de ces deux arrêts, a souligné le motif fondamental qui a déterminé le Conseil d'État à ne pas, selon ses propres termes, « sauter le pas » en se reconnaissant ce pouvoir[14] : « c'est la conscience qu'a le juge de sa propre légitimité ».

Or cette légitimité ne lui donne pas le pouvoir de contrôler la conformité d'une loi à la Constitution. Le rôle du Conseil d'État n'a, depuis 1936, pas substantiellement changé. Dans son arrêt *Mlle Deprez et Baillard* du 5 janvier 2005, le Conseil d'État a confirmé la jurisprudence *Arrighi,* en se fondant cette fois-ci sur l'article 61 de la Constitution de 1958, qui confie au Conseil constitutionnel le soin de contrôler la conformité des lois à la Constitution.

D - Les conflits entre le droit national et le droit communautaire dérivé

Les règlements communautaires, bien qu'étant du droit dérivé, ont la même autorité que les traités.

À la différence d'un règlement communautaire qui s'applique directement, une directive donne des objectifs à atteindre aux pays membres, assortis de délais. Ces délais

14. Eisenmann C., note sous CE, 6 nov. 1936, Arrighi et Dame veuve Coudert : D. 1938.3.1.

permettent aux gouvernements nationaux de s'adapter à la nouvelle réglementation. En dépit de la marge de manœuvre laissée aux États par les directives, le Conseil d'État :

- vérifie que les directives non transposées à l'issue du délai imparti ne restent pas lettre morte en droit national. Aux termes de l'arrêt du Conseil d'État *Compagnie Alitalia*[15], « les autorités françaises ne peuvent légalement, après expiration des délais impartis, laisser subsister des dispositions réglementaires qui seraient contraires à ses objectifs » ;
- écarte l'application d'une loi incompatible avec les objectifs d'une directive[16] ;
- reconnaît la possibilité pour tout justiciable, depuis l'arrêt d'assemblée Perreux, du 30 octobre 2009[17], de se prévaloir, à l'appui d'un recours dirigé contre un acte administratif même non réglementaire, des dispositions précises et inconditionnelles d'une directive, lorsque l'État n'a pas pris, dans les délais impartis par celle-ci, les mesures de transposition nécessaires.

Pour aller plus loin

L'avis du professeur René Chapus sur l'arrêt *Nicolo*

1) En faisant appel, pour fonder la solution nouvelle, à l'article 55 de la Constitution, le Conseil d'État s'est situé sur le seul terrain juridique solide.

Alors même que, dans l'espèce *Nicolo,* le droit communautaire était en cause, il n'a en rien, – contrairement à ce qu'avait fait la Cour de cassation dans l'affaire que l'on sait (Arrêt Société des Cafés Jacques Vabre, 15 mai 1975), et contrairement aussi à la position de la Cour de justice des communautés européennes – invoqué une spécificité quelconque de ce droit qui (comme dans un État fédéral) lui donnerait le privilège « naturel » de pouvoir l'emporter sur celui des États membres. De ce fait, la jurisprudence administrative ne se trouve en rien liée à la passion supranationaliste qui est une des modes de notre époque. En même temps, la solution nouvelle apparaît sans équivoque comme dotée de la portée la plus étendue, sans distinction entre normes communautaires et droit international général [...]

2) Quant à la question des conséquences de l'arrêt *Nicolo*, elles ont le caractère d'un séisme de première grandeur. Avant tout, et de façon évidente, parce que le principe selon lequel les juridictions administratives ne sont pas juges de la conformité des lois à la constitution doit s'entendre désormais sous réserve de l'hypothèse dans laquelle ils sont, par l'article 55 de cette dernière, habilités à être des juges.

L'hypothèse est importante. Et on peut remarquer que – saisi de l'« exception d'inconventionnalité » – le juge administratif est, à tout moment, en mesure de faire échec à une loi en vigueur beaucoup plus largement et aisément que le Conseil constitutionnel peut s'opposer à une loi non promulguée.

Extrait de René Chapus, Droit administratif général, 15e éd., 2001, LGDJ-Lextenso, p. 160 et 154.

15. CE, ass., 3 févr. 1989, Compagnie Alitalia : Lebon, p. 44.
16. CE, ass., 28 févr. 1992, SA Rothmans International France : Lebon, p. 80.
17. CE, ass., 30 oct. 2009, Perreux : Lebon, p. 408.

BIBLIOGRAPHIE

ADJA, « Les trente ans de l'arrêt Nicolo » (dossier), n° 36, 2019, p. 2096 et s.

ALLAND (D.), « Le droit international « sous » la constitution de la Ve République », RDP 1998, p. 1650.

AURILLAC (M.), « Le dernier verrou de la souveraineté », Le Monde, 3 novembre 1989.

BOUVIER (L.-A.), *Le Conseil d'État et la confection de la loi*, 2015, LGDJ-Lextenso, coll. Systèmes.

DEBRÉ (J.-L.) et MAZEAUD (P.), *Proposition de loi constitutionnelle portant révision de l'article 55 de la constitution et tendant à limiter la primauté des traités internationaux sur les lois*, Doc. AN, n° 1633, annexe au PV de la séance du 9 octobre 1990.

FOYER (J.), « Le mépris de la loi par le juge », La vie judiciaire, du 29 janvier au 4 février 1990.

GOHIN (O.), « La constitution française et le droit d'origine externe », RFDA 1999, p. 85.

LEBRETON (G.), « Le Conseil d'État est-il souverainiste ? », in *Mélanges Jean Foyer*, 2010, Litec.

MAZEAUD (P.) (présenté par), *Rapport d'information sur les rapports entre le droit communautaire dérivé et les constitutions nationales*, Doc. AN n° 2630, 11 mars 1996, p. 31.

PACTET (P.), « La loi, permanence et changements », in *Mélanges Chapus*, 1992, Montchrestien, p. 510.

SIRINELLI (J.), *Les transformations du droit administratif par le droit de l'Union européenne – Une contribution à l'étude du droit administratif européen*, 2011, LGDJ-Lextenso.

CHAPITRE 3

Les tempéraments au principe de légalité

Dans la vie d'un État, des crises peuvent surgir, assez graves pour perturber la vie de la nation. Le respect scrupuleux du principe de légalité pourrait entraver l'action de l'État dans la lutte contre ces crises. Afin d'éviter une rupture dans la continuité de l'État, des limites au principe de légalité existent. Cela ne signifie pas que ces limites permettent de s'affranchir de toute forme de légalité. Cela signifie plus simplement, que « la lettre de la loi ne doit pas, dans une situation suprêmement critique, paralyser ceux qui sont chargés de protéger la loi et de l'appliquer »[1]. Autrement dit, il est possible, dans certain cas, de ne pas respecter la légalité « des temps ordinaires ». Des actes qui auraient, en temps normal, été illégaux, sont considérés comme légaux. À l'autre extrémité, certains actes sont si insignifiants que le juge ne va pas s'encombrer en contrôlant leur conformité au droit.

Les situations ou les actes pour lesquels il est admis des limites au principe de légalité, sont les actes de gouvernement, les circonstances exceptionnelles, les circulaires ministérielles et le pouvoir discrétionnaire.

1 • LES ACTES DE GOUVERNEMENT

Les actes de gouvernement ne sont pas des actes administratifs. Ils échappent à tout contrôle, aussi bien dans le cadre de la légalité que dans celui de la responsabilité. Leur immunité juridictionnelle est totale. Le fondement de cette immunité est incertain tandis que leur domaine est en revanche mieux déterminé.

A - Le domaine des actes de gouvernement

Il existe un domaine des actes de gouvernement. La jurisprudence a tendance à le limiter de manière toujours plus étroite.

1) L'étendue du domaine

Ce domaine se divise en deux : il s'agit, d'une part, des relations entre les pouvoirs publics constitutionnels, et d'autre part des relations de la France avec l'étranger.

1. Churchill, cité par Michel Winock, *L'agonie de la IVe République*, Folio, p. 36.

a) Les relations entre les pouvoirs publics constitutionnels

Ces actes sont relativement peu nombreux. Il s'agit de la décision du gouvernement de recourir ou de refuser de recourir à son droit d'initiative des lois[2], des décrets de promulgation des lois[3], de la décision de proposer ou non au Parlement l'inscription de nouveaux crédits au budget, la décision de dissolution de l'Assemblée nationale[4], la décision du président de la République de s'abstenir d'user de la faculté qu'il tient de l'article 61 de la Constitution de déférer une loi au Conseil constitutionnel afin d'examiner sa conformité à la Constitution, le refus d'un Premier ministre d'amorcer une révision constitutionnelle[5]. Constitue encore un acte de gouvernement, sans doute l'un des plus révélateurs, la décision du chef de l'État de mettre en œuvre les pleins pouvoirs de l'article 16[6].

b) Les relations de la France avec l'étranger

L'activité diplomatique de la France échappe au contrôle des tribunaux français. Constituent ainsi des actes de gouvernement l'ensemble des actes se rattachant directement aux rapports internationaux de la France :

- protection des personnes et des biens français à l'étranger ;
- ordre de brouiller les émissions d'un poste émetteur de radio étranger[7] ;
- décision de reprise des essais nucléaires dans un contexte lié à la discussion d'un engagement international qui interdirait de tels essais[8] ;
- décision d'engager des forces militaires en Yougoslavie en liaison avec les événements du Kosovo[9] ;
- décision d'autoriser les avions militaires américains et britanniques accomplissant des missions en Irak à emprunter l'espace aérien français[10] ;
- proposition d'une candidature au poste de juge à la Cour pénale internationale[11].

Parmi les actes échappant au contrôle juridictionnel une mention spéciale doit être faite aux traités et accords internationaux. Le juge administratif refuse, en effet, de connaître de la légalité des conditions de signature des accords internationaux[12] ainsi que de la décision de ne pas procéder à la publication d'un traité[13], de suspendre la coopération scientifique et technique avec l'Irak, pendant la première guerre du Golfe, y compris l'interdiction d'inscription des étudiants irakiens dans les universités[14].

---

2. CE, sect., 18 juill. 1930, Roucher : Lebon, p. 771.
3. CE, sect., 3 nov. 1933, Desreumeaux : Lebon, p. 993.
4. CE, 20 févr. 1989, Allain : Lebon, p. 60.
5. CE, 26 févr. 1992, Allain : Lebon, p. 659.
6. CE, 2 mars 1962, Rubin de Servens : Lebon, p. 143.
7. T. confl., 2 févr. 1950, Radiodiffusion française : Lebon, p. 652.
8. CE, ass., 29 sept. 1995, Association Greenpeace France : Lebon, p. 342.
9. CE, 5 juill. 2000, Mégret et Mekhantar : Lebon, p. 707.
10. CE, 30 déc. 2003, Comité contre la guerre en Irak : Lebon, p. 291.
11. CE, sect., 28 mars 2014, De Baynast : Lebon, p. 58
12. CE, sect., 1er juin 1951, Société des étains et wolfram du Tonkin : Lebon, p. 312.
13. CE, 4 nov. 1970, de Malglaive : Lebon, p. 635.
14. CE, 23 sept. 1992, GISTI : Lebon, p. 346.

2) Les limites au domaine des actes de gouvernement

La théorie de l'acte de gouvernement connaît une double limite : les traités et les actes détachables.

a) Les traités

Les traités internationaux constituent depuis 1946, en application de la Constitution, une source de la légalité nationale. Les requérants sont par conséquent recevables à invoquer leur violation par un acte administratif au même titre que la violation de la loi[15]. Le juge administratif est de ce fait conduit à exercer un contrôle. Ce contrôle a été étendu au respect par l'exécutif des dispositions constitutionnelles qui exigent que pour certains traités, tels ceux qui modifient des dispositions législatives ou engagent les finances de l'État, la ratification soit autorisée par le Parlement[16].

b) Les actes détachables

Le juge administratif accepte de connaître des mesures qu'il considère comme détachables des relations diplomatiques ou des conventions internationales. C'est ainsi, en particulier, que les décrets d'extradition sont depuis 1937 des actes susceptibles d'être attaqués par la voie du recours pour excès de pouvoir[17]. Le Conseil d'État a également décidé que les demandes d'extradition adressées par le gouvernement français à un gouvernement étranger ne constituent pas des actes de gouvernement[18].

B - Le fondement des actes de gouvernement

Plusieurs explications ont été avancées pour justifier l'immunité juridictionnelle dont bénéficient les actes de gouvernement. Mais qu'il s'agisse de la théorie du mobile politique, de l'intérêt national ou de l'acte mixte, aucune n'est pleinement satisfaisante.

1) Le mobile politique

Les actes de gouvernement étaient définis traditionnellement par leur mobile politique. Selon cette théorie, certains actes ne doivent pas être contrôlés par le juge, car ils sont politiques et non juridiques. En les contrôlant, le juge sortirait de son rôle, portant ainsi atteinte à la séparation des pouvoirs. D'où son incompétence pour juger de tels actes[19].

La théorie du mobile politique a été abandonnée par le Conseil d'État dans son arrêt *Prince Napoléon* du 19 février 1875. Dans cet arrêt, le Conseil d'État, suivant les conclusions

15. CE, ass., 30 mai 1952, Dame Kirkwood : Lebon, p. 291.
16. CE, ass., 18 déc. 1998, SARL du parc d'activités de Blotzheim : Lebon, p. 483.
17. CE, ass., 28 mai 1937, Decerf : Lebon, p. 534.
18. CE, ass., 21 juill. 1972, Union Interfédérale des Syndicats de la Préfecture de Police et de la Sûreté Nationale : Lebon, p. 584.
19. CE, 1er mai 1822, Laffitte : rejet du recours du banquier Jacques Laffitte réclamant le paiement des arrérages d'une rente qu'il avait acquise de la princesse Borghèse, sœur de Napoléon Ier. « La réclamation du sieur Laffitte tient à une question politique dont la décision appartient exclusivement au Gouvernement » ; CE, 9 mai 1867, Duc d'Aumale : saisie d'un ouvrage du duc d'Aumale et refus d'en restituer les exemplaires. Selon le Conseil d'État, il s'agit « d'actes politiques qui ne sont pas de nature à nous être déférés pour excès de pouvoir en notre Conseil d'État par la voie contentieuse ».

du commissaire du gouvernement David, considère que « pour présenter le caractère exceptionnel qui le mette en dehors et au-dessus de tout contrôle juridictionnel, il ne suffit pas qu'un acte, émané du Gouvernement ou de l'un de ses représentants, ait été délibéré en conseil des ministres ou qu'il ait été dicté par un intérêt politique ». Si le Conseil d'État dans cette décision abandonne le mobile politique, il ne donne pas pour autant de fondement à l'acte de gouvernement.

2) L'intérêt national

L'immunité juridictionnelle des actes de gouvernement s'expliquerait, bien plus que par la raison d'État, par l'intimité du lien qui unit l'acte à l'intérêt national. Il existerait « des intérêts supérieurs de l'État » devant lequel le principe de légalité devrait en quelque sorte, s'incliner. Le droit, dans des circonstances bien définies, devrait s'effacer devant l'intérêt national. L'existence de cette catégorie d'actes permettrait ainsi au juge de ne pas contrôler des actes au sein desquels droit et politique sont étroitement imbriqués, lui évitant de tomber dans un contrôle politique.

3) L'acte mixte

Le refus du juge administratif de connaître des actes dits de gouvernement s'expliquerait par le jeu normal des règles de compétence. Le président de la République et le gouvernement qui sont tous les deux titulaires du pouvoir exécutif, exercent deux fonctions distinctes :

- une fonction gouvernementale pour le chef de l'État ;
- une fonction administrative pour le gouvernement.

À ces deux fonctions correspondraient deux types d'actes :

- des actes de gouvernement pour le chef de l'État ;
- des actes administratifs pour le gouvernement.

La fonction gouvernementale a pour objet de participer à l'exercice de la souveraineté : elle se traduit notamment par l'édiction d'actes de gouvernement. La fonction administrative consiste à satisfaire les besoins sociaux : elle s'exprime par des actes administratifs.

2. LES CIRCONSTANCES EXCEPTIONNELLES

Les circonstances exceptionnelles offrent des pouvoirs élargis aux fonctionnaires civils ou militaires, en période de crise. Il existe une théorie des circonstances exceptionnelles. Pour la mettre en œuvre, une organisation des circonstances exceptionnelles est prévue par différents textes.

A - La théorie des circonstances exceptionnelles

La théorie des circonstances exceptionnelles permet à l'administration, pour éviter une rupture dans la continuité de l'État, de ne pas respecter la légalité « des temps ordinaires ». Des actes qui auraient, en temps normal, été illégaux, sont sous certaines conditions, considérés comme légaux.

1) Les conditions des circonstances exceptionnelles

La théorie a été formulée par l'arrêt du Conseil d'État *Heyriès*, du 28 juin 1918. Cet arrêt a précisé les conditions dans lesquelles pouvaient être mises en œuvre les circonstances exceptionnelles, sans pour autant les définir de manière précise. L'existence de circonstances exceptionnelles, aux yeux du juge, est en effet intimement liée aux cas d'espèce.

Des conditions peuvent cependant être dégagées de cet arrêt :

- il faut que des événements très graves soient survenus. Il peut s'agir d'une guerre, comme dans l'arrêt *Heyriès* (la Guerre de 14), d'un cataclysme naturel[20] ou d'une agitation sociale qui frôle la guerre civile[21] ;
- il faut également que l'administration, face aux événements, n'ait pu agir autrement ;
- il faut enfin que les actes pris dans le cadre des circonstances exceptionnelles, aient bien été pris au moment des circonstances. D'où trois éléments :
  - une situation anormale et exorbitante,
  - l'impossibilité pour l'administration d'agir autrement,
  - un acte pris au moment des circonstances.

2) Les effets des circonstances exceptionnelles

Si les conditions des circonstances exceptionnelles sont réunies, alors les mesures nécessaires, ne seront pas considérées comme illégales. De manière plus précise, cela signifie que toutes les mesures nécessaires seront légitimes. Le Gouvernement pourra, par exemple, suspendre l'application d'une loi[22]. Il existe cependant une limite aux mesures qui peuvent ainsi être prises : il ne s'agit que des mesures nécessaires. Si l'administration, malgré les circonstances exceptionnelles, a la possibilité d'agir légalement dans certaines matières, elle doit le faire.

B - L'organisation des circonstances exceptionnelles

La Constitution et la loi organisent des régimes spécifiques, adaptés au caractère exceptionnel de la situation. Présenté par degré croissant de gravité, il s'agit de l'état d'urgence, l'état de siège et des pleins pouvoirs de l'article 16 de la Constitution.

1) L'état d'urgence

L'état d'urgence qui résulte de la loi n° 55-385 du 3 avril 1955 et des articles L. 2131-1 et R. 1311-42 du Code de la défense, a été adopté initialement afin de faciliter la pacification des départements français d'Algérie. Il est réservé aux situations de moindre gravité car il se traduit en principe par une restriction moins importante des libertés publiques

20. CE, 18 mai 1983, Rodes : Lebon, p. 199.
21. CE, 18 avril 1947, Jarrigion : Lebon, p. 148.
22. CE, 28 juin 1918, Heyriès : Lebon, p. 651.

que dans le cas de l'état de siège. Les pouvoirs de l'autorité civile ne sont pas transférés de plein droit à l'autorité militaire comme ils le sont dans le cas de l'état de siège.

L'objectif de l'état d'urgence est, sans supprimer la législation relative à l'état de siège, d'instituer un régime mieux adapté aux crises contemporaines. Il est applicable soit en cas « de péril imminent résultant d'atteintes graves à l'ordre public, soit en cas d'événements présentant, par leur nature et leur gravité, le caractère de calamité publique ».

Déclaré par décret pris en Conseil des ministres, il confère aux autorités civiles, dans l'aire géographique à laquelle il s'applique, des pouvoirs de police exceptionnels portant sur la réglementation de la circulation et du séjour des personnes, sur la fermeture des lieux aux publics et sur la réquisition des armes. Le décret instituant l'état d'urgence peut prévoir un renforcement des pouvoirs de police en matière de perquisition et de contrôle des moyens d'information. Au-delà de 12 jours sa prorogation doit être autorisée par le Parlement (v. « Pour aller plus loin », p. 70).

2) *L'état d'urgence sanitaire*

L'état d'urgence sanitaire qui résulte de la loi 23 mars 2020 a été adopté pour faire face au coronavirus qui a déferlé sur la planète durant une partie de l'année 2020. Les dispositions de la loi sont codifiées provisoirement aux articles L. 3131-12 à L. 3131-20 du Code de la santé publique. L'objectif de cet état d'urgence est de donner au gouvernement les moyens de lutter efficacement contre une catastrophe sanitaire, tout particulièrement une pandémie, mettant en péril la santé de la population.

Il est décidé par décret en Conseil des ministres et peut être déclaré pour une durée maximale d'un mois. Le décret détermine le territoire sur lequel il s'applique. Sa prorogation doit être autorisée par une loi qui fixe sa durée.

L'état d'urgence sanitaire confère au Premier ministre des pouvoirs de police exceptionnels. Il peut : restreindre la liberté d'aller et venir, la liberté de réunion et la liberté d'entreprendre ; décider des mesures de quarantaine, interdire la sortie du domicile, autoriser la réquisition de biens et de services ; prendre des mesures temporaires de contrôle des prix. Ces mesures doivent être proportionnées aux risques encourus. Il a été mis en œuvre pour la première fois à partir du 24 mars 2020 sur l'ensemble du territoire national. Il devrait se terminer à l'été 2021.

3) *L'état de siège*

L'état de siège, dont l'origine remonte à la loi du 9 août 1849 (modifiée par la loi du 3 avril 1878), est un régime exceptionnel de police justifié par la théorie des circonstances exceptionnelles. Aux termes de l'article L. 2121-1 du Code de la défense, il ne peut être déclaré qu'en cas de « péril imminent résultant d'une guerre étrangère ou d'une insurrection à main armée ».

Il est déclaré en Conseil des ministres sur tout ou partie du territoire. Aux termes de l'article 36 de la Constitution, sa prorogation au-delà de 12 jours ne peut être autorisée que par le Parlement. Aussitôt l'état de siège décrété, les pouvoirs dont l'autorité civile était investie pour le maintien de l'ordre et la police sont transférés à l'autorité militaire (C. défense, art. L. 2121-2). Ce transfert n'est cependant pas absolu. L'article 7 de la loi de 1849 dispose en effet que celui-ci ne se produit que dans la mesure où l'autorité militaire le juge utile. Cela signifie que celle-ci a seulement la faculté de dessaisir l'autorité civile.

L'autorité militaire est en outre investie de certains pouvoirs dont ne dispose pas, en temps normal, l'autorité civile : perquisitions de jour comme de nuit, interdictions de publications et de réunions jugées de nature à entraîner le désordre, pouvoir d'ordonner la remise des armes et munitions, et celui de procéder à leur recherche et à leur enlèvement.

4) L'article 16 de la Constitution

Les pleins pouvoirs que l'article 16 de la Constitution offre, dans des circonstances bien précises, au chef de l'État, constituent une étape supplémentaire dans l'ampleur de l'exception à la légalité des temps ordinaires. Aux termes de l'article 16, « lorsque les institutions de la République, l'indépendance de la Nation, l'intégrité de son territoire ou l'exécution de ses engagements internationaux sont menacées d'une manière grave et immédiate et que le fonctionnement régulier des pouvoirs publics constitutionnels est interrompu, le président de la République prend les mesures exigées par ces circonstances, après consultation officielle du Premier Ministre, des Présidents des assemblées ainsi que du Conseil Constitutionnel [...] ».

Les mesures prises par le chef de l'État doivent être inspirées par la volonté d'assurer aux pouvoirs publics constitutionnels, dans les moindres délais, les moyens d'accomplir leur mission. Lorsque l'article 16 est mis en vigueur, le Parlement se réunit de plein droit et l'Assemblée nationale ne peut être dissoute. Après 30 jours d'exercice des pouvoirs exceptionnels, le Conseil constitutionnel peut être saisi par le Président de l'Assemblée nationale, le Président du Sénat, soixante députés ou soixante sénateurs, aux fins d'examiner si les conditions énoncées au premier alinéa demeurent réunies. Le Conseil constitutionnel se prononce dans les délais les plus brefs par un avis public. Il procède de plein droit à cet examen et se prononce dans les mêmes conditions au terme de 60 jours d'exercice des pouvoirs exceptionnels et à tout moment au-delà de cette durée.

3. LES MESURES D'ORDRE INTÉRIEUR

Les mesures d'ordre intérieur sont des décisions unilatérales émanant d'une autorité administrative. Elles ne sont susceptibles d'aucun recours et leur domaine va en se restreignant.

A - La notion de mesure d'ordre intérieur

Le fondement de l'immunité juridictionnelle des mesures d'ordre intérieur explique que leur champ d'application soit limité.

1) *Les fondements de l'immunité juridictionnelle des mesures d'ordre intérieur*

Les mesures d'ordre intérieur jouissent de l'immunité juridictionnelle pour deux raisons :
- en premier lieu, elles concernent ***uniquement l'ordre interne***. Or cet ordre, pour des raisons d'efficacité, ne peut être entravé en permanence par le juge. Le risque, dans l'hypothèse inverse, serait une remise en cause de l'autorité hiérarchique ;
- l'***importance minime de ces mesures*** constitue la seconde raison de leur immunité. Elles ne modifient pas la situation juridique de ceux qui les subissent. Le juge ne veut pas être encombré par des décisions d'importance très modeste.

2) *Le champ d'application des mesures d'ordre intérieur*

Les mesures d'ordre intérieur sont nombreuses. On les rencontre plus particulièrement dans les domaines où le pouvoir disciplinaire est important. Trois domaines sont ainsi concernés : l'armée, les prisons, et l'éducation nationale.

Il faut encore ajouter toutes les situations où l'administration est en relation avec son personnel. Sont ainsi des mesures d'ordre intérieur les décisions d'organisation interne du service telles que la répartition du travail, l'affectation dans les différents bureaux ou la fixation des horaires.

Dans l'éducation nationale, les punitions infligées aux élèves telles que les retenues, devoirs supplémentaires sont des mesures d'ordre intérieur.

Dans les armées, les punitions prises sur le fondement du règlement de discipline générale des armées étaient des mesures d'ordre intérieur. Cette solution a cependant été abandonnée en raison de leurs effets sur la liberté d'aller et venir des militaires. Le risque a ainsi été pris, à tort ou à raison, sous couvert de faire progresser le principe de légalité, de remettre en cause la discipline dans les armées[23].

Dans le service public pénitentiaire, le placement d'un détenu en quartier de haute sécurité constituait une simple mesure de sécurité. La jurisprudence, là aussi a évolué. Ce type de mesure est désormais contrôlé par le juge[24].

B - La restriction des mesures d'ordre intérieur

Deux évolutions jurisprudentielles ont restreint la catégorie des mesures d'ordre intérieur. La première, relative à des punitions disciplinaires, a eu lieu en 1995. Le domaine des circulaires ministérielles a, pour sa part, été réduit en 2002.

1) *La jurisprudence Hardouin et Marie (1995)*

La catégorie des mesures d'ordre intérieur, définies comme des mesures d'ordre interne insusceptibles de recours devant le juge, a vu sa portée restreinte par deux arrêts rendus le 17 février 1995[25].

---

23. CE, ass., 17 févr. 1995, Hardouin : Lebon, p. 82, punition de 10 jours d'arrêt.
24. CE, 17 févr. 1995, Marie : Lebon, p. 85.
25. CE, 17 févr. 1995, Hardouin et Marie : Lebon, p. 82 et 85, GAJA.

Dans l'arrêt *Hardouin*, le Conseil d'État a décidé d'opérer un contrôle restreint sur une punition disciplinaire de mise aux arrêts : « Considérant que, tant par ses effets directs sur la liberté d'aller et venir du militaire, en dehors du service, que par ses conséquences sur l'avancement ou le renouvellement des contrats d'engagement, la punition des arrêts constitue une mesure faisant grief susceptible d'être déférée au juge de l'excès de pouvoir ».

Le domaine d'application des mesures d'ordre intérieur a encore connu un net recul avec l'arrêt *Marie*. Il s'agissait cette fois du placement d'un détenu en quartier de haute sécurité. Là encore le Conseil d'État a décidé que ce type de mesure devait être contrôlé : « Considérant que, eu égard à la nature et la gravité de cette mesure, la punition de cellule constitue une décision faisant grief susceptible d'être déférée au juge de l'excès de pouvoir ».

Désormais, le juge prend deux éléments en considération, pour déterminer si une mesure est ou non d'ordre intérieur : sa nature et l'importance de ses effets sur la situation tant juridique que matérielle de celui à qui elle s'adresse.

2) *La jurisprudence Duvignières (2002)*

Les chefs de service, dont la plupart sont dénués de pouvoir réglementaire général, insèrent parfois dans leurs circulaires des dispositions de nature réglementaire. C'est dans cette catégorie de circulaires ministérielles que l'administration expose habituellement sa doctrine.

Traditionnellement, le Conseil d'État rejetait comme irrecevables les recours en annulation contre ces circulaires lorsqu'elles ne posaient aucune règle nouvelle. Purement interprétatives, de telles circulaires étaient considérées comme des actes ne faisant pas grief. Ces circulaires devaient être distinguées de celles à caractère réglementaire, contre lesquelles le recours était possible et qui étaient susceptibles, symétriquement, d'être invoquées à l'appui d'un recours.

Afin de restreindre le domaine de ces circulaires ministérielles, le Conseil d'État a inauguré une nouvelle distinction en 2002, dans sa jurisprudence *Duvignières*[26]. Dans cet arrêt, le critère de la détermination du caractère réglementaire des circulaires, est passé de « la fixation de règles nouvelles »[27], au critère de « leur caractère impératif ». Les circulaires sont désormais assimilées à des actes administratifs et donc susceptibles de recours pour excès de pouvoir, lorsqu'elles ont un caractère impératif. Si elles se bornent à rappeler les lois et règlements en vigueur, sans rien prescrire de nouveau, elles sont insusceptibles de recours.

26. CE, sect., 18 déc. 2002, Duvignières : Lebon, p. 463, GAJA.
27. CE, ass., 29 janv. 1954, Notre Dame du Kreisker : Lebon, p. 64.

4. LE POUVOIR DISCRÉTIONNAIRE

Le pouvoir discrétionnaire doit être distingué du pouvoir arbitraire et de la compétence liée.

A - Le pouvoir discrétionnaire et le pouvoir arbitraire

Le mot discrétionnaire vient du latin *discretio*. L'adjectif qualifie ce qui est laissé à la discrétion, au discernement, à la libre appréciation d'une personne. Une autorité administrative dispose d'un pouvoir discrétionnaire lorsque les textes lui laissent la liberté d'agir dans un sens ou dans un autre. C'est le cas par exemple de l'avancement « au choix », dans l'administration. Pour reprendre une formule traditionnelle, « il y a pouvoir discrétionnaire toutes les fois qu'une autorité agit librement, sans que la conduite à tenir lui soit dictée à l'avance par une règle de droit » (Michoud).

Discrétionnaire ne signifie pas cependant arbitraire. Même dans l'hypothèse de l'avancement au choix, l'administration est censée promouvoir un fonctionnaire méritant. Les deux notions doivent par conséquent être bien distinguées.

Le pouvoir arbitraire n'a pas sa place dans un État de droit ; le pouvoir discrétionnaire au contraire est prévu par les textes en vigueur. Son exercice repose sur des motifs de droit et de fait. L'administration doit être en mesure de justifier son acte au regard du droit. Enfin, son acte doit être justifié par des considérations d'intérêt général.

B - Les compétences discrétionnaires et les compétences liées

La compétence discrétionnaire s'oppose à la compétence liée : la compétence de l'administration est liée lorsque, en vertu des textes elle est tenue de décider d'une certaine manière, sans avoir de possibilité de choix. Ce sera le cas par exemple en matière de délivrance de récépissé de déclaration d'association ; ou d'avancement de fonctionnaires à l'ancienneté. Dans ces deux hypothèses, à chaque fois que l'intéressé remplit certaines conditions, la compétence de l'administration est liée, elle est bridée en quelque sorte.

Lorsqu'elle met en œuvre ces deux pouvoirs, l'administration n'est jamais dans une situation de pouvoir discrétionnaire absolu ou de compétence absolument liée. Chacun de ces deux pouvoirs donne lieu à un contrôle de légalité différent (v. Chapitre 15, sur le recours pour excès de pouvoir). Le juge exerce un contrôle minimum sur le pouvoir discrétionnaire et un contrôle normal ou maximum sur les compétences liées.

Pour aller plus loin

L'état d'urgence

1) Origine de la loi sur l'état d'urgence

Le 1er novembre 1954, jour de la fête de la Toussaint, le Front de libération nationale commet une série d'attentats sanglants dans les départements français d'Algérie. Cinq mois plus tard, la loi du 3 avril 1955 relative à l'état d'urgence est adoptée. Elle permet d'éviter la proclamation de l'état de siège dont le régime transfère la responsabilité du maintien de l'ordre à l'armée.

À l'origine, l'état d'urgence ne pouvait être déclaré que par la loi. L'ordonnance du 15 avril 1960 prévoit sa mise en œuvre par décret en Conseil des ministres (donc par le président de la République et le Gouvernement). Sa prorogation au-delà de douze jours nécessite une loi.

2) Conformité de l'état d'urgence à la Constitution

Le Conseil constitutionnel s'est prononcé sur la constitutionnalité de la loi du 3 avril 1955 relative à l'état d'urgence, à l'occasion de questions prioritaires de constitutionnalité. Il a déclaré les dispositions les plus importantes de loi conformes à la constitution, notamment celles relatives aux perquisitions administratives et aux assignations à résidence (23 déc. 2015, n° 2015-527 QPC). À cette conformité, il existe cependant une réserve relative à l'utilisation qui est faite des données informatiques saisies lors de perquisitions administratives (19 févr. 2016, n° 2016-536 QPC).

3) Conditions d'application de l'état d'urgence

Aux termes de l'article 1 de la loi du 3 avril 1955, « L'état d'urgence peut être déclaré sur tout ou une partie du territoire métropolitain ou des départements d'outre-mer » :

- soit en cas de péril imminent résultant d'atteintes graves à l'ordre public ;
- soit en cas d'événements présentant, par leur nature et leur gravité, le caractère de calamité publique.

L'état d'urgence est déclaré par décret en conseil des ministres. Ce décret détermine « la ou les circonscriptions territoriales à l'intérieur desquelles il entre en vigueur ». Au-delà de douze il est prorogé par une loi qui en fixe la durée.

4) Effets de l'état d'urgence

Dans la zone où l'état d'urgence est appliqué :

- perquisitions administratives. Le ministre de l'Intérieur et les préfets peuvent ordonner des perquisitions à domicile « de jour et de nuit ». Cette possibilité doit avoir été explicitement prévue par le décret déclarant l'état d'urgence ;
- assignation à résidence. Le ministre de l'Intérieur peut assigner à résidence toute personne « dont l'activité s'avère dangereuse pour la sécurité et l'ordre public ».

Restriction à la liberté d'aller et de venir. Les préfets peuvent :

- interdire sous forme de couvre-feu la circulation des personnes ou des véhicules dans les lieux précis et à des heures fixées par arrêté ;
- instituer « des zones de protection ou de sécurité où le séjour des personnes est réglementé » ; interdire de séjour toute personne cherchant à entraver, l'action des pouvoirs publics ;
- ordonner la fermeture provisoire des salles de spectacles, débits de boissons et lieux de réunion de toute nature ;
- interdire à titre général ou particulier les réunions de nature à provoquer ou à entretenir le désordre.

Dissolution d'association. Le Gouvernement peut, par décret en Conseil des ministres, dissoudre des associations « qui participent à la commission d'actes portant une atteinte grave à l'ordre public ».

Ces mesures cessent au moment où l'on met fin à l'état d'urgence. Elles sont soumises au contrôle du juge administratif. La loi du 20 novembre 2015 prorogeant l'application de la loi du 3 avril 1955 relative à l'état d'urgence et renforçant l'efficacité de ses dispositions, renforce le contrôle du Parlement sur l'état d'urgence et supprime le contrôle de la presse en cas d'état d'urgence.

5) Applications de l'état d'urgence

Depuis 1955, l'état d'urgence a été décrété en Algérie, outre-mer, et en métropole.

Guerre d'Algérie (1954-1962) :

- Toussaint sanglante, 1954-1955 : le FLN provoque une vague d'attentats sanglants dans les départements français d'Algérie, le 1er novembre 1954. La loi sur l'état d'urgence est adoptée le 3 avril 1955. Elle s'applique immédiatement dans les départements français d'Algérie pour une durée de six mois prorogée jusqu'en décembre 1955.

- Mouvement du 13 mai 1958 à Alger : après le mouvement du 13 mai à Alger, l'état d'urgence est voté pour trois mois par le Parlement, sur l'ensemble du territoire métropolitain afin de parer à un éventuel coup d'État.

- Putsch des généraux, 1961 : l'état d'urgence est déclaré après le putsch des généraux (Jouhaud, Zeller, Challe, Salan) à Alger le 21 avril 1961. Il est accompagné pour la seule fois, sous la Ve République, des pouvoirs exceptionnels de l'article 16 de la constitution (du 23 avril au 29 septembre).

Outre-mer (1985-1987) :

L'état d'urgence est déclaré afin de parer aux émeutes :

- en Nouvelle-Calédonie et dans ses dépendances, le 12 janvier 1985, par le haut-commissaire de la République ;

- sur l'ensemble des îles de Wallis et Futuna, le 29 octobre 1986, par l'administrateur supérieur ;

- dans les communes de la subdivision des Îles du Vent, en Polynésie française, le 24 octobre 1987, par le haut-commissaire de la République.

Métropole (2005-2017) :

- émeutes dans les banlieues : le 8 novembre 2005, pour mettre fin aux émeutes dans les banlieues, l'état d'urgence est décrété en conseil des ministres ;

- attentats sur le territoire métropolitain : à la suite d'une première série d'attentats le 13 novembre 2015, l'état d'urgence en France est décrété en Conseil des ministres, le 14 novembre 2015, puis est prorogé plusieurs fois en 2016 et en 2017.

BIBLIOGRAPHIE

AUVRET-FINCK (J.), « Les actes de gouvernement, irréductible peau de chagrin ? », RDP 1995, p. 131.

BEAUD (O.) et GUÉRIN-BARGUES (C.), 2e éd., *L'état d'urgence*, 2018, LGDJ-Lextenso, coll. Systèmes.

HAURIOU (M.), « Le pouvoir discrétionnaire et sa justification », in *Mélanges Carré de Malberg*, 1933, Sirey, p. 233.

MELLERAY (F.), « L'immunité juridictionnelle des actes de gouvernement en question ? », RFDA 2011, p. 1086.

PETIT (J.), « L'état d'urgence sanitaire », AJDA 2020, p. 833.

PICARD (E.), « Le pouvoir discrétionnaire en droit administratif français », RIDC 1989, p. 295.

SAINT-BONNET (F.), *L'état d'exception*, 2001, PUF.

SERRAND (P.), *L'acte de gouvernement : contribution à la théorie des fonctions juridiques de l'État*, thèse de doctorat, Droit public, Paris 2 Assas, 1996.

VENEZIA (J.-C.), *Le pouvoir discrétionnaire de l'administration*, 1958, LGDJ-Lextenso.

Le régime de l'état d'urgence, Étude de législation comparée (Allemagne – Belgique – Espagne – Italie – Portugal – Royaume-Uni), Rapport Sénat, mars 2016.

PARTIE 2

L'organisation administrative

Les personnes morales de droit public, de manière plus exceptionnelle les personnes morales de droit privé, concourent à l'administration. Elles sont, pour ce faire, habilitées à mettre en œuvre un pouvoir qui se concrétise notamment par l'édiction de décisions ou par la conclusion de contrats. L'exercice de ce pouvoir pose inévitablement la question des rapports entre les différentes institutions qui participent à l'administration. Existe-t-il une hiérarchie entre elles ? En d'autres termes, sont-elles subordonnées les unes aux autres ? Dans les décisions qu'elles prennent, doivent-elles tenir compte de leurs interventions réciproques ?

Pour permettre l'unité de l'administration, pour s'assurer de la cohérence de son action par-delà les innombrables personnes qui la compose, il existe des principes d'organisation administrative. Une fois ces principes définis, le droit a recours à des techniques d'administration. Les deux plus importantes sont la déconcentration et la décentralisation. Le pouvoir d'administrer existe enfin dans un cadre territorial déterminé. Il peut s'agir soit des collectivités territoriales, soit de l'administration centrale de l'État.

CHAPITRE 4

Les principes d'organisation administrative

Le mot « administration » vient du latin *administrare* qui signifie, aider, diriger, fournir. Il désigne une activité qui, lorsqu'elle est prise en charge par l'administration publique, est effectuée dans l'intérêt des administrés. À cette définition matérielle de l'administration, il existe une seconde définition, organique cette fois. L'Administration est un ensemble de moyens. En réalité, les deux définitions ne sont pas si éloignées l'une de l'autre. Il y a même coïncidence entre les deux, au sens où le rôle des organismes qui constituent l'Administration publique est de servir l'intérêt général. Pour prendre en charge ces activités, l'Administration est organisée d'une manière originale : toutes les personnes publiques sont des personnes morales. Au cœur de l'administration, il y a donc la notion de personnalité morale dont sont dotées les différentes structures qui la constituent : les personnes morales de droit public. Au sein de ces personnes morales de droit public, il existe des autorités administratives. Elles se distinguent par le statut particulier de leurs décisions. Plus rarement, l'Administration a recours à des personnes privées.

1 • LA NOTION DE PERSONNALITÉ MORALE

La personnalité morale est reconnue à de nombreuses entités. Mais les règles qui s'appliquent ne sont pas les mêmes selon qu'elles relèvent du droit public ou du droit privé. D'où la nécessité de distinguer entre la personnalité morale et la personnalité morale de droit public.

A - La personnalité morale

La personnalité morale est une technique juridique qui permet, par une fiction, de donner la personnalité juridique non pas à une personne physique mais à une personne morale. Une citation bien connue résume cette fiction : « Je n'ai jamais déjeuné avec une personne morale » (attribuée à Léon Duguit, parfois aussi à Gaston Jèze voire à Georges Rippert). Ce à quoi le professeur Jean-Claude Soyer répond : « Moi non plus, mais je l'ai souvent vue payer l'addition ». Les personnes morales sont constituées de personnes physiques qui se regroupent afin de défendre un intérêt (une association par exemple) ou de plusieurs personnes morales qui se regroupent en une seule personne morale.

L'intérêt de cette fiction est de permettre à des groupements ou des collectivités de se constituer en véritables sujets de droit. Les personnes morales ainsi reconnues existent en dehors des personnes physiques qui les composent. La personne morale est considérée comme ayant une volonté juridique propre exprimée par ses organes. Elle dispose, pour faire valoir cette volonté, d'une capacité juridique, de droits et d'obligations.

B - La personnalité morale de droit public

La notion de personnalité morale de droit public est distincte de celle du droit privé. Le régime juridique n'est pas le même non plus. D'où l'importance d'identifier si une personne morale appartient à l'une ou l'autre catégorie.

1) La notion de personnalité morale de droit public

Les personnes publiques sont toujours des personnes morales. Il n'existe pas de personnes physiques de droit public. Elles jouissent, en principe, de prérogatives de puissance publique : elles peuvent agir selon le procédé de l'acte administratif unilatéral. Cela ne signifie pas que les personnes morales de droit privé n'ont jamais de prérogatives de puissance publique. De telles prérogatives peuvent leur être reconnues lorsqu'elles sont associées à la gestion d'un service public.

2) Le régime juridique des personnes morales de droit public

Afin de leur permettre d'assurer leur mission d'intérêt général, les personnes morales de droit public sont soumises à un régime juridique distinct de celui des personnes morales de droit privé. Elles disposent d'abord de prérogatives de puissance publique. Les personnes physiques qui vivent dans le ressort de la personne morale (par exemple une commune, un département), peuvent être contraintes d'appartenir à une personne morale de droit public. Un habitant d'une commune est obligatoirement soumis à l'administration communale.

Les personnes publiques peuvent, sauf exception, recouvrir les créances elles-mêmes, en émettant un titre de perception.

Les procédures civiles sont impraticables à leur égard.

Seules les personnes publiques peuvent être propriétaires d'un domaine public.

3) L'identification des personnes morales de droit public

La distinction, compte tenu des conséquences juridiques qu'elle emporte, est importante. Elle n'en est pas pour autant toujours facile. Certaines personnes morales se situent dans une zone grise à l'intérieur de laquelle il est difficile de déterminer si les organes qui s'y trouvent appartiennent à l'une ou l'autre catégorie. Lorsqu'il a été reconnu qu'une institution possède bien la personnalité morale, la détermination du caractère public ou privé se fait au regard de la qualification par le texte qui l'a créée (la loi ou le décret). Lorsqu'aucune qualification ne peut être déduite du texte ou des travaux préparatoires de ce texte, le juge recours à la technique du faisceau d'indices.

À partir d'indices, il va décider si l'institution est publique ou privée. Les indices sont les suivants :

- ***l'initiative de la création de l'institution***. À l'origine de la création de l'institution, y a-t-il une initiative privée ou publique ?
- ***la mission de l'institution***. S'agit-il d'une mission d'intérêt général ? Une réponse positive n'entraîne pas nécessairement le caractère public ;
- ***les prérogatives de l'institution***. L'institution dispose-t-elle de prérogatives de puissance publique ? L'adhésion à l'institution est-elle libre ou, au contraire, peut-elle être contrainte ?
- ***les rapports de l'institution avec l'administration***. L'administration exerce-t-elle un contrôle sur l'institution ? De quelle nature est ce contrôle ?

2. LES PERSONNES MORALES DE DROIT PUBLIC

Il existe une grande diversité de personnes morales de droit public. L'État est la seule personne à être souveraine. Les autres personnes, collectivités territoriales, établissements publics, groupements d'intérêt public, ou personnes morales de droit public qui n'entrent dans aucune des catégories précédentes, sont subordonnées à l'État.

A - L'État et les collectivités territoriales

L'État, parce qu'il est souverain, possède l'exclusivité, la plénitude et l'autonomie de la compétence[1]. Sa compétence est générale et indivisible. Il est le seul à avoir la compétence de sa compétence, ce qui fait de lui une collectivité unique. Parce qu'il est souverain, il peut transférer pour exercice, une partie de ses compétences, à d'autres personnes morales.

La tendance actuellement est à la diminution de ses compétences sous la conjonction d'un triple transfert : par le haut (Union européenne), par le bas (décentralisation), et enfin par la privatisation.

Les collectivités territoriales, personnes morales de droit public, sont toutes incluses dans l'État. Elles sont créées, organisées et supprimées par lui, par voie constitutionnelle ou législative. Leurs compétences, qui leur sont attribuées par l'État, sont définies par la Constitution ou la loi. Elles ne s'appliquent que dans une circonscription territoriale déterminée.

B - Les établissements publics

Des milliers d'établissements publics existent aujourd'hui. Ce succès qui ne s'est jamais démenti depuis leur apparition au XIXe siècle s'explique en grande partie par la souplesse de gestion que permettent les établissements publics. Par-delà leur diversité, les établissements

1. Rousseau C., *Droit international public*, Dalloz.

publics sont unis par une notion et un régime commun. Il existe en revanche différentes catégories d'établissements publics témoignant de cette souplesse.

1) La notion d'établissement public

Dans le cadre de la ***décentralisation fonctionnelle*** (ou décentralisation technique) une compétence peut être attribuée à un établissement public. Il s'agit d'une personne morale de droit public qui gère un service public et dont la compétence, en vertu du principe de spécialité, est strictement limitée à la mise en œuvre de ce service public.

Le ***principe de spécialité*** permet notamment d'éviter que les établissements publics ne se substituent aux collectivités territoriales.

L'intérêt de l'établissement public (ci-après EP) comme mode de gestion d'un service public est d'offrir à un service public une plus grande souplesse de gestion. À titre d'illustration, l'EP bénéficiera de :
- règles de comptabilités plus souples ;
- d'une plus grande souplesse dans le recrutement des personnels de droit privé ou des fonctionnaires ;
- possibilités de libéralités au profit d'un EP. Normalement, le principe d'universalité budgétaire devrait conduire à ce que les libéralités soient fondues dans le budget de l'État ;
- de l'affectation d'une partie des ventes de billets à l'EP s'il s'agit d'un musée, par exemple.

2) Le régime de l'établissement public

L'article 34 de la Constitution donne compétence au législateur pour créer une catégorie d'établissement public. La création d'un nouvel établissement au sein d'une catégorie préexistante relève en revanche de la compétence du pouvoir réglementaire des autorités nationales ou locales. Une fois créé, l'établissement public est soumis à une tutelle ou à un contrôle administratif exercé par la personne publique à laquelle il se rattache et dont il constitue, en quelque sorte, le prolongement. Il peut s'agir de l'État ou d'une collectivité territoriale.

Les universités ou la SNCF par exemple, sont rattachées à l'État. Les hôpitaux ou les lycées sont rattachés à des collectivités locales.

Dans le cadre de ce contrôle, l'autorité de tutelle autorise et approuve de nombreuses décisions de l'EP, notamment en matière financière. La tutelle est cependant plus stricte pour les EP que pour les EPIC.

3) Les catégories d'établissements publics

Il existe deux grandes catégories d'établissement public : les établissements publics administratifs (EPA) et les établissements publics industriels et commerciaux (EPIC) :
- les ***EPA*** gèrent un service public administratif. Leur organisation et leur fonctionnement sont donc en principe soumis au droit administratif (par exemple le musée du Louvre, le château de Versailles, les lycées) ;
- les ***EPIC*** gèrent un service public industriel et commercial. Leur organisation relève en principe du droit administratif et leur fonctionnement du droit privé ; les personnels

qu'ils emploient relèvent du droit privé (par exemple, la Comédie française, la SNCF, la RATP ; le domaine national de Chambord créé par la loi du 23 février 2005).

C - Les groupements d'intérêt public (GIP)

Le régime des GIP a été refondé en 2011 afin de permettre un élargissement des domaines dans lesquels ils peuvent être créés.

1) Le régime des GIP

Les groupements d'intérêt public sont apparus avec la loi du 15 juillet 1982 d'orientation et de programmation pour la recherche et le développement technologique de la France. Leur régime a, depuis, été codifié dans le Code de la recherche (art. L. 341-1 et s.). À l'origine, ils étaient destinés, à mettre en commun des moyens relevant de laboratoires publics et privés pour réaliser des programmes d'intérêt général à but non lucratif. Contrairement au GIE (groupement d'intérêt économique), ils n'ont pas vocation à réaliser des bénéfices. La loi du 17 mai 2011 de simplification et d'amélioration de la qualité du droit a unifié leur régime juridique alors que leur essor dans des domaines très variés – environnement, santé, justice, recherche scientifique – avait conduit à une multiplication des régimes juridiques. La loi dispose que le GIP est une personne morale de droit public[2].

2) Le domaine des GIP

Ils peuvent être créés dans tous les domaines, pour une durée indéterminée, par voie de convention (avant la loi de 2011, le GIP devait être créé par voie légale et pour une durée déterminée). Il est en revanche désormais explicitement interdit aux collectivités territoriales de recourir à un GIP pour exercer en commun des activités qui peuvent être confiées à des établissements publics de coopération intercommunale ou à des syndicats mixtes. Cette disposition a pour but d'éviter une superposition des structures, source de complexité.

Sont par exemple des GIP, l'institut polaire français Paul Émile Victor. Il permet la coordination des ressources humaines, logistiques, techniques et financières nécessaires au développement de la recherche française dans les régions polaires ; l'Agence du service civique (ASC), créée en 2010, qui a pour mission de mettre en place et d'encadrer le service civique, système de volontariat destiné aux jeunes de 16 à 25 ans pour l'« engagement de service civique ».

D - Les autres personnes morales de droit public

Les personnes morales de droit public qui n'entrent dans aucune des catégories préétablies sont nombreuses et le phénomène, même s'il se développe, n'est pas nouveau.

---

2. Suivant en cela, T. confl., 14 févr. 2000, Groupement d'intérêt public habitat et intervention sociale pour les mal-logés et les sans-abri c/Mme Verdier : Lebon, p. 478, GAJA.

La Banque de France, qui succède à la caisse d'escompte de Turgot, a été fondée sous la forme d'une banque privée en l'an VIII afin de devenir, selon la demande de Mollien à Napoléon, « un grand instrument public et non pas le comptoir exclusif de quelques banquiers[3] ». La réforme de 1936 a renforcé le contrôle de l'État sur la banque, celle de 1945 l'a nationalisée. La loi du 4 août 1993 lui a ensuite donné son indépendance en précisant que « la Banque de France est une institution dont le capital appartient à l'État », mais sans donner d'autres précisions sur son statut. Se fondant sur un faisceau d'indices, le Tribunal des conflits a jugé en 1997, qu'elle était désormais une personne publique[4]. Le Conseil d'État a estimé dans un avis rendu en 1999 qu'elle n'était pas pour autant un établissement public, mais une personne publique *sui generis*[5].

L'Institut de France, et les cinq académies qui le composent, « sont des personnes morales de droit public à statut particulier placées sous la protection du président de la République ».

La personnalité morale a été reconnue à l'***Autorité des Marchés Financiers*** par la loi du 1er août 2003. Celle-ci est une « autorité publique indépendante dotée de la personnalité morale ». C'est donc bien une personne morale de droit public originale qui est consacrée, à mi-chemin entre l'autorité administrative indépendante et l'établissement public.

3. LES AUTORITÉS ADMINISTRATIVES

Les personnes morales de droit public et les personnes morales de droit privé gérant un service public sont innombrables. Les agents qu'elles emploient sont bien plus nombreux encore : plusieurs centaines de milliers. Seuls certains organes et certains agents sont des autorités administratives au sens où ils ont le pouvoir de prendre des décisions unilatérales. C'est ce que montre la notion d'autorité administrative, leur diversité et leur fonctionnement.

A - La notion d'autorité administrative

La première définition de l'autorité administrative est législative. Aux termes de la loi du 12 avril 2000 relative aux droits des citoyens dans leurs relations avec les administrations (art. 1), « sont considérés comme autorités administratives au sens de la présente loi les administrations de l'État, les collectivités territoriales, les établissements publics à caractère administratif, les organismes de sécurité sociale et les autres organismes chargés de la gestion d'un service public administratif ».

Cette définition, est incomplète et imparfaite :

– elle est incomplète car elle exclut les services publics industriels et commerciaux ;
– elle est imparfaite car elle confond personnes morales et autorités administratives.

---

3. Cité par M. Pietri, JO, débats Chambre des députés, séance du 16 juillet 1936, p. 1955.
4. T. confl., 16 juin 1997, Époux Muet et société La Fontaine de Mars : Lebon, p. 532.
5. Avis du 9 déc. 1999, Rapport public 2000, EDCE 2000, p. 211.

La définition doctrinale permet d'isoler les autorités administratives au sein des personnes morales : une autorité administrative est un organe ou un agent d'une personne morale qui a le pouvoir de prendre des décisions unilatérales au nom de cette personne. Dans cette définition l'autorité administrative est bien distincte de la personne morale et elle se reconnaît par le pouvoir de décision unilatérale dont elle est investie.

B - La diversité des autorités administratives

Les autorités administratives sont, notamment, le président de la République, le Premier ministre, les ministres, les préfets et les maires. Les chefs de service en font également partie puisqu'ils disposent d'un pouvoir réglementaire pour l'organisation et le fonctionnement de leur service[6]. Il peut également s'agir d'organismes collégiaux. Par exemple, les assemblées des collectivités territoriales qui disposent du pouvoir de prendre des actes juridiques, unilatéraux ou contractuels, qui engagent la personne morale qu'elle représente. Ces personnes, morales ou physiques, disposent de véritables compétences. Les autres agents en revanche, n'ont pas de compétences, ils n'ont que des attributions.

L'administration consultative comprend un nombre considérable d'organes (par ex. Conseil d'État dans sa fonction consultative ; Conseil économique, social et environnemental ; Conseil supérieur de la fonction militaire, hauts conseils en tous genres...).

Ces organes rendent des avis, des avis conformes, des recommandations et des propositions. *A priori*, ces mesures n'ont pas d'effet juridique direct. Ils ne font pas grief. Il se peut cependant, que la portée d'un avis influe sur une décision future. La consultation et l'avis qui est rendu se rapprochent alors d'une véritable décision. Le juge, dans cette hypothèse accepte d'examiner le recours pour excès de pouvoir formé contre des actes dénommés avis[7].

C - Le fonctionnement des autorités administratives

En principe, l'autorité administrative exerce elle-même son pouvoir. Le droit administratif permet cependant, dans certains cas, pour des raisons le plus souvent pratiques, que le pouvoir soit exercé par un subordonné. Celui-ci devient alors à son tour, autorité administrative. La délégation fait l'objet d'un encadrement strict : elle doit être autorisée par un texte, ne porter que sur une partie de la compétence du délégant, être précise et avoir été publiée. La délégation de signature disparaît lorsque l'un des titulaires change. Elle est personnelle. La délégation de pouvoir est au contraire impersonnelle. Elle dessaisit le délégant au profit du délégataire qui devient l'auteur des actes. Elle demeure en vigueur lorsque le délégant ou le délégataire change.

---

6. CE, sect., 7 févr. 1936, Jamart, préc.
7. CE, ass., 21 mars 2016, Société Fairvesta International GmbH et autres ; Société Numéricâble : Lebon, p. 89, GAJA.

4. LE RECOURS AUX PERSONNES DE DROIT PRIVÉ

Le Conseil d'État a pleinement reconnu la pratique selon laquelle des personnes de droit privé pouvaient être associées à l'action administrative. Les ordres professionnels constituent un exemple de cette association.

A - L'association des personnes de droit privé à l'action administrative

Depuis la fin du XIXe siècle, à mesure que les interventions de l'État se multipliaient, des personnes privées ont été associées ou ont participé à la gestion du service public. Les formes que peut prendre l'association de personnes privées au service public sont variées : il peut s'agir d'associations, de fédérations sportives, d'ordres professionnels, voire de simples particuliers.

Le Conseil d'État leur reconnaît la qualité d'autorités administratives à la double condition d'être chargées d'une mission de service public et d'avoir reçu à cette fin des prérogatives de puissance publique. Leur régime est mixte. Tout ce qui concerne leur organisation relève en principe du droit privé. En revanche, les actes qu'elles prennent pour l'accomplissement de leurs missions relèvent du droit administratif et sont donc soumis au contrôle du juge administratif.

B - La reconnaissance jurisprudentielle

Cette reconnaissance s'est faite en plusieurs étapes. Dans l'arrêt *Terrier* de 1903[8], un contrat avait été passé entre une commune et un particulier portant sur l'élimination des animaux nuisibles. Le Conseil d'État qualifie ce contrat d'administratif, avec toutes les conséquences que cela implique, au motif qu'il fait participer le cocontractant à l'exécution d'un service public. Le Conseil d'État a ensuite reconnu dans les arrêts *Établissements Vezia*[9] et *Caisse Primaire Aide et protection*[10], qu'une mission de service public pouvait être confiée à des personnes privées par décision unilatérale. Dans ce dernier arrêt, il constate le caractère de service public des assurances sociales. Il juge qu'une caisse primaire peut être « chargée de l'exécution d'un service public, même si cet organisme a le caractère d'un établissement privé ». Les actes de ces organismes pris pour l'exécution de la mission de service public relèvent du droit administratif.

C - L'exemple des ordres professionnels

Les ordres professionnels regroupent des personnes physiques indépendantes exerçant des activités professionnelles identiques (par ex. ordre des médecins, ordre des avocats,

---

8. CE, 6 févr. 1903, Terrier : Lebon, p. 94, GAJA.
9. CE, ass., 20 déc. 1935, Établissements Vezia : Lebon, p. 1212.
10. CE, 13 mai 1938, Caisse primaire aide et protection : Lebon, p. 417, GAJA.

ordre des architectes). Ces ordres disposent d'un pouvoir réglementaire pour ce qui concerne l'exercice de la profession[11] et, le cas échéant, d'un pouvoir de sanction à l'égard de leurs membres qui ne respectent pas les règles d'exercice de la profession. Saisi d'un recours pour excès de pouvoir exercé par un médecin contre la décision du conseil supérieur de l'ordre des médecins lui interdisant de tenir des cabinets multiples, le Conseil d'État consacre, dans les arrêts *Bouguen*[12], et *Monpeurt*[13], la solution suivante : les décisions que les ordres professionnels prennent pour l'exécution du service public dont ils ont la charge constituent des actes administratifs, dont le contentieux appartient à la juridiction administrative.

La question de la nature juridique des ordres professionnels a été tranchée par le Conseil d'État en 1961 dans l'arrêt *Magnier*[14]. Pour le Conseil d'État, ces organismes professionnels sont des personnes morales de droit privé. Chargé d'une mission de service public administratif, leur ***régime est mixte*** : ils relèvent du droit privé pour ce qui concerne leur organisation interne et du droit public pour la mise en œuvre des pouvoirs exorbitants qui leur sont attribués.

BIBLIOGRAPHIE

Conseil d'État, « Les établissements publics », *Rapport d'étude EDCE*, 15 octobre 2009.

Conseil d'État, « Réflexions sur les collectivités publiques et la concurrence », *Rapport public EDCE* 2002.

DELCROS (B.), *L'unité de la personnalité morale de l'État (étude sur les services non personnalisés de l'État)*, 1976, LGDJ-Lextenso.

DUPUIS (G.), *Le centre et la périphérie en France*, 2000, LGDJ-Lextenso, coll. Systèmes.

FAURE (B.), *Droit des collectivités territoriales*, 6e éd., 2021, Dalloz.

ROUX (A.), *La décentralisation*, 2016, LGDJ-Lextenso, coll. Systèmes.

11. CE, 4 févr. 2001, Fédération française de psychothérapie : réglementation de la mention « psychothérapie » par l'ordre des médecins, mentionné dans les tables du recueil.
12. CE, ass., 2 avril 1943, Bouguen : Lebon, p. 86.
13. CE, ass., 31 juill. 1942, Monpeurt : Lebon, p. 239 : qualification « d'acte administratif » d'une décision d'un comité d'organisation imposant des charges à une entreprise.
14. CE, sect., 13 janv. 1961, Magnier : Lebon, p. 33.

CHAPITRE 5

Déconcentration et décentralisation

Toute autorité administrative est en principe, soit déconcentrée soit décentralisée. Certes, il existe des exceptions : le chef de l'État, le Premier ministre et les ministres, notamment. Mais en dehors de ces autorités, le principe irrigue l'ensemble de l'organisation administrative.

Si l'autorité déconcentrée est soumise à un pouvoir hiérarchique, l'autorité décentralisée dispose d'un pouvoir de décision autonome exercé sous la surveillance d'un représentant de l'État. Le choix de l'un ou l'autre système ne relève pas uniquement de l'organisation administrative. Il est aussi la manifestation juridique d'un choix politique. La conception de l'État, de l'unité qui doit exister en son sein, n'est pas la même selon que la décentralisation ou la centralisation est choisie.

Le contrôle des autorités déconcentrées et décentralisées n'a pas la même intensité. L'évolution de l'organisation de la République montre que la tendance aujourd'hui est à la décentralisation.

1 • LA DÉCONCENTRATION

Concentration et déconcentration sont deux formes d'aménagement de la centralisation. La centralisation parfaite, qui n'existe pas, est un mode d'organisation administratif dans lequel une seule personne morale – l'État – prend l'ensemble des décisions.

A - La notion de déconcentration

Il y a concentration lorsque toutes les décisions au sein de l'État sont prises pour l'ensemble du territoire national par un niveau unique de décision. Si un tel mode d'organisation était possible, toutes les décisions seraient prises depuis la capitale, Paris, par les organes centraux de l'administration. Le problème de ce type d'organisation administrative a été parfaitement résumé en 1848 par Félicité de Lamennais : « La centralisation, c'est l'apoplexie au centre, la paralysie aux extrémités ». D'où ***la déconcentration qui est un aménagement de la centralisation***.

Il y a déconcentration lorsqu'au sein d'une même personne morale, une partie du pouvoir de décision détenu par les autorités les plus élevées est transféré à des autorités moins élevées dans la hiérarchie interne de l'administration (par ex. préfet ou maire lorsqu'il agit comme autorité déconcentrée). Ces services restent soumis au pouvoir hiérarchique des autorités administratives centrales.

Odilon Barrot, avocat et homme politique, contemporain de Lamennais, résuma ainsi la déconcentration : « C'est toujours le même marteau qui frappe mais on a raccourci le manche »[1].

La déconcentration doit être distinguée de la délocalisation qui n'a qu'une portée géographique et non juridique. Il a par exemple été décidé de délocaliser l'ENA, de Paris à Strasbourg, en 1991.

B - Les avantages de la déconcentration

L'exposé des motifs du décret de 25 mars 1852, l'un des premiers à développer la déconcentration, se fait l'écho d'un premier avantage de la déconcentration : « on peut gouverner de loin mais on administre bien que de près ».

L'intérêt de la déconcentration est d'abord pratique. En ce sens, elle vient ***remédier à l'impossibilité de mettre en œuvre une centralisation parfaite***. Sur le plan politique, la déconcentration présente également le grand avantage de ***permettre***, malgré la multiplication des centres de décision, ***de conserver son unité et sa cohésion à la politique administrative***. L'État n'est pas morcelé entre une multitude de centres de décisions plus au moins autonomes, comme c'est le cas avec la décentralisation.

2. LA DÉCENTRALISATION

La décentralisation se distingue de la déconcentration par de multiples aspects. La notion et les modalités de mise en œuvre ne sont pas les mêmes. Le principe de libre administration des collectivités territoriales sur lequel elle se fonde est différent. Tout cela conduit, assez logiquement, à des avantages et des inconvénients opposés à ceux de la déconcentration.

A - La notion de décentralisation

La ***décentralisation rompt le lien hiérarchique entre l'autorité locale et l'autorité centrale***. Pratiquement, elle se traduit par le transfert d'attributions de l'État à des institutions qui sont juridiquement distinctes de lui au sens où elles bénéficient de la personnalité morale. Il en résulte l'émergence d'une multiplicité de personnes morales qui concourent toutes à la mise en œuvre de l'action administrative par leurs décisions.

1. Barrot O., *De la décentralisation et de ses effets*, 1861.

B - Le principe de libre administration des collectivités territoriales

Le principe de libre administration, principe de rang constitutionnel, s'impose au législateur et à toutes les autorités administratives. À la libre administration, il existe des limites qui se fondent sur d'autres principes de même valeur juridique.

1) *Le principe de libre administration*

Le principe résulte de l'article 72 de la Constitution aux termes duquel « les collectivités territoriales s'administrent librement ». La définition de la libre administration des collectivités territoriales a été fixée progressivement par le juge constitutionnel[2]. Liberté constitutionnellement garantie, le principe implique que les collectivités territoriales disposent d'une véritable autonomie administrative. Cela comprend :

- la personnalité morale ;
- un conseil élu. L'indépendance organique est assurée lorsque les organes dirigeants des collectivités décentralisées ne relèvent pas du pouvoir hiérarchique du pouvoir central. L'élection est une garantie de cette indépendance organique[3] ;
- l'autonomie financière, c'est-à-dire des ressources propres, suffisantes[4] et garanties. L'autonomie financière doit se traduire notamment par l'autonomie de recrutement et de gestion du personnel[5] ;
- un pouvoir de décision propre, indépendant du pouvoir central, dans le respect de la Constitution, des lois et des règlements qui les définissent. En la matière, la liberté des autorités décentralisées est la règle, l'intervention de l'État est l'exception.

2) *Les limites à la libre administration*

À la libre administration des collectivités territoriales, il existe trois limites qui constituent au demeurant les trois bras d'un même fleuve. La libre administration des collectivités territoriales ne saurait remettre en cause l'indivisibilité de la République, l'unité de l'ordre juridique et l'égalité devant la loi.

a) L'indivisibilité de la République

En vertu du principe d'indivisibilité de la République les collectivités territoriales ont une autonomie administrative et non politique. Elles ne disposent pas, en principe, de pouvoir législatif. Les collectivités territoriales ne peuvent pas choisir leur organisation, leurs compétences, leurs ressources ou leur régime électoral. Ces choix relèvent de la compétence exclusive du législateur.

b) L'unité de l'ordre juridique

La libre administration des collectivités territoriales ne saurait remettre en cause l'unité de l'ordre juridique. D'où les dispositifs de contrôle prévus par le législateur afin de prévenir ou de sanctionner le non-respect des lois et des règlements par les collectivités

2. 25 févr. 1982, n° 82-137 DC, Statut de la Corse.
3. 7 déc. 2010, n° 2010-618 DC, Réforme des collectivités territoriales.
4. 29 déc. 2005, n° 2005-530 DC, Loi de finances pour 2006.
5. 20 janv. 1984, n° 83-168 DC, Fonction publique territoriale.

territoriales. L'existence d'un contrôle de l'État sur les activités et les actes des collectivités est inscrite dans l'article 72 de la Constitution.

c) *L'égalité devant la loi*

L'application d'une loi organisant l'exercice d'une liberté publique ne doit pas dépende de décisions des collectivités territoriales. Elle est de la seule responsabilité de l'État et ne peut être subordonnée à l'accord des collectivités territoriales. Une solution inverse aboutirait à une remise en cause de l'indivisibilité de la République. Le Conseil constitutionnel en a décidé ainsi en 1985 en censurant une disposition législative qui subordonnait la passation d'un contrat d'allocation entre l'État et un établissement privé du premier degré à l'agrément de la commune siège de l'accord[6].

C - Les formes de décentralisation

Il existe deux formes de décentralisation : la décentralisation territoriale et la décentralisation technique ou par services. Les deux décentralisations se distinguent non seulement par leurs modalités mais aussi par leur statut juridique.

1) *La décentralisation territoriale et la décentralisation technique*

Dans la ***décentralisation territoriale***, la personnalité morale est attribuée à des entités territoriales telles que la commune, le département ou la région. Les habitants de ces espaces vont être gérés et représentés dans un cadre territorial déterminé.

La ***décentralisation technique*** permet, en donnant à des institutions spécialisées dotées de la personnalité morale (établissements publics et groupements d'intérêt public), de gérer certains services publics (hôpitaux, lycée par ex.). L'autonomie qui leur est ainsi offerte permet une meilleure gestion de ces services publics grâce à un cadre d'action plus souple.

2) *Le statut juridique des deux formes de décentralisation*

Le statut juridique des deux formes de décentralisation est très différent :

- ***la décentralisation territoriale possède un statut constitutionnel***. L'article 72 de la Constitution dispose en effet que « les collectivités territoriales s'administrent [...] dans les conditions prévues par la loi ». Dans de nombreuses hypothèses – compétences des collectivités territoriales, régime électoral des élus, conditions d'exercice des mandats électoraux – l'intervention du législateur est ainsi obligatoire ;
- pour la décentralisation technique, le législateur n'est compétent que pour la création de nouvelles catégories d'établissements publics.

Une différence substantielle en matière de compétence distingue encore les deux formes de décentralisation : alors que la décentralisation territoriale bénéficie de la clause générale de compétence, la décentralisation technique se fait dans le cadre du principe de spécialité.

6. 18 janv. 1985, n° 84-185 DC, Rapports entre l'État et les collectivités territoriales.

D - Les avantages et inconvénients de la décentralisation

Le débat relatif aux avantages et inconvénients des deux techniques d'organisation de l'administration est presque aussi ancien que l'État lui-même. Il se peut cependant qu'il soit aujourd'hui dépassé.

1) *Les termes du débat*

La décentralisation se distingue de la déconcentration au sens où elle ne constitue pas une simple technique d'administration. Elle possède, comme le souligne le professeur Chapus, « une signification politique »[7]. « Faire des communes, des départements et des régions des collectivités décentralisées, c'est créer autant de démocraties locales. [...] On peut comprendre que l'adhésion à la démocratie n'ait pu que s'accompagner d'une volonté de décentralisation territoriale ; – en dépit des inconvénients qui sont les siens et qui l'infériorisent par rapport à la déconcentration, à deux points de vue notamment : elle coûte beaucoup plus cher ; elle complique beaucoup plus l'organisation administrative ».

Ainsi, l'émergence de ces fameuses « démocraties locales » a un prix : l'établissement parallèle d'autant de contre-pouvoirs à l'État susceptibles de remettre en cause son unité d'action de l'État, sa cohésion, et d'aboutir à sa désintégration.

2) *Le dépassement du débat*

Le débat entre déconcentration et décentralisation pourrait être aujourd'hui dépassé en raison de la concentration de toute une partie de la population dans les grandes villes. La vraie question est davantage celle d'une réforme de fond des différentes structures territoriales et non pas d'une réforme de l'équilibre entre déconcentration et décentralisation. « Il n'est d'ailleurs pas évident, [écrit ainsi le professeur Yves Gaudemet], que l'exigence politique de la décentralisation – qui par ailleurs coûte cher en compétences et en argent – soit encore celle qui parcourait l'Europe des années 1960 et 1970. La géographie de nos pays a été redessinée, la démographie profondément transformée, l'autonomie aujourd'hui revendiquée est davantage culturelle, voire linguistique. [...] Plus grave encore, la France de l'égalité des droits continue à vouloir la même dignité de « collectivité locale » pour la moindre paroisse dépeuplée héritée de l'Ancien régime et pour la première région économique d'Europe qu'est la région Île-de-France ; l'extraordinaire entrelacs de l'intercommunalité davantage qu'un remède, est la manifestation au quotidien de ce qu'une réforme des structures – déjà envisagée par la constitution de 1946 – demeure le préalable d'une vraie décentralisation »[8]. Le débat, probablement le plus important aujourd'hui, est relatif au bien-fondé de la création de nouvelles métropoles et à la « métropolisation » que cela entraîne, c'est-à-dire à l'absorption des communes alentour. En d'autres termes, au renforcement aussi bien territorial que juridique des grandes villes.

---

7. Chapus R., *Droit administratif général*, 14e éd., 2000, LGDJ-Lextenso, p. 395.
8. Gaudemet Y., *Droit administratif*, 22e éd., 2018, LGDJ-Lextenso.

3. LE CONTRÔLE DES AUTORITÉS DÉCENTRALISÉES ET DÉCONCENTRÉES

Qu'une collectivité soit décentralisée ou déconcentrée, elle est toujours soumise à un contrôle. Même dans un État fédéral, il existe un contrôle de l'État central sur les États fédérés qui s'opère, de manière indirecte, par le biais des cours suprêmes. La disparition de toute forme de contrôle signifierait, à plus ou moins long terme, la disparition de l'État. Seulement le contrôle n'est pas le même. L'organe déconcentré est assujetti à un contrôle hiérarchique tandis que l'organe décentralisé est assujetti au contrôle de tutelle (le mot « tutelle » a, en principe, disparu depuis la loi du 2 mars 1982 mais il est toujours utilisé).

A - L'encadrement des autorités déconcentrées par le pouvoir hiérarchique

L'autorité supérieure dispose sur ses subordonnés d'un pouvoir hiérarchique. Les caractéristiques et les composantes de ce pouvoir garantissent un strict respect de la voie hiérarchique.

1) Les caractéristiques du pouvoir hiérarchique

Le pouvoir hiérarchique attribué principalement aux ministres, permet un encadrement strict du représentant local de l'autorité centrale. Il est détenu de plein droit par l'autorité supérieure[9]. Cela signifie qu'elle en est investie sans qu'un texte soit nécessaire. Par exemple, le Premier ministre est une autorité plus élevée que le préfet. Même si aucun texte ne le prévoit, le Premier ministre exerce un contrôle hiérarchique sur le préfet. Il en va de même du préfet sur le maire lorsqu'il agit comme autorité déconcentrée. Le pouvoir hiérarchique porte à la fois sur les agents et sur les actes. Il peut être exercé « sans cause déterminée » : des considérations d'opportunité ou de légalité peuvent justifier sa mise en œuvre.

2) Les composantes du pouvoir hiérarchique

Ces composantes sont au nombre de trois : instruction, substitution et annulation. Elles ont toutes en commun de permettre à l'autorité hiérarchique de s'assurer de la mise en œuvre de ses instructions :

- *le pouvoir d'instruction.* Le pouvoir hiérarchique se traduit d'abord par des ordres (instructions générales ou ordres particuliers). À ces instructions, le subordonné doit obéissance, sous peine de sanction disciplinaire, sauf si l'ordre donné est manifestement illégal et de nature à compromettre gravement un intérêt public[10] ;
- *le pouvoir de réformation et d'annulation*. Ce pouvoir permet au supérieur hiérarchique soit de faire disparaître de l'ordre juridique les décisions de son

9. CE, 30 juin 1950, Quéralt : Lebon, p. 413.
10. CE, 10 nov. 1944, Langneur : Lebon, p. 288.

subordonné, soit de les modifier. Ce pouvoir est mis spontanément en œuvre par le supérieur hiérarchique. Il est en revanche tenu de le faire quand il est saisi d'un recours hiérarchique par un administré ;
- ***le pouvoir de substitution d'action***. Il n'existe pas en principe de pouvoir de substitution d'action au profit du supérieur hiérarchique. Celle-ci n'a pas à se substituer à l'autorité subordonnée. Il existe cependant deux exceptions :
  - en cas de compétence totalement liée,
  - quand l'administration est obligée d'agir pour des raisons de sécurité publique.

B - L'encadrement des autorités décentralisées par le pouvoir de tutelle

Dans le cadre de la décentralisation, il n'y a plus de lien hiérarchique. Seul existe un contrôle de tutelle qui est exercé par les autorités centrales sur les collectivités territoriales ou les collectivités décentralisées. Ses caractéristiques et ses composantes le distinguent nettement du pouvoir hiérarchique.

1) *Les caractéristiques du pouvoir de tutelle*

Le pouvoir de tutelle ne se présume pas : pas de tutelle sans texte[11]. Il s'exerce dans le cadre des lois et règlements qui le prévoient et l'organisent. Il s'agit là d'une garantie pour les personnes ou les organes qui sont sous tutelles : pas d'immixtions dans leur fonctionnement ou leur gestion. La contrepartie de ce pouvoir limité de l'État réside dans une responsabilité limitée de l'État. Elle n'est engagée à l'égard des tiers, en raison de l'exercice de la tutelle, que dans le cas d'une faute lourde[12].

2) *Les composantes du pouvoir de tutelle*

Ces composantes sont au nombre de trois : pouvoir d'approbation, de substitution d'action et d'annulation. Elles laissent à l'autorité décentralisée une marge de manœuvre importante.
- ***le pouvoir d'approbation*** ;
- ***le pouvoir de substitution d'action***. Ce pouvoir peut être mis en œuvre lorsqu'est en cause une liberté fondamentale ou un intérêt général très important. Le Conseil constitutionnel l'a justifié pour le préfet, par le dernier alinéa de l'article 72 de la Constitution : « Dans les collectivités territoriales de la République, le représentant de l'État... a la charge des intérêts nationaux, du contrôle administratif et du respect des lois »[13] ;
- ***le pouvoir d'annulation***. Dans le cadre d'un recours gracieux, l'autorité de tutelle peut demander à l'autorité décentralisée, de reconsidérer sa position. Si ce recours

11. CE, sect., 9 janv. 1959, Chambre syndicale nationale des entreprises industrielles de boulangerie : Lebon, p. 23.
12. CE, ass., 29 mars 1946, Caisse départementale d'assurances sociales de Meurthe et Moselle : Lebon, p. 100.
13. 6 déc. 2007, n° 2007-1719 DC, Stabilité des institutions et transparence de la vie politique en Polynésie française.

n'est pas efficace, l'autorité de tutelle peut former un recours pour excès de pouvoir contre les actes administratifs (unilatéraux ou contractuels), d'une autorité qui est sous la tutelle de l'État, si elle estime que ces actes sont illégaux. Il s'agit d'un contrôle de légalité exercé *a posteriori* par le préfet dans le cadre du déféré préfectoral.

En revanche, l'autorité de tutelle ne dispose pas de pouvoir d'instruction et de réformation. Il aboutirait, s'il pouvait être mis en œuvre, à supprimer toute autonomie de décision de l'autorité décentralisée.

Pouvoir hiérarchique	Pouvoir de tutelle
Pouvoir d'instruction Pouvoir de réformation et d'annulation Pouvoir de substitution d'action (compétence totalement liée ou raisons de sécurité publique)	Pouvoir d'approbation Pouvoir d'annulation Pouvoir de substitution d'action (liberté fondamentale ou un intérêt général très important)

4. L'ÉVOLUTION DE L'ORGANISATION DE LA RÉPUBLIQUE

La Révolution française a été suivie par une période de centralisation mesurée. À partir de 1982, la France s'est engagée sur la voie de la décentralisation.

A - La centralisation mesurée

Il faut distinguer deux périodes qui sont traversées par un esprit identique : éviter l'anarchie locale. Celle qui va de la Révolution à l'an VIII, puis celle qui lui succède.

1) De la Révolution à l'An VIII

Après la Révolution de 1789, la France est successivement passée de la centralisation à une certaine forme de décentralisation. Le mythe de la souveraineté nationale auquel est venu s'ajouter un autre mythe, celui de la démocratie représentative, a abouti à la création d'un lieu quasi exclusif de représentation de la nation française : le Parlement. D'où l'inutilité d'instituer d'autres lieux d'expression de la souveraineté. La Constitution du 3 septembre 1791 qui établit une monarchie constitutionnelle est révélatrice à cet égard. Elle dispose que « le Royaume est un et indivisible : son territoire est distribué en quatre-vingt-trois départements, chaque département en districts, chaque district en cantons ». Cette structure constitue l'apport essentiel de la Révolution. Les circonscriptions territoriales sont uniformes dans leur administration et leur organisation. Toutes les circonscriptions de même nature (par ex, toutes les communes...) sont administrées de la même manière, quelle que soit leur taille. Peu importe qu'il s'agisse d'une commune rurale ou urbaine, grande ou petite. En matière d'organisation, la structure administrative est encore la même pour les diverses catégories de circonscriptions. Chaque catégorie est dotée d'un conseil, d'un directoire et d'un procureur syndic. La formule de Sieyès résume parfaitement l'esprit de cette organisation : « délibérer est le fait de plusieurs, exécuter est le fait d'un seul ».

L'uniformité demeure aujourd'hui. Elle se concrétise, sur le plan juridique, par le principe d'égalité entre collectivités territoriales de même nature.

2) Après l'An VIII

Le cadre territorial des circonscriptions issues de la Révolution, le mode napoléonien d'administration de ces circonscriptions, demeure. Le rapport entre le pouvoir central et le pouvoir local va en revanche évoluer. Un régime mesuré, qui se garde des extrêmes, conciliant déconcentration et décentralisation, va progressivement émerger. La personnalité civile est reconnue aux communes par la loi du 18 juillet 1837. La loi du 10 août 1871, donne la personnalité juridique aux départements. La IIIe République permet l'élection des maires (sauf à Paris) avec la loi du 5 avril 1884. La commune devient ainsi une collectivité largement décentralisée dont les organes – le maire et le conseil municipal – sont élus.

B - La décentralisation

L'acte I de la décentralisation effectué par voie législative, puis l'acte II, par voie constitutionnelle, et l'acte III de nouveau par voie législative, ont réalisé une profonde décentralisation de l'organisation de la République.

1) L'acte I de la décentralisation (1982)

Adoptées à partir de 1982, les « lois Defferre », du nom du ministre de l'Intérieur et de la Décentralisation correspondent à la volonté politique de la majorité alors au pouvoir, de réaliser une profonde décentralisation de l'administration française. Ces lois qui constituent l'acte I de la décentralisation opèrent plusieurs réformes fondamentales :

- la tutelle (contrôle *a priori*) pesant sur les collectivités territoriales est remplacée par un contrôle *a posteriori* confié au juge administratif (L. 2 mars 1982, relative aux droits et libertés des communes, des départements et des régions) ;
- un nouveau mécanisme de contrôle financier est mis en place. Le contrôle des budgets des collectivités territoriales est confié aux chambres régionales des comptes ;
- la fonction d'exécutif départementale est retirée au préfet pour être donnée au président du conseil départemental ;
- les régions deviennent des collectivités territoriales ;
- de nombreuses compétences de l'État sont transférées aux collectivités territoriales (urbanisme, action sociale, formation professionnelle, gestion des collèges et lycées ; L. 7 janv. et 22 juill. 1983) ;
- une fonction publique territoriale est créée (L. 26 janv. 1984).

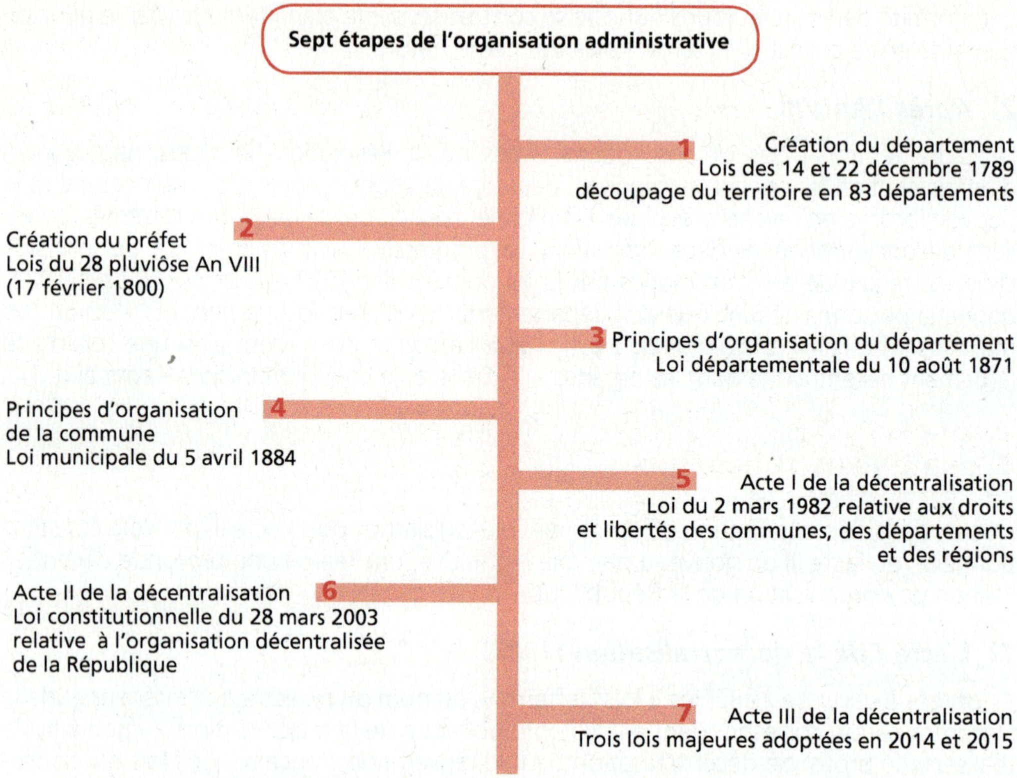

2) *L'acte II de la décentralisation (2003)*

La loi constitutionnelle du 28 mars 2003 modifie la Constitution afin, selon les promoteurs de la réforme, de pouvoir aller plus loin dans la décentralisation. À l'article 1 de la Constitution aux termes duquel « La France est une République indivisible [...] », il est ajouté « Son organisation est décentralisée ». La réforme s'appuie sur deux piliers : le « ***pilier régional*** » qui a pour vocation la cohérence et la programmation et « ***le pilier de la proximité*** » qui relève de l'échelon départemental et de l'intercommunalité. Les réformes réalisées dans le cadre de l'organisation décentralisée de la République sont les suivantes :

- le ***droit d'expérimentation des collectivités locales***. L'expérimentation locale est l'autorisation donnée par une loi à une collectivité territoriale d'appliquer une politique publique ne faisant pas partie de ses attributions légales, pour une période donnée ;
- le ***référendum local***. Le deuxième alinéa de l'article 72-1 de la Constitution, dans sa rédaction issue de la loi constitutionnelle relative à l'organisation décentralisée de la République, prévoit la possibilité pour les collectivités territoriales de soumettre, par la voie du référendum, à la décision des électeurs, les projets de délibération ou d'acte relevant de leurs compétences ;
- l'***autonomie financière des collectivités territoriales***. L'article 72-2 de la Constitution précise le principe de libre administration énoncé à l'article 72 de la

Constitution en consacrant l'autonomie financière des collectivités territoriales, en recettes comme en dépenses. Il élève également la péréquation en objectif à valeur constitutionnelle ;
- de ***nouveaux transferts de compétence***s sont opérés ***au profit des collectivités territoriales*** (L. 13 août 2004, relative aux libertés et responsabilités locales).

3) L'acte III de la décentralisation (2014-2015)

Trente ans après l'acte I de la décentralisation, une nouvelle étape est franchie. L'histoire dira si cette étape mérite réellement le nom d'acte III de la décentralisation. En substance, il ne s'agit plus cette fois de décentraliser plus mais de décentraliser mieux. Le but est de renforcer l'efficacité de la puissance publique, qu'elle soit nationale ou locale, en s'appuyant sur les collectivités territoriales et en clarifiant l'exercice de leurs compétences. L'acte III a pour ambition d'en finir avec le millefeuille territorial, serpent de mer de l'organisation administrative française. Il se compose de trois lois adoptées en 2014 et 2015[14] dont les dispositions principales sont les suivantes :
- ***les communes sont confortées***. La commune est désormais l'unique échelon de collectivité à disposer de la clause de compétence générale. La clause de compétence générale signifie qu'il est accordé à la collectivité qui en est bénéficiaire une compétence dans tous les domaines d'intérêt local qu'elle juge nécessaires. Elle découle de la loi municipale de 1884 et avait été étendue en 1982 aux autres collectivités territoriales (départements, régions). La compétence générale permet en principe à la commune de répondre à tous les besoins du quotidien des citoyens ;
- ***les intercommunalités montent en puissance***. Le processus d'intégration des communes dans des structures d'intercommunalités s'accélère ;
- ***les métropoles montent en puissance***. De nouvelles métropoles sont créées. Leurs pouvoirs sont renforcés[15] ;
- ***les départements sont recentrés sur la solidarité*** ;
- ***les régions sont renforcées***. Le nombre de régions métropolitaines passe de 22 à 13[16] et ***leurs pouvoirs sont augmentés*** ;
- ***la clause de compétence générale est supprimée pour les départements et les régions***. Ces deux échelons n'auront donc plus le droit d'intervenir sur tous les sujets, de dépenser dans tous les domaines d'action publique.

---

14. L. n° 2014-58, 27 janv. 2014 de modernisation de l'action publique territoriale et d'affirmation des métropoles (loi *MAPTAM*) ; L. n° 2015-29, 16 janv. 2015, relative à la délimitation des régions, aux élections régionales et départementales et modifiant le calendrier électoral ; L. n° 2015-991, 7 août 2015 portant nouvelle organisation territoriale de la République (loi *NOTRe*).
15. L. n° 2014-58, 27 janv. 2014 de modernisation de l'action publique territoriale et d'affirmation des métropoles.
16. L. n° 2015-29, 16 janv. 2015, relative à la délimitation des régions, aux élections régionales et départementales et modifiant le calendrier électoral.

BIBLIOGRAPHIE

DOUBOVETZKY (C.), *L'essentiel des institutions administratives*, 2e éd., 2010, Gualino-Lextenso.

GRANDGUILLOT (D.), *Institutions politiques et administratives de la France*, 2017, Gualino-Lextenso.

CHAPITRE 6

L'administration centrale de l'État

L'administration d'État, minoritaire au sein de l'administration générale, réunit les autorités qui sont liées au pouvoir exécutif suprême. Le président de la République et le Premier ministre. Elle comprend également l'administration centrale qui rassemble les services de chaque ministère à compétence nationale. Mais ce que l'on appelle l'administration d'État ne s'arrête pas à ces autorités qui siègent principalement à Paris. L'État dispose encore de services présents sur l'ensemble du territoire national. Ce sont les services déconcentrés.

Ils mettent en œuvre les politiques conçues au niveau central et regroupent plus de 95 % des agents de l'État. Ils ne doivent pas être confondus avec les services des collectivités territoriales qui sont eux décentralisés et dont les agents appartiennent à la fonction publique territoriale. Les autorités administratives indépendantes, en dépit de leur nom, demeurent, pour la plupart d'entre elles, des administrations d'État. Enfin, au niveau local, les politiques conçues au niveau central sont mises en œuvre dans le cadre des circonscriptions territoriales déconcentrées. Le corps préfectoral assure la coordination de l'action de l'État dans ces circonscriptions territoriales.

1 • LE PRÉSIDENT DE LA RÉPUBLIQUE ET LE PREMIER MINISTRE

Au sommet de l'État, existe une dyarchie administrative. L'article 5 de la Constitution fait du chef de l'État celui qui détient « le pouvoir d'État ». Tandis qu'aux termes de l'article 20 de la Constitution, le Premier ministre « détermine la politique de la nation ». Deux autorités donc, qui détiennent chacune un pouvoir administratif.

A - Le président de la République

Avec l'avènement de la Ve République, ce sont surtout les pouvoirs politiques du chef de l'État qui ont été renforcés. Mais la Constitution lui attribue aussi des compétences administratives. Pour les mettre en œuvre, le chef de l'État dispose des services de la présidence de la République.

1) Les compétences administratives du président de la République

Le président de la République ne dispose plus, sous la Ve République, du pouvoir réglementaire de principe. Cette compétence revient au Premier ministre en vertu de l'article 21 de la Constitution. Il dispose cependant d'un pouvoir réglementaire d'attribution, d'un pouvoir de nomination et des compétences exceptionnelles.

a) Le pouvoir réglementaire

L'article 13, alinéa 1 de la Constitution dispose que « le président de la République signe les ordonnances, et les décrets délibérés en conseil des ministres ». Les décrets délibérés en Conseil des ministres sont peu nombreux. Il s'agit de la proclamation de l'état de siège et de la nomination de certains fonctionnaires.

Le président est également compétent pour signer les ordonnances de l'article 38 de la Constitution. Ces ordonnances peuvent être prises par le gouvernement dans des matières limitativement énumérées qui sont normalement de la compétence du législateur. En 1986, alors que le gouvernement avait prévu de privatiser par ordonnance certains secteurs de l'économie, le chef de l'État, François Mitterrand, a refusé de signer les ordonnances présentées par le gouvernement de Jacques Chirac. Ce refus a obligé le gouvernement à soumettre au Parlement le contenu des ordonnances sous forme de projet de loi.

b) Le pouvoir de nomination

Aux termes de l'article 13 de la Constitution, le chef de l'État nomme aux emplois civils et militaires. Beaucoup d'autres emplois, dont certains sont cités par l'article 13, alinéa 3 relèvent encore de sa compétence. Il s'agit notamment des recteurs d'académie, des conseillers d'État, du grand chancelier de la Légion d'honneur, des ambassadeurs...

Le pouvoir de nomination du chef de l'État se prolonge par de nombreux emplois prévus par l'ordonnance du 28 novembre 1958 qui s'exerce, selon les situations, après avis public de la commission permanente compétente de chaque assemblée. Ces emplois ont été fixés par une loi organique adoptée en 2010[1]. Il s'agit, à titre d'exemple, parmi une quarantaine d'emplois, du président de La Poste, du Défenseur des droits, ou du président de l'Autorité des marchés financiers. Par décret simple, dans le cadre des règles statutaires applicables aux différents corps, il pourvoit encore environ 70 000 emplois (magistrats, officiers, fonctionnaires de l'État dont le recrutement est assuré par l'ENA (jusqu'à sa suppression en 2021), ou l'école polytechnique).

c) Les compétences exceptionnelles

Les pouvoirs exceptionnels de l'article 16 de la Constitution n'ont été utilisés qu'une seule fois, lors du putsch d'Alger. L'article a été mis en œuvre du 23 avril 1961 au 30 septembre 1961. La décision de mise en œuvre et de cessation des pleins pouvoirs est un acte de gouvernement insusceptible de recours pour excès de pouvoir. Le Conseil d'État, dans la jurisprudence *Rubin de Servens*[2] admet cependant que

---

1. L. org. n° 2010-837, 23 juill. 2010, relative à l'application du cinquième alinéa de l'article 13 de la Constitution.
2. CE, 2 mars 1962, Rubin de Servens : Lebon, p. 143.

les mesures prises par le président de la République appartenant au domaine réglementaire sont susceptibles de recours pour excès de pouvoir.

2) *Les services de la présidence de la République*

Les 500 personnes qui servent dans les services de la présidence de la République sont nommées, de façon discrétionnaire, par arrêté du président de la République. Elles se répartissent dans trois structures : le secrétariat général de la présidence de la République, le cabinet et l'état-major particulier du Président.

a) Le secrétariat général de la présidence de la République

Le secrétariat général de la présidence de la République est le rouage essentiel de l'action administrative du président de la République. Il joue un rôle essentiel de coordination avec le secrétariat général du gouvernement et participe à la préparation du Conseil des ministres. Organe de conseil, le secrétariat général de la présidence est dirigé par le secrétaire général de l'Élysée. Il est le plus proche collaborateur du Président et le supérieur hiérarchique de tous les fonctionnaires composant les services de la présidence. Autour du secrétaire général, sont regroupés des conseillers techniques choisis parmi les grands corps de l'État. Chaque conseiller suit, pour le compte du président de la République, le secteur qui lui est attribué et réunit toutes les informations utiles à la décision présidentielle. Par exemple, le conseiller à la justice est chargé de conseiller le Président pour tout ce qui touche à la justice, au droit et aux prisons. Il assure la liaison avec le cabinet du ministre de la Justice et il en informe le secrétaire général.

b) Le cabinet du président de la République

Le cabinet du Président de la République regroupe les collaborateurs les plus proches du chef de l'État. Il est composé d'une cinquantaine de membres, tous nommés par arrêté présidentiel. Il est dirigé par le directeur de cabinet.

Le cabinet organise et coordonne la vie quotidienne et les activités politiques du président de la République. Il gère l'emploi du temps présidentiel, organise ses activités de représentation officielle (voyages en France ou à l'étranger, conférences de presse, relations publiques). Il est également chargé du fonctionnement quotidien du palais de l'Élysée.

c) L'état-major particulier du Président

Anciennement appelé la Maison militaire, l'état-major particulier du président de la République, composé d'officiers supérieurs des différentes armées, est dirigé par le chef d'état-major particulier du président de la République (CEMP). Il assiste et conseille le président dans son rôle de chef des armées. Il assure notamment la permanence opérationnelle des forces nucléaires (transmission de l'ordre de tir via le poste de commandement Jupiter enfoui sous le palais de l'Élysée) ; il prépare les conseils de défense et assure la liaison avec le ministère de la Défense et l'état-major des armées.

d) Le conseil de défense et de sécurité nationale

Le ***Conseil de défense et de sécurité nationale*** (CDSN) est un Conseil des ministres restreint. Présidé par le président de la République, il a pour but de fixer les objectifs et de coordonner la politique de sécurité et de défense. Ses délibérations sont secrètes.

B - Le Premier ministre, chef de l'administration

Le Premier ministre est, comme le chef de l'État, une autorité politique. Mais plus encore que lui, il est une autorité administrative. La Constitution précise en effet que le Gouvernement « dispose de l'administration ». Pour mettre en œuvre ses compétences administratives il dispose des services du Premier ministre.

1) Les compétences administratives du Premier ministre

Comme pour le chef de l'État, le Premier ministre dispose d'un pouvoir réglementaire et d'un pouvoir de nomination. Le pouvoir de contreseing, lui est en revanche propre.

a) Le pouvoir réglementaire

L'article 21 de la Constitution reconnaît au Premier ministre la compétence de principe en matière réglementaire. Il exerce tout d'abord le pouvoir réglementaire d'exécution des lois, au titre de l'article 21 de la Constitution. Depuis 1958, il exerce également, aux termes de l'article 37 de la Constitution, un pouvoir réglementaire autonome dans les matières qui ne relèvent pas du domaine de la loi. Les règlements autonomes sont susceptibles d'un recours pour excès de pouvoir. Ainsi, il apparaît comme le véritable chef de l'ensemble de l'administration de l'État et le supérieur hiérarchique de l'ensemble des fonctionnaires de l'État.

b) Le pouvoir de nomination

Le Premier ministre détient la compétence administrative de droit commun en matière de nomination aux emplois civils et militaires, sous réserve des pouvoirs attribués au président de la République (Const., art. 13). Dans ce domaine, il utilise la disposition de l'article 21, alinéa 2 de la Constitution prévoyant qu'il « peut déléguer certains de ses pouvoirs aux ministres ».

c) Le contreseing des actes présidentiels

Le Premier ministre contresigne les actes administratifs du Président à l'exception d'une part, de ceux qui relèvent des pouvoirs propres du chef de l'État (Const., art. 19), et d'autre part de ceux qui constituent des actes de gouvernement. Le contreseing du Premier ministre est la marque de l'irresponsabilité politique du Président, traditionnelle en régime parlementaire. En effet, l'article 68 de la Constitution prévoit que le président de la République n'est responsable des actes accomplis dans l'exercice de ses fonctions qu'en cas de haute trahison.

2) Les services du Premier ministre

Le Premier ministre dispose de quatre services essentiels dont trois secrétariats généraux sur lesquels il s'appuie pour l'animation et la coordination interministérielles de l'action du Gouvernementale :

- le cabinet du Premier ministre (structure à la fois politique et administrative) ;
- le secrétariat général du gouvernement ;
- le secrétariat général à la défense et la sécurité nationale ;
- le secrétariat général des affaires européennes.

a) Le cabinet du Premier ministre

Le cabinet du Premier ministre est composé d'une soixantaine de personnes. Ses membres peuvent être des conseillers techniques ou des chargés de missions. Leur rôle est de suivre les travaux de chaque ministère. Comme pour le chef de l'État, le Premier ministre dispose également d'un cabinet militaire dirigé par un officier supérieur.

b) Le secrétariat général du gouvernement (SGG)

Le SGG a été créé en 1935. Sa création répond à la volonté de mettre à la disposition du président du Conseil, des services permanents pour l'assister dans son rôle d'arbitre entre les ministres.

Composé d'une centaine de personnes, il est chargé de coordonner le travail gouvernemental et de lui donner une véritable cohésion. Par-delà les changements de gouvernement, il assure la continuité administrative de l'action gouvernementale. Le secrétaire général qui le dirige, est issu du Conseil d'État. Preuve de la continuité de l'action du SGG, seuls neuf secrétaires généraux se sont succédé depuis 1958. Trois d'entre eux sont devenus vice-président du Conseil d'État (Marceau Long, Renaud Denoix de Saint Marc, Jean-Marc Sauvé).

Son rôle est administratif :

- il prépare le Conseil des ministres ;
- il prépare les observations du Gouvernement aux recours en inconstitutionnalité devant le Conseil constitutionnel ;
- il assure la qualité juridique des textes proposés par le gouvernement (projets de décrets et projets de lois) ;
- il transmet aux ministres les instructions du Premier ministre ;
- il dirige les services du Premier ministre ;
- il transmet au Journal officiel les textes en vue de leur publication.

c) Le secrétariat général de la défense et de la sécurité nationale (SGDSN)

Service du Premier ministre travaillant en liaison étroite avec la Présidence de la République, le secrétariat général de la défense et de la sécurité nationale (anciennement secrétariat *général à la défense nationale)* assiste le chef du Gouvernement dans l'exercice de ses responsabilités en matière de défense et de sécurité nationale. Il assure le secrétariat du Conseil de défense et de sécurité nationale. Conformément aux directives du président de la République et du Premier ministre, il conduit, en liaison avec les départements ministériels concernés, les travaux préparatoires aux réunions. Il prépare les relevés de décisions, notifie les décisions prises et en suit l'exécution.

d) Le secrétariat général des affaires européennes (SGAE)

La mission principale du SGAE est la coordination et la définition des positions françaises sur les sujets européens[3]. Composé d'environ 200 agents, le Secrétariat général assure la liaison entre les autorités françaises et les institutions de l'Union européenne via la Représentation permanente de la France auprès de l'Union européenne, à Bruxelles. Le

3. D. n° 2005-1283, 17 oct. 2005, relatif au comité interministériel sur l'Europe et au Secrétariat général des affaires européennes.

SGAE est donc le garant de la cohérence et de l'unité des positions que la France exprime au sein de l'Union européenne. Il surveille l'application du droit de l'Union européenne en France.

2. LES SERVICES ADMINISTRATIFS CENTRAUX

Les services administratifs centraux sont constitués d'autorités dont les décisions peuvent s'appliquer sur l'ensemble du territoire national. Il s'agit des plus hautes autorités administratives cumulant, dans certains cas, des fonctions administratives et politiques. Il s'agit bien entendu du Gouvernement, mais également des ministères qui le composent ainsi que des services à compétence nationale.

A - L'organisation du gouvernement

Le gouvernement est divisé en ministère. À la tête de ces ministères, les ministres sont eux aussi divisés, au sens où il existe entre eux une hiérarchie.

1) Les ministères

La Constitution de 1791 qui établissait une monarchie constitutionnelle prévoyait six ministères : Justice, Intérieur, Contributions et revenus publics, Marine, Guerre, Affaires étrangères. Le nombre de ministères n'est plus aujourd'hui, limité par la Constitution. En 2021, il y avait 16 ministères et 10 secrétariats généraux. Hormis quelques exceptions (Ministère de la qualité de la vie en 1974, Ministère du temps libre en 1981), les frontières des ministères d'un gouvernement à un autre restent relativement stables.

2) La hiérarchie gouvernementale

Au sein des membres du gouvernement, une hiérarchie existe :

- ***ministre d'État***. La qualité de ministre d'État est honorifique. Elle traduit cependant la reconnaissance qui est donnée à un homme ou l'importance qui est donnée à un ministère et donc à une action politique (André Malraux en 1959, ministre d'État chargé des Affaires culturelles ; Michel Debré en 1969, ministre d'État chargé de la défense nationale) ;
- ***ministre***. Ils sont à la tête d'un département ministériel, dont les contours varient selon les gouvernements. Les ministres, bien que de rang égal, sont hiérarchisés par l'ordre du décret portant composition du gouvernement. Cette hiérarchie sert d'abord à montrer les priorités de l'action gouvernementale ;
- ***ministre délégué***. Ils peuvent exercer leurs fonctions soit auprès du Premier ministre, soit auprès d'un ministre afin de prendre en charge plus particulièrement certaines de ses attributions ;
- ***secrétaires d'État***. Ils peuvent, eux aussi, exercer leurs fonctions auprès du Premier ministre ou d'un ministre. Ils peuvent également être autonomes à la tête d'un département ministériel. Les secrétaires d'État n'assistent généralement au Conseil des ministres que lorsque l'ordre du jour comporte une question concernant leur département ministériel.

B - L'organisation interne des ministères

Les ministres participent à la définition de la politique gouvernementale. Ils exercent également leur autorité sur l'ensemble des services de leur ministère. Pour mener ces deux missions, ils disposent d'un cabinet ministériel, de compétences administratives et surtout, d'un ministère.

1) Le cabinet ministériel

Comme pour le chef de l'État, ou le Premier ministre, les ministres disposent, pour les seconder, d'un cabinet ministériel qui regroupe leurs collaborateurs directs. Le cabinet assure le suivi administratif de l'action des services du ministère. Il assiste également le ministre dans ses activités politiques. Lorsque le ministre quitte son ministère, le cabinet disparaît avec lui. En principe, le cabinet ne devrait pas dépasser dix personnes, comme le précise un décret du 28 juillet 1948[4] toujours en vigueur. En réalité, cette limite n'est pas respectée. De même, les cabinets ne devraient pas posséder d'attributions administratives. Cependant, un décret du 27 juillet 2005 autorise le ministre à déléguer sa signature, s'il n'a pas déjà délégué sa compétence aux fonctionnaires de l'administration centrale, au directeur de cabinet, directeur adjoint et au chef de cabinet.

2) Les compétences administratives des ministres

Le ministre, comme autorité politique, est responsable du fonctionnement de son ministère devant le Parlement. Comme chef des services de son ministère, il dispose d'un pouvoir administratif. Il doit assurer la direction d'un département ministériel. Les ministres ne disposent pas, en principe, du pouvoir réglementaire. Il est normalement exercé par le Premier ministre qui peut en déléguer l'exercice à ses ministres. Cependant, en vertu de la jurisprudence *Jamart*[5], ils disposent d'un pouvoir réglementaire, même si celui-ci n'est pas prévu par les décrets de répartition des pouvoirs entre les ministères. Ce pouvoir d'organisation des services s'exerce essentiellement par la voie de circulaire ou de directives. Il comprend un pouvoir hiérarchique de droit commun sur les agents des services, un pouvoir de nomination, de notation et, si c'est nécessaire, un pouvoir de sanction. Ce pouvoir réglementaire des ministres est subordonné à une double condition :

- il doit être exigé par les nécessités du service ;
- il ne concerne que les seuls agents ou usagers en relation avec le service.

Enfin, les ministres doivent contresigner les décrets du Président et du Premier ministre ayant trait aux domaines relevant de leurs compétences.

4. D. n° 48-1233, 28 juill. 1948 portant règlement d'administration publique en ce qui concerne les cabinets ministériels.
5. CE, 7 févr. 1936, Jamart, préc.

3) *La structure des ministères*

Les ministères sont généralement subdivisés en quatre échelons, trois échelons au niveau central et un échelon au niveau local :

- ***l'administration centrale***, regroupe les services situés au siège du ministère, à Paris. Il s'agit des :
  - directions générales,
  - sous-directions,
  - et bureaux

  qui sont des structures permanentes composées de fonctionnaires. Elles sont chargées de concevoir les grandes politiques du ministère et de prévoir leur mise en œuvre ;
- les ministères disposent aussi de ***services déconcentrés*** situés en province. Leur rôle est de mettre en œuvre les politiques décidées au niveau central, en tenant compte des spécificités de leurs circonscriptions afin qu'elles soient les plus efficaces possible. De nombreuses différences existent cependant d'un ministère à l'autre. Les ministres, en tant que chef de service, peuvent modifier l'organisation de leurs services.

C - Les services à compétences nationales

Avant la création des services à compétences nationales par le décret du 9 mai 1997[6], il n'existait que deux types d'administrations : les administrations centrales et les administrations déconcentrées. Un troisième type d'administration était ainsi créé, intermédiaire entre les deux premières. ***Les services à compétences nationales*** sont des services administratifs dont la compétence s'étend sur l'ensemble du territoire national. Ils peuvent remplir des fonctions de gestion, études techniques ou de formation, activités de production de biens ou de prestation de services. Il s'agit de services dont les attributions ont un caractère national – à la différence des services déconcentrés –, et dont l'exécution ne peut être déléguée à un échelon territorial.

Mais ils se distinguent également des services centraux, car leurs missions ont un « caractère opérationnel » et, pour ceux placés sous l'autorité d'un ministre, ils bénéficient d'une certaine autonomie.

Ils sont institués par décret en Conseil d'État, lorsqu'ils sont rattachés à un ministre, ou par arrêté ministériel, lorsqu'ils dépendent d'un directeur d'administration centrale, d'un chef de service ou d'un sous-directeur.

Sont des services à compétence nationale, le Service central d'état civil, les Archives nationales, la Direction des services de la navigation aérienne, le Mobilier national.

6. D. n° 97-463 et 97-464, 9 mai 1997.

3. LES AUTORITÉS ADMINISTRATIVES INDÉPENDANTES (AAI ET API)

Les autorités administratives indépendantes (AAI) et les autorités publiques indépendantes (API) sont placées auprès des administrations centrales sans pour autant être soumises à leur hiérarchie. Leur statut est défini par deux lois, une loi ordinaire et une loi organique, toutes deux adoptées le 20 janvier 2017[7].

A - La notion d'AAI et d'API

L'expression « d'autorité administrative indépendante » a été utilisée pour la première fois dans la loi du 6 janvier 1978, à propos de la Commission nationale informatique et libertés (CNIL). Les autorités publiques indépendantes sont des AAI dotées de la personnalité morale (L. 20 janvier 2017, art. 2).

Le développement des AAI correspond à une volonté de compléter, quand ce n'est pas de contourner ou de rompre, avec l'administration traditionnelle. L'idée est que les AAI permettent de garantir une plus grande impartialité du pouvoir administratif, une plus grande rapidité et une plus grande efficacité de « l'action publique ».

Deux contradictions résident au cœur des AAI :

- aux termes de l'article 20 de la Constitution, le Gouvernement dispose de l'administration. Comment son autorité peut-elle se concilier avec l'indépendance des AAI ?
- le gouvernement est responsable devant le Parlement. Comment peut-il être responsable d'autorités administratives sur lesquelles il n'exerce en principe pas de pouvoir hiérarchique ?

Les lois du 20 janvier 2017 portant statut général des autorités administratives, en prévoyant des dispositions relatives au contrôle, à la déontologie et à l'organisation des AAI, apportent des éléments de réponse à ces contradictions.

B - Le statut des AAI et des API

Ces autorités sont administratives et autonomes. Ce sont enfin des autorités au sens où elles ont un pouvoir.

1) Le caractère administratif des AAI

Ce sont des autorités administratives, au sens où elles ne relèvent ni du pouvoir législatif, ni de l'autorité judiciaire. Le Conseil d'État a ainsi précisé dans son Rapport public de 2001, qu'il « existe au sein de l'État, des autorités autonomes, distinctes de l'administration, mais appartenant à l'État et dotés d'un pouvoir de décision ». Elles se rattachent donc à l'administration de l'État.

---

7. L. org. n° 2017-54, 20 janv. 2017, relative aux autorités administratives indépendantes et autorités publiques indépendantes et L. n° 2017-55, 20 janv. 2017.

2) *L'autonomie des AAI*

En dépit de leur appellation, les autorités administratives ne sont pas totalement indépendantes. Elles n'ont pas toute la personnalité morale. Elles bénéficient cependant d'une autonomie importante au sein de l'administration. Elles ne se situent pas dans la hiérarchie de l'administration traditionnelle : elles ne relèvent pas de l'autorité du gouvernement. Bien qu'existant au sein de l'État, elles ne sont pas soumises à un pouvoir de tutelle ou un pouvoir hiérarchique. Leurs membres ne peuvent pas recevoir d'instruction. Cela signifie que les compétences qu'elles exercent sont mises en œuvre en marge de l'appareil administratif de l'État.

3) *Le pouvoir des AAI*

Ce sont des autorités au sens où elles ont généralement le pouvoir :

- de ***créer des normes***. Dans une décision du 18 septembre 1986, à propos de la CNIL, le Conseil constitutionnel a estimé que la Constitution ne fait pas obstacle à ce que le législateur habilite d'autres autorités que l'État et le Premier ministre à « fixer un domaine déterminé et dans le cadre défini par les lois et règlements, des normes permettant de mettre en œuvre une loi » ;
- elles ***prennent des décisions individuelles***. Il s'agit, par exemple, de l'attribution au secteur privé de fréquences de radio ou de télévision par le CSA ;
- elles peuvent ***exercer un pouvoir de sanction***. Lorsque c'est le cas, ces sanctions ne peuvent être prononcées qu'avec toutes les garanties que comporte le droit administratif répressif ;
- elles ***ont un pouvoir d'influence***. Les nombreuses recommandations, propositions, les avis qu'elles donnent ont un pouvoir d'influence sur la rédaction qui émerge dans leurs domaines respectifs.

C - Le domaine des AAI et des API

Depuis 1978, les autorités administratives se sont multipliées. En dressant une liste précise des AAI, la loi du 20 janvier 2017 a mis un terme à cette prolifération. Il n'existe désormais plus que 25 AAI et API qui interviennent particulièrement dans :

- les ***rapports entre l'administration et les administrés*** : la commission nationale d'accès aux documents administratifs (CADA) ;
- la ***protection des libertés*** : Commission nationale de l'informatique et des libertés ; Défenseur des droits ;
- la ***régulation de l'économie*** : Autorité des marchés financiers ; Autorité de régulation des transports.

4. LES CIRCONSCRIPTIONS TERRITORIALES DÉCONCENTRÉES

Certaines divisions territoriales de la France peuvent accueillir simultanément une administration déconcentrée et une collectivité territoriale. Lorsqu'elles accueillent une administration déconcentrée, elles sont de simples divisions géographiques de l'État, sans personnalité juridique. Tel est le cas du département et de la région. Trois autres circonscriptions déconcentrées, infra-départementales, jouent également ce rôle. Il s'agit de l'arrondissement, du canton et de la commune.

A - Le département

Le décret du 7 mai 2015 portant charte de la déconcentration dispose que le département est l'échelon territorial de droit commun de mise en œuvre des politiques publiques. Il est dirigé par un préfet de département. Les services du département étaient traditionnellement organisés autour des grandes directions des ministères qui étaient reproduites au niveau du département. Par exemple, la Direction départementale de l'équipement, Direction départementale des anciens combattants, Direction départementale de l'agriculture, etc.

La volonté de rationaliser l'organisation des départements dans le cadre de la défunte « révision générale des politiques publiques » engagée en 2007 (RGPP), remplacée en 2012 par la « modernisation de l'action publique » (MAP) remplacée à son tour par le programme « Action publique 2022 », a conduit, à la suite d'une série de décrets[8], à une nouvelle organisation. Les différentes directions départementales ont été regroupées ou fusionnées, le maître mot étant « l'inter-ministérialité ». Désormais, outre l'inspection d'académie, les services de la sécurité publique et la direction départementale des finances publiques, le préfet dispose de seulement deux ou, dans les départements les plus peuplés, trois directions départementales interministérielles :

- la ***Direction départementale des territoires*** (et de la mer, sur le littoral), regroupant la Direction de l'équipement, l'agriculture et la forêt et les affaires maritimes sur le littoral ;
- la ***Direction départementale de la protection des populations***, regroupant la Direction des services vétérinaires, et l'Administration de la concurrence, de la consommation et de la répression des fraudes ;
- la ***Direction départementale chargée de la cohésion sociale*** (dans certains départements uniquement) regroupant essentiellement les services de la jeunesse et des sports et la partie sociale des actuelles directions départementales des affaires sanitaires et sociales.

B - La région

La région est une circonscription administrative de l'État, dirigée par le préfet de région. Généralement, la préfecture est située au chef-lieu de la région. Alors que la région, en tant que collectivité territoriale, ne peut exercer de tutelle sur les départements ou les communes, les préfets de région ont sous leur autorité les préfets de département.

Les compétences de la région étaient traditionnellement limitées à l'aménagement du territoire et au développement économique. Elles ont été étendues par des textes

8. Dont les D. n° 2009-1484, 3 déc. 2009 et 16 févr. 2010.

législatifs et réglementaires adoptés entre 1992 et 2015[9]. Ainsi la région est devenue, au fil des réformes de l'administration territoriale, un échelon toujours plus important de l'organisation déconcentrée de l'État.

Autour du préfet de région, chargé d'assurer « la cohérence de l'action de l'État dans la région », les services de l'État sont organisés en sept directions, dont la Direction régionale des entreprises, de la concurrence, de la consommation, du travail, de l'emploi (DIRECCTE), la Direction régionale des finances publiques (DRFIP) et la Direction régionale des affaires culturelles (DRAC).

C - Les autres circonscriptions déconcentrées

L'arrondissement est une subdivision du département. Il est subdivisé en cantons. Et les cantons sont subdivisés en communes.

1) *L'arrondissement*

L'arrondissement est l'héritier des districts créés en 1790. Il est une subdivision du département et constitue un échelon local de l'administration déconcentrée de l'État. Il y a 334 arrondissements (dont 12 outre-mer). Contrairement aux régions, aux départements et aux communes, les arrondissements départementaux ne sont pas le siège d'une collectivité territoriale. Généralement, les départements en comportent 3 ou 4. L'administration d'un arrondissement est confiée à un sous-préfet qui coordonne les différents services administratifs existant au sein de l'arrondissement. Par exemple la sécurité civile, l'équipement et l'enseignement du premier degré.

2) *Le canton*

Une ville recouvre parfois plusieurs cantons. À la campagne au contraire, un canton comprend plusieurs communes. La France est divisée en 4 055 cantons.

Le canton sert de circonscription électorale pour l'élection des conseillers départementaux. Les principaux services administratifs tels que la gendarmerie, la trésorerie, sont généralement localisés au chef-lieu de canton.

3) *La commune*

La commune est à la fois une collectivité territoriale et une circonscription territoriale de l'État. Il y a en France (métropole et outre-mer) 34 979 communes. Le maire de la commune, en vertu de la technique du dédoublement fonctionnel, possède une double casquette. Il est non seulement le représentant de la commune collectivité territoriale, mais aussi le représentant de l'État dans la commune.

Sous l'autorité du préfet, il assure plusieurs fonctions, parmi lesquelles :

- la publication et l'exécution des lois et règlements ;
- l'organisation des élections ;

---

9. Dont D. n° 2015-510, 7 mai 2015, portant charte de la déconcentration ; L. 13 août 2004, relative aux libertés et responsabilités locales ; D. 16 févr. 2010, modifiant le décret de 2004 relatif aux pouvoirs des préfets, à l'organisation et à l'action des services de l'État dans les régions et départements.

- l'ordre public local ;
- dans le cadre des compétences de police spéciale, il délivre des autorisations d'urbanisme au nom de l'État, lorsque la commune est dépourvue de plan local d'urbanisme.

Sous l'autorité du procureur de la République, il exerce des fonctions dans le domaine judiciaire :

- il est ***officier d'état civil***. Il est chargé de porter sur le registre d'état civil les événements prévus par la loi (naissance, mariage, décès). Comme officier d'état civil, il célèbre les mariages civils ;
- il est ***officier de police judiciaire***. À ce titre, il peut, sur les instructions du procureur de la République ou du juge d'instruction, être amené à diligenter des enquêtes sur la personnalité des personnes poursuivies ainsi que sur leur situation matérielle, familiale ou sociale.

5. LE CORPS PRÉFECTORAL

Le mot préfet vient du latin *præfectus*, « celui qui a été mis à la tête de... ». Bonaparte salua en ces termes la fondation de l'institution préfectorale le 17 février 1800, par la loi du 28 pluviôse en VIII : « Je veux que les Français datent leur bonheur de ce jour ».

Depuis sa création, le corps préfectoral a été confronté, avec la décentralisation en 1982, à une période d'incertitude tenant à une remise en cause de son rôle. Mais l'institution a su rebondir. Le corps préfectoral, composé d'environ 250 préfets et de 450 sous-préfets, est redevenu une institution incontournable de l'État. Le statut des préfets ainsi que leurs attributions en témoignent.

A - Le statut des préfets

Seul corps de l'État dont la mission est constitutionnellement définie (art. 72), l'institution préfectorale est en charge des « intérêts nationaux, du contrôle administratif et du respect de lois ». Dépositaire de l'autorité de l'État et gardien de l'intérêt public, l'institution préfectorale demeure, par son caractère interministériel, l'autorité publique territoriale ayant vocation à incarner la continuité du pouvoir central auprès des collectivités territoriales. À ce titre, les préfets sont soumis à un statut dérogatoire du droit commun, l'État devant s'assurer, encore plus que pour d'autres fonctionnaires, de sa fidélité. Cela explique que le statut du corps préfectoral du 29 juillet 1964, tout en donnant aux préfets certaines garanties statutaires, les soumet à une étroite dépendance.

Le préfet se doit de garder une neutralité politique absolue. Il est là pour appliquer la politique gouvernementale. Il n'a pas le droit de grève et n'a pas non plus le droit de se syndiquer.

Nommés par décret du président de la République en Conseil des ministres (Const., art. 13) sur proposition du Premier ministre et du ministre de l'Intérieur, leur emploi est à la discrétion du gouvernement. Ils sont choisis de manière discrétionnaire parmi les sous-préfets et les administrateurs civils hors classe et au tour extérieur. Les sous-préfets sont nommés par décret présidentiel parmi les administrateurs civils affectés au ministère de l'Intérieur ou les fonctionnaires des autres corps issus de l'École nationale d'administration (ENA) ainsi qu'au « tour extérieur » (cadre national des préfectures, officiers, magistrats, commissaires de police). Une réforme profonde de l'institution a été annoncée en 2021 : comme l'ENA, le corps préfectoral est supprimé. La fonction deviendrait un emploi pour lequel des hauts fonctionnaires seraient détachés pour un temps.

B - Les attributions des préfets

Le préfet et le sous-préfet étaient traditionnellement les deux composantes principales du corps préfectoral. Le préfet de région, depuis sa création en 1942, a suivi la montée en puissance de la région.

1) Les attributions du préfet de région

Le préfet de région est le dépositaire de l'autorité de l'État dans la région. Depuis le décret du 16 février 2010, il a autorité sur les préfets de département, ce qui n'était pas le cas auparavant. Il n'a cependant pas autorité sur les préfets de département en matière de contrôle administratif, d'ordre public et de sécurité, d'entrée et de séjour des étrangers et de droit d'asile. Le préfet de région est également préfet du département où se trouve le chef-lieu de la région. Il exerce en premier lieu la totalité des prérogatives d'un préfet de département. En tant que préfet de région, il exerce d'autres missions. Notamment :

- il dirige les services déconcentrés régionaux de l'État ;
- il doit relayer la politique du gouvernement sur les grands projets comme l'intercommunalité ;
- il contrôle la légalité et le respect des règles budgétaires des actes de la région et de ses établissements publics ;
- il préside le comité de l'administration régionale (CAR) qui réunit les préfets de département et les chefs de services déconcentrés régionaux de l'État. C'est après l'avoir consulté qu'il arrête le projet d'action stratégique de l'État dans la région ;
- depuis le décret du 7 mai 2015 portant charte de la déconcentration, il peut également, pour la mise en œuvre des politiques publiques et afin de tenir compte des spécificités locales, proposer de déroger aux règles fixées par les décrets relatifs à l'organisation de certains services déconcentrés de l'État ainsi qu'à la répartition des missions entre ces services.

2) Les attributions du préfet de département

Le préfet de département est le dépositaire de l'autorité de l'État dans le département. Ses fonctions se décomposent de la manière suivante :

- il ***dirige les services de l'État dans le département*** (les services déconcentrés). À cet effet, il a autorité directe sur les fonctionnaires qui y travaillent et, en premier lieu, sur les chefs de service ;

– il est ***le seul ordonnateur secondaire des dépenses civiles de l'État dans le département***. À ce titre, il décide seul de l'emploi des crédits d'investissement d'intérêt départemental qui lui sont alloués ;
– il est ***autorité de police administrative***. Il prend les mesures de police générale dont l'effet excède le territoire d'une commune. Il doit se substituer au maire qui néglige de prendre une mesure de police nécessaire, après l'avoir mis en vain en demeure. Il est investi de certains pouvoirs de police spéciaux ;
– il est ***chargé de la mise en œuvre du contrôle administratif de l'État sur les collectivités locales*** et leurs établissements publics.

3) Les attributions du sous-préfet

Immortalisés par Alphonse Daudet dans *Le sous-préfet aux champs*, les sous-préfets, membres du corps préfectoral, ont été institués en même temps que les préfets, par la loi du 28 pluviôse an VIII. Ils assistent, comme délégués, les préfets dans l'accomplissement de leur mission, seul le préfet étant représentant de l'État dans le département. Les sous-préfets peuvent ainsi exercer plusieurs fonctions telles que :
– la coordination, sous l'autorité du préfet, de l'action de l'État dans l'arrondissement. Concrètement, il joue notamment le rôle de conseiller des petites communes ;
– secrétaire général de la préfecture. Il gère les personnels et les moyens de la préfecture, et est également le sous-préfet d'arrondissement de la ville centre ;
– secrétaire général adjoint (SGA) de la préfecture ;
– adjoint du préfet, il peut être chargé de le suppléer en cas d'absence.

BIBLIOGRAPHIE

Bellescize (D. de), *Institutions administratives*, Les cours du droit, 1996.

Bernard (P.), *Le préfet de la République. Le chêne et l'olivier*, 1992, Economica.

Burdeau (F.), *Histoire de l'administration française du 18e au XXe siècle*, 2e éd., 1994, Montchrestien.

Gérard (P.), L'administration de l'État, 4e éd., 2020, LexisNexis.

Gleizal (J.-J.) (sous la dir.), *Le retour des préfets*, 1995, PU de Grenoble.

Schrameck (O.), *Dans l'ombre des cabinets ministériels*, 2006, Dalloz.

Doubovetzky (C.), *L'essentiel des institutions administratives*, 2019, Gualino-Lextenso.

CHAPITRE 7

Les collectivités territoriales

Après l'exécution de Louis XVI, le 21 janvier 1793, l'île Bourbon ne pouvait plus conserver son nom. Au mois de mars de la même année, il avait été envisagé de l'appeler Jemmapes, du nom de la victoire de Dumouriez. C'est alors que Monge, ministre de la Marine et des Colonies, membre de la Convention, proposa le 19 mars 1793 de donner à cette île de l'océan Indien, le nom d'île de *La Réunion* afin de symboliser son attachement indéfectible à la République. Il ajoutait qu'à l'avenir, porter atteinte à cette possession française serait porter atteinte à l'intégrité territoriale de la République. La consécration républicaine de l'île résidait dans son agrégation à la République.

Concrètement, cela signifiait que son statut était le plus proche possible de celui de la métropole. L'assimilation qui était synonyme d'unité du territoire et d'égalité entre les citoyens était considérée comme un privilège.

Depuis plusieurs décennies, un renversement complet a eu lieu. Le privilège ne réside plus dans l'assimilation avec la République mais dans la différenciation et l'autonomie conférée aux collectivités. À la représentation jacobine qui identifiait centralisation, uniformité et démocratie, s'est substituée, à tort ou à raison, une vision opposée pour laquelle c'est au contraire la décentralisation qui est synonyme de démocratie. L'unité institutionnelle des collectivités territoriales a été remplacée par la diversité institutionnelle. Cette évolution est manifeste pour les collectivités territoriales à statut particulier. Elle s'observe également pour la commune et la coopération intercommunale, le département et la région.

1 • LA COMMUNE

Il existe en France (métropole et outre-mer) 34 836 communes. Durant les cinq dernières années, le nombre de communes a diminué de près de 2 000. La loi du 16 mars 2015 relative à l'amélioration du régime des communes nouvelles encourage les fusions[1].

Les communes sont inégales, aussi bien par leur taille que par leur répartition sur le territoire national. Le département de l'Aisne comprend 800 communes, la collectivité

1. L. n° 2015-292, 16 mars 2015, relative à l'amélioration du régime de la commune nouvelle, pour des communes fortes et vivantes.

d'outre-mer de Saint Pierre et Miquelon en compte deux. 22 000 communes ont moins de 500 habitants. Six communes de la Meuse « mortes pour la France » lors de la bataille de Verdun en 1916 et qui n'ont jamais été reconstruites, n'ont pas d'habitant[2]. Leurs maires sont nommés par le préfet de la Meuse. Ils n'ont pas le statut de « grand électeur » et ne peuvent donc pas élire les sénateurs. La commune a des compétences qui, contrairement à celles de la région, n'ont pas réellement augmenté avec la décentralisation. Pour mettre en œuvre ces compétences elle dispose d'organes.

A - Les organes de la commune

Le maire, qui est l'exécutif communal, est élu par le conseil municipal qui est l'assemblée délibérante de la commune.

1) *Le conseil municipal*

Le conseil municipal est élu tous les six ans par les habitants de la commune. Il se réunit au moins une fois par trimestre, le maire pouvant le réunir plus souvent s'il le juge utile. Il est tenu de le réunir sur demande motivée du représentant de l'État ou sur la demande motivée d'un tiers du conseil municipal (commune de plus de 3 500 habitants) ou de la moitié de ses membres (moins de 3 500 habitants).

2) *Le maire*

Le maire est l'organe exécutif de la commune. Il est choisi par le conseil municipal, en son sein, lors de la première réunion du conseil qui suit les élections. Cette séance est alors présidée par le doyen d'âge. Il prépare les délibérations du conseil municipal, préside ses réunions et veille à la mise en œuvre de ses décisions. Il est élu par le conseil municipal, au sein de ses membres, à la majorité absolue aux deux premiers tours et à la majorité relative au troisième tour. Il ne peut être révoqué que par un décret en conseil des ministres. Le nombre des adjoints au maire est fixé librement dans une limite de 30 % de l'effectif total du conseil municipal. Ils sont élus dans les mêmes conditions que le maire.

B - Les compétences de la commune

Même si la frontière est plus nuancée qu'elle n'y paraît, certaines compétences appartiennent au conseil municipal tandis que d'autres sont propres au maire.

2. Les six communes sont : Bezonvaux, Beaumont-en-Verdunois, Cumières-le-Mort-Homme, Fleury-devant-Douaumont, Haumont-près-Samogneux et Louvemont-Côte-du-Poivre.

1) *Les compétences du conseil municipal*

L'article L. 2121-29, alinéa 1er du Code général des collectivités territoriales dispose que « le conseil municipal règle par ses délibérations les affaires de la commune ». La commune est ainsi compétente, notamment :

- ***dans le domaine sanitaire et social***. Elle met en œuvre l'action sociale facultative grâce aux centres communaux d'action sociale (gestion des crèches, des foyers de personnes âgées) ;
- ***dans le domaine de l'enseignement***. Elle a en charge les écoles préélémentaires et élémentaires (création et implantation, gestion et financement, à l'exception de la rémunération des enseignants) ;
- ***dans le domaine culturel***. Elle crée et entretient des bibliothèques, musées, écoles de musique, salles de spectacle. Elle organise des manifestations culturelles ;
- ***dans le domaine sportif et des loisirs***. Elle crée et gère des équipements sportifs, elle subventionne des activités sportives, y compris les clubs sportifs professionnels, elle est en charge des aménagements touristiques.

2) *Les compétences du maire*

Le maire est titulaire de pouvoirs propres. En matière de police administrative, il est chargé de maintenir l'ordre public, défini dans le Code général des collectivités territoriales comme le bon ordre, la sûreté, la sécurité et la salubrité publiques. Il possède également des pouvoirs de polices spéciales (baignade, circulation...). Il est aussi le chef de l'administration communale. Supérieur hiérarchique des agents de la commune, il dispose d'un pouvoir d'organisation des services.

2. LA COOPÉRATION INTERCOMMUNALE

L'exode rural et l'explosion démographique, ont contribué à modifier profondément la répartition de la population sur le territoire national. Les zones urbaines se sont densifiées tandis que les zones rurales se sont désertifiées. Afin de remédier à ce déséquilibre, les pouvoirs publics, depuis le début de la Ve République, ont créé des structures de coopérations intercommunales qui sont venues s'ajouter à celles qui existaient déjà. De très nombreuses compétences font aujourd'hui l'objet d'une gestion commune par ces structures. Ce phénomène a encore été amplifié par l'acte III de la décentralisation et plus particulièrement par la loi du 7 août 2015 portant nouvelle organisation territoriale de la République (loi *NOTRe*). Leur forme juridique varie selon que l'on se trouve en zone rurale ou en zone urbaine.

A - La coopération en zone rurale

Il existe deux structures de coopération : les syndicats de communes et les communautés de communes. Les syndicats de communes sont dépendants pour leurs moyens de fonctionnement, des communes qui en sont membres. Les communautés de communes sont au contraire, autonomes sur le plan fiscal.

1) *Les syndicats de communes*

Le syndicat de communes est la structure la plus souple en matière de coopération intercommunale. Il s'agit, selon la loi du 22 mars 1890 qui le crée, d'un « établissement public de coopération intercommunale associant des communes en vue d'œuvres ou de services d'intérêt intercommunal »[3]. Les syndicats se classent en trois catégories :

- le ***syndicat intercommunal à vocation unique*** (SIVU). Il est créé pour gérer un objet unique (par ex. ordures ménagères) ;
- le ***syndicat intercommunal à vocations multiples*** (SIVOM). Il est créé pour gérer plusieurs objets (par ex. ordures ménagères, communication électronique, station d'épuration, distribution de l'eau) ;
- le ***syndicat mixte***. On parle de syndicat mixte car la structure associe des collectivités de natures différentes : des communes et une communauté d'agglomération ou un département, par exemple.

Le nombre de syndicats intercommunaux est d'environ 12 033. Ce nombre est en légère diminution. Cela est dû à l'augmentation du nombre d'EPCI à fiscalité propre, les communautés de communes notamment, qui absorbent les compétences précédemment assurées par des syndicats de communes.

La principale caractéristique de l'organisation des syndicats de communes est de permettre une représentation égalitaire des communes parties prenantes au sein du comité de syndicat de communes.

2) *Les communautés de communes*

La communauté de commune instituée en 1992[4] a pour objectif d'établir un projet là où il n'y avait, avec les syndicats de communes, que de la gestion. Elle est organisée sous forme d'établissement public de coopération intercommunale (EPCI). Elle peut être instituée à la condition de regrouper plusieurs communes d'un seul tenant et sans enclaves. Contrairement aux autres communautés, elle n'est pas soumise à un seuil minimum de population. Elle est créée par le préfet. Il faut que les communes concernées en aient délibéré et l'ait approuvée à une majorité garantissant l'accord des collectivités, de la population et de la commune qui est au centre de la communauté. Ses compétences sont étendues. Elle doit obligatoirement prendre en charge l'aménagement de l'espace urbain et rural et les actions de développement économique. Elles peuvent intervenir dans d'autres domaines si elles le souhaitent (ex. : voiries, équipements scolaires).

Les communautés de communes peuvent opter soit pour un régime de fiscalité additionnelle aux impôts communaux, soit pour une fiscalité propre. Elles perçoivent alors la contribution économique territoriale, dont le taux est unique pour l'ensemble des communes. En 2020, il existait 997 communautés de communes.

---

3. CGCT, art. L. 5212-1.
4. L. 6 févr. 1992, relative à l'administration territoriale de la République.

B - La coopération en zone urbaine

Pour les villes de taille moyenne, une coopération peut être organisée dans le cadre de la communauté d'agglomération. Les communautés urbaines et les métropoles permettent une coopération pour les très grandes villes.

1) Les communautés d'agglomération

Depuis 1999, une communauté d'agglomération peut être créée par le préfet et les communes qui le souhaitent sous trois conditions :

- concerner un ensemble de plus 50 000 habitants ;
- comporter une commune d'au moins 15 000 habitants ;
- être géographiquement d'un seul tenant et sans enclave.

Il s'agit d'une forme adaptée pour une ville moyenne ou une ville importante comme Le Havre, Colmar ou La Roche-sur-Yon Agglomération. Cent quatre-vingt-six communautés d'agglomération regroupent un peu moins de 22 millions d'habitants.

La communauté d'agglomération est gérée par un conseil communautaire ou conseil de communauté, composé de conseillers municipaux des communes membres. Elle dispose d'un nombre important de compétences mises en commun, dont obligatoirement le développement économique, l'aménagement de l'espace communautaire, l'équilibre social de l'habitat, la politique de la ville et le transport urbain.

Elle se substitue de plein droit aux syndicats de communes qui ont, sur le même territoire, des pouvoirs identiques. Elles bénéficient des impositions relatives aux compétences qu'elles exercent. Elles bénéficient au surplus de la contribution économique territoriale qu'elles perçoivent directement.

2) Les communautés urbaines et les métropoles

Les communautés urbaines sont des collectivités territoriales à la différence des métropoles qui sont des EPCI.

a) Les communautés urbaines

La communauté urbaine est un établissement public territorial adapté à l'administration de grandes métropoles. Elle peut être organisée à la condition de réunir un ensemble de plus de 250 000 habitants. Créée par le préfet, avec l'accord d'une majorité de communes, elle est administrée par un conseil de représentants des communes. Les sièges, en cas d'absence d'accord, sont répartis en fonction de l'importance de la population.

Elle est obligatoirement compétente dans six domaines[5] : développement et aménagement économique, social et culturel, aménagement de l'espace communautaire, gestion de l'habitat social, politique de la ville, services d'intérêt collectif (eau, assainissement, cimetières, abattoirs), environnement et cadre de vie (gestion des déchets, lutte contre la pollution et les nuisances sonores).

Elle est créée par le préfet avec l'accord d'une majorité qualifiée de communes.

---

5. CGCT, art. L. 5215-20.

Elle est gérée par un conseil communautaire ou conseil de communauté, composé de conseillers municipaux des communes membres. En 2020, il existait 14 communautés urbaines, regroupant un peu plus de 3 millions d'habitants. Il s'agit, par exemple, du Grand-Dijon, de Dunkerque-Grand-Littoral ou de la communauté urbaine d'Alençon. Elle est financée par des impositions spécifiques liées aux tâches qu'elle assure. Elle perçoit également la contribution économique territoriale.

b) Les métropoles

À côté des communautés urbaines, les agglomérations de plus de 400 000 habitants peuvent créer une métropole[6]. Contrairement à la communauté urbaine, la métropole n'est pas une collectivité territoriale mais un EPCI. Elle constitue la forme la plus intégrée des intercommunalités françaises car elle exerce à la fois des compétences déléguées classiquement par les communes membres, mais également des compétences ordinairement dévolues aux départements et régions[7]. Il existe 22 métropoles en France en 2021, parmi lesquelles Nice, Rouen, Lille et la Métropole du Grand Paris.

3. LE DÉPARTEMENT

Il existe en France 101 départements dont cinq situés outre-mer. Le département le plus peuplé est celui du Nord (2 600 000 habitants), le moins peuplé est la Lozère (76 520 habitants). La création du département en 1789 répond à une volonté de rationaliser l'organisation administrative de la France. La taille des départements est fixée de manière à ce qu'il soit possible de se rendre à cheval, en moins d'une journée, au chef-lieu de chacun des départements depuis n'importe quel point de leur territoire. Dotés de la personnalité juridique dès la loi du 10 mai 1938, les départements constituent la première collectivité territoriale. Leur régime juridique est organisé par la loi départementale du 10 août 1871. Les compétences du département ont augmenté avec la décentralisation. Pour les mettre en œuvre il dispose d'organes.

A - Les organes du département

L'assemblée délibérante du département est le conseil départemental. Il est doté d'un organe exécutif qui est le président du conseil départemental.

1) Le conseil départemental

La loi du 17 mai 2013[8] a changé le nom des conseils généraux en « conseils départementaux ». Les conseils départementaux sont élus au scrutin majoritaire à deux tours.

---

6. L. n° 2014-58, 27 janv. 2014 de modernisation de l'action publique territoriale et d'affirmation des métropoles.
7. CGCT, art L. 5217-1.
8. L. n° 2013-403, 17 mai 2013, relative à l'élection des conseillers départementaux, des conseillers municipaux et des conseillers communautaires, et modifiant le calendrier électoral.

Les candidats se présentent devant le suffrage universel en binôme (un homme et une femme). Une fois élus, ils exercent leur mandat indépendamment l'un de l'autre.

Le conseil départemental se réunit à l'initiative de son président au moins une fois par trimestre. Des réunions extraordinaires peuvent être organisées à la demande d'au moins un tiers de ses membres ou sur l'initiative de la commission permanente.

La dissolution du conseil départemental[9] ne peut être prononcée que par décret en conseil des ministres, lorsque son fonctionnement est impossible.

2) *Le président du conseil départemental*

Avant la loi du 2 mars 1982, le préfet était l'autorité exécutive du département. Le conseil départemental délibérait librement sur les problèmes propres au département. Il revenait au préfet de mettre en œuvre les décisions du conseil départemental. Cette organisation se justifiait par la volonté de préserver l'unité de l'État par-delà les différentes collectivités territoriales. Le préfet a perdu cette compétence avec la loi du 2 mars 1982. Désormais, le conseil départemental élit en son sein une commission permanente (composée d'un président élu pour trois ans et de plusieurs vice-présidents), qui est l'organe délibérant du département. Le président est le chef de l'administration départementale.

B - Les compétences du département

Le conseil départemental règle par ses délibérations les affaires du département. Celles-ci se répartissent de la manière suivante, en commençant par la plus importante :

- ***en matière d'aide sociale***, il est la collectivité « chef de file ». Le coût financier de ses interventions représente plus de la moitié de son budget de fonctionnement. Son action concerne notamment l'enfance (adoption, soutien aux familles en difficulté financière), les personnes handicapées (politiques d'hébergement et d'insertion sociale), les personnes âgées (création et gestion de maisons de retraite) ;
- ***en matière d'équipement***, il est chargé de l'entretien et la création de la voirie départementale. Leur étendue a été fortement accrue par la loi du 13 août 2004 relative aux libertés et aux responsabilités locales (transfert de 20 000 km de routes nationales). Il organise le service départemental d'incendie et de secours (avec le concours de communes). Un établissement public assure la coordination opérationnelle et technique des services de lutte contre l'incendie ;
- ***en matière d'éducation***, il assure la construction, l'entretien et l'équipement des collèges ;
- ***en matière culturelle***, il crée et gère les bibliothèques départementales de prêt, des services d'archives départementales, de musées.

9. CGCT, art. L. 3121-5 : « Lorsque le fonctionnement d'un conseil départemental se révèle impossible, le gouvernement peut en prononcer la dissolution par décret motivé pris en conseil des ministres ; il en informe le Parlement dans le délai le plus bref. La dissolution ne peut jamais être prononcée par voie de mesure générale ».

4. LA RÉGION

La France est divisée en 18 régions : 12 régions métropolitaines, la Corse, et 5 régions outre-mer[10]. La plus peuplée est la région Ile-de-France et la moins peuplée, La Guyane. La loi du 5 juillet 1972 portant création et organisation des régions en avait fait des établissements publics. Avec la loi du 2 mars 1982, elles sont devenues des collectivités territoriales à part entière, au même titre que les communes et les départements. La loi portant nouvelle organisation territoriale de la République du 7 août 2015 (loi *NOTRe*) renforce ses pouvoirs au détriment du département. Pour mettre en œuvre ses compétences la région dispose d'organes.

A - Les organes de la région

La région, comme la commune et le département possède une assemblée délibérante et un exécutif. Il s'agit du conseil régional et du président du conseil régional.

1) *Le conseil régional*

Le conseil régional est l'assemblée délibérante de la région. Ses membres, dont le nombre varie en fonction de la population de la région (de 31 membres en Guyane à 209 membres l'Île de France), sont élus depuis 1986 au suffrage universel direct. La durée du mandat est de 6 ans. Les conseillers régionaux se renouvellent intégralement à chaque élection. Le conseil régional délibère sur les grandes orientations politiques. À ce titre, il examine et adopte le budget. Il se réunit au moins une fois par trimestre à l'initiative du président ou à la demande du tiers de ses membres.

Comme pour les conseils généraux, une commission permanente émane du conseil régional. Elle est composée du président et des vice-présidents du conseil régional ainsi que d'un ou plusieurs autres membres. Le conseil peut lui déléguer une partie de ses fonctions, à l'exception de celles concernant le vote du budget, l'approbation du compte administratif (budget exécuté). La commission permanente remplace de fait le conseil entre ses réunions.

2) *Le président du conseil régional*

Le président du conseil régional, organe exécutif de la région, est élu pour 6 ans. Choisi parmi les membres du conseil régional, il prépare et exécute les délibérations du conseil régional. Il est seul chargé de l'administration, mais il peut déléguer l'exercice d'une partie de ses fonctions aux vice-présidents.

10. L. 16 janv. 2015, relative à la délimitation des régions, aux élections régionales et modifiant le calendrier électoral.

B - Les compétences de la région

Les compétences de la région se répartissent de la manière suivante, en commençant par la plus ancienne :

- en matière de développement économique et d'aménagement. C'était la vocation première de l'établissement public régional de 1972. Cela comprend notamment, l'aide au développement économique ;
- en matière d'enseignement, la région à la charge des lycées ;
- en matière de formation, elle a la charge de la formation professionnelle initiale et continue ;
- en matière de transports routiers, fluviaux et ferroviaires, elle a un rôle important. Elles sont l'autorité organisatrice des transports collectifs d'intérêt régional. À ce titre, elles ont la charge des transports ferroviaires régionaux.

5. LES COLLECTIVITÉS TERRITORIALES À STATUT PARTICULIER

Les différents statuts des collectivités territoriales à statut particulier sont à peu près aussi nombreux que les collectivités elles-mêmes. Par-delà cette diversité, se dégage une tendance générale : l'évolution vers une autonomie accrue. Soumises au statut de droit commun, ces collectivités ont vu leur régime évoluer vers une autonomie statutaire toujours plus poussée, remettant ainsi en cause l'unité du modèle républicain. Cette tendance s'observe aussi bien en métropole avec la Corse, qu'outre-mer.

A - La métropole

Trois collectivités territoriales ont un statut particulier en métropole : Paris, la Corse, l'Alsace et la Moselle.

1) La ville de Paris

Trois caractéristiques expliquent le statut dérogatoire de la ville de Paris : son passé de ville révolutionnaire, sa taille, et son statut de capitale de la France. L'État devait pouvoir contrôler étroitement Paris. Il a donc fallu attendre la loi du 31 décembre 1975 pour que Paris retrouve un maire élu. Avant, la ville était administrée par le préfet de la Seine et par le préfet de police. Encore aujourd'hui, la maire de Paris n'a pas de pouvoirs de police générale. Ce pouvoir appartient au préfet de police, sauf pour la salubrité publique, la circulation et le stationnement, le maintien du bon ordre sur les foires et marchés et le stationnement sur la majorité des voies publiques.

Comme Paris, Lyon et Marseille sont régies par le droit communal général. Deux lois du 31 décembre 1982 ont posé cependant des aménagements pour ces trois villes qui consistent en l'institution de conseil d'arrondissements assistés d'adjoints élus.

2) La Corse

Rattachée à la France par le traité de Versailles de 1768, à la suite de sa cession par la République de Gènes, la Corse a pendant plus de deux siècles été administrée dans les mêmes conditions que les autres parties du territoire national. Cela n'est plus le cas aujourd'hui. Plusieurs lois dont la première remonte à 1982, lui ont donné une autonomie toujours plus grande. Elle est aujourd'hui une collectivité territoriale à statut particulier. Elle est administrée par l'assemblée de Corse, son conseil exécutif et son président.

3) L'alsace et la Moselle

L'appellation Alsace-Moselle désigne les trois départements du Bas-Rhin, du Haut-Rhin et de la Moselle. Ces départements comprennent le territoire redevenu français à l'issue de la victoire de la Première Guerre mondiale, le 11 novembre 1918. Ils sont soumis à un régime juridique spécifique, le droit local, qui maintien le droit mis en place par l'Empire allemand entre 1870 et 1918, lorsqu'il était plus favorable aux habitants.

Ce droit est notamment relatif aux jours fériés, au livre foncier, au droit de la chasse et des associations, à l'aide sociale aux plus démunis et au droit des associations. Le régime de séparation des Églises et de l'État n'est pas appliqué. Le concordat de 1801 et ses textes d'application organisant les cultes catholique, protestant et israélite n'ont pas été abrogés. Il n'y a donc pas de séparation entre les Églises et l'État contrairement au reste de la France ou s'applique la loi de séparation du 9 décembre 1905.

Dans une décision du 21 février 2013[11], le Conseil constitutionnel a jugé que le régime concordataire, en vertu duquel il est pourvu par l'État au traitement des ministres des cultes (dans la décision, il s'agissait des pasteurs protestants), n'est pas contraire au principe de laïcité.

B - L'outre-mer

Certaines collectivités d'outre-mer sont soumises au principe d'identité législative, d'autres à celui de la spécialité législative, qui leur donne une plus grande autonomie. Les Terres australes et antarctiques françaises et l'île de Clipperton (TAA), ainsi que la Nouvelle-Calédonie, ne rentrent pas exactement dans ce schéma.

1) Les collectivités soumises au principe d'identité législative

Ces collectivités sont La Guadeloupe, La Guyane, La Martinique, La Réunion et Mayotte. Le régime législatif et réglementaire applicable dans les collectivités d'outre-mer régies par l'article 73 de la Constitution est, en principe, celui de « l'identité législative ». Cela signifie que les lois et règlements y sont applicables de plein droit. Ces régimes peuvent cependant faire l'objet d'adaptations tenant aux caractéristiques et contraintes particulières de ces collectivités. Ces adaptations peuvent être le fait de l'État, qui doit alors consulter au préalable ces collectivités. Elles peuvent également être le fait de ces collectivités lorsqu'elles y ont été préalablement habilitées par la loi ou par le règlement.

11. 21 févr. 2013, n° 2012-297 QPC.

2) *Les collectivités soumises au principe de spécialité législative*

Le principe pour ces collectivités est que les lois ou règlements n'y sont applicables que sur mention expresse du texte en cause. Certains textes cependant, en raison de leur importance, ne requièrent pas de mention expresse.

a) *Les textes requérant une mention expresse*

Les collectivités soumises au principe de spécialité législative sont Saint-Pierre-et-Miquelon, Wallis et Futuna, la Polynésie française, Saint-Barthélemy et Saint-Martin. Aux termes de l'article 74 de la Constitution, « les collectivités d'outre-mer régies par le présent article ont un statut qui tient compte des intérêts propres de chacune d'elles au sein de la République ».

Elles sont en principe soumises au principe dit de « ***spécialité législative*** », en vertu duquel les lois et règlements n'y sont applicables que sur mention expresse du texte en cause (« La présente loi est applicable en Polynésie française... ») ou s'ils y ont été rendus applicables par un texte spécial (« La loi n°... du... relative à... est applicable en Polynésie française... »). Les statuts de Saint-Barthélemy, Saint-Martin et Saint-Pierre-et-Miquelon prévoient toutefois que la plupart des lois et règlements y sont applicables de plein droit. Il n'y a alors pas lieu, pour les textes concernés, de prévoir une mention particulière d'applicabilité.

b) *Les textes ne requérant pas de mention expresse*

Certains textes ne requièrent pas de mention expresse d'applicabilité. Il s'agit des dispositions législatives et réglementaires qui, en raison de leur objet, sont nécessairement destinées à régir l'ensemble du territoire de la France. Ces dispositions appelées « ***lois de souveraineté*** » sont applicables de plein droit dans ces collectivités[12]. Elles ont été définies par la jurisprudence. Il s'agit :

- des lois constitutionnelles ;
- des lois organiques, du moins en tant qu'elles portent sur des matières non spécifiques à une collectivité ou une catégorie de collectivités[13] ;
- des règles relatives aux grandes juridictions nationales[14] ;
- des textes relatifs à la nationalité ;
- des textes portant statut des fonctionnaires de l'État et des militaires[15].

3) *Les Terres australes et antarctiques françaises et l'île de Clipperton (TAAF)*

Aux termes de l'article 72-3 de la Constitution, la loi détermine le régime législatif et l'organisation particulière des Terres australes et antarctiques française et de Clipperton. Les Terres australes et antarctiques françaises sont soumises au principe de spécialité

12. 12 févr. 2004, n° 2004-490 DC, Statut d'autonomie de la Polynésie française et 15 févr. 2007, n° 2007-547 DC, Dispositions statutaires et institutionnelles relatives à l'outre mer.
13. 30 juill. 2003, n° 2003-478 DC, Expérimentation par les collectivités territoriales et 30 juill. 2003 n° 2003-482 DC, Référendum local.
14. CE, 4 févr. 1944, Vernon : Lebon, p. 46 – CE, 10 janv. 1994, Territoire de la Polynésie française, mentionné dans les tables du recueil Lebon.
15. CE, 15 juill. 1936, Vinson : Lebon, p. 774 – CE, 30 nov. 1938, Renauva : Lebon, p. 885.

législative. Toutefois, les lois et règlements y sont applicables de plein droit dans un grand nombre de domaines. L'île de Clipperton, au contraire est régie par le principe d'identité législative.

4) *La Nouvelle-Calédonie*

La Nouvelle-Calédonie est devenue française en 1853, soit sept ans avant Nice et la Savoie. De graves événements amorcés en 1984 ont conduit aux accords Matignon (1988) et de Nouméa (1998). Par une révision constitutionnelle de 1998 (titre XIII) les pouvoirs publics ont en partie cédé aux revendications indépendantistes. Aujourd'hui, la Nouvelle-Calédonie est une collectivité à statut propre à laquelle des pouvoirs très importants ont été transférés. Ils sont gérés par un congrès élu et un gouvernement local.

Pour aller plus loin

Fernand Braudel et l'unité de l'État

« Toute unité nationale est superstructure, soit un filet jeté sur des régions dissemblables. Le filet aboutit à la main qui le tient à un centre privilégié. L'égalité s'installe alors d'elle-même. Reste à savoir aussi s'il eût été possible – ce que je ne crois pas – de se passer de l'État unitaire, de vivre à la seule échelle des régions. Elles furent autonomes, dominantes un temps, puis logiquement cessèrent de l'être. Je crois à une certaine logique des nations ».

Extrait de *L'identité de la France*, Espace et histoire, Champs-Flammarion, 1990, p. 311

BIBLIOGRAPHIE

BERNARD (P.), *Au nom de la République*, 2000, Odile Jacob.

Cour des comptes, *La conduite par l'État de la décentralisation*, Rapport public thématique, La Documentation française, 2009.

GLEIZAL (J.-J.) (sous la dir.), *Le retour des préfets*, 1995, PU de Grenoble.

GOHIN (O.), « L'évolution institutionnelle de la Nouvelle-Calédonie », AJDA 1999, p. 500.

CLEPKENS (H.) (sous la dir.), *Réformer la décentralisation : Pour la République ou pour l'État ?*, 2017, Berger-Levrault.

MAILLARD DESGRÉES DU LOÛ (D.), *Institutions administratives*, 2e éd., 2015, PUF.

MARTINEZ (J.-C.), *Ma République des Maires*, Jean-Cyrille Godefroy, 2016.

VIÉ (J.-E.), *Les 7 plaies de la décentralisation*, 2e éd., 1999, Economica.

PARTIE 3

L'action administrative

Le service public et la police administrative sont les deux missions administratives essentielles. Ces deux missions se confondent en ce qu'elles ont toutes les deux pour finalité l'accomplissement de l'intérêt général. Elles se complètent aussi car le service public pourrait difficilement fonctionner sans que l'ordre public soit garanti. Mais elles se distinguent aussi, notamment dans leurs modalités de mise en œuvre. Le service public peut, sous certaines conditions, être pris en charge par une personne privée. La police administrative en revanche, doit obligatoirement être prise en charge par une personne publique. Le recours à un service public par un particulier est le plus souvent facultatif. La police administrative repose au contraire sur l'exercice unilatéral de la puissance publique.

CHAPITRE 8

Le service public

Le service public est un miroir. Il reflète la réalité des activités assurées par l'État. Mais il reflète aussi le rôle que les citoyens aimeraient faire jouer à l'État. En ce sens, il est davantage une idée. D'où le caractère éminemment politique du service public. Selon les époques, les aspirations de la collectivité vont évoluer. Et le service public va accompagner ces changements. La notion de service public, son existence et son mode de fonctionnement témoignent de la prise en compte par le droit de cette dimension à la fois juridique et politique du service public.

1. LA NOTION DE SERVICE PUBLIC

Le service public pouvait traditionnellement faire l'objet d'une définition exclusivement nationale. Cela n'est plus tout à fait le cas aujourd'hui. L'Union européenne constitue un facteur important d'évolution du service public qui doit être pris en compte.

A - La définition du service public

Définir, c'est finir. C'est délimiter. Il n'existe pas, en ce sens, de définition du service public. La notion est au contraire profondément évolutive. Le service public n'en est pas pour autant indéfinissable comme cela est parfois avancé. Il serait fort étonnant que le droit administratif se soit construit sur du sable, la notion constituant l'un des piliers du droit administratif.

La définition la plus classique est qu'une activité constitue un service public quand elle est assurée ou assumée par une personne publique en vue d'un intérêt général[1]. Autrement dit, deux éléments permettent d'identifier le service public. Un élément organique et un élément matériel.

1) L'élément organique

La définition traditionnelle du service public privilégiait l'élément organique : l'activité est assurée par une personne publique. Lorsque ce critère était respecté, l'activité était considérée comme un service public. Aujourd'hui, ce critère demeure, à cette réserve près qu'il n'est plus exclusif. La qualification de service public dépend ainsi de la

1. En ce sens, Chapus R., *Droit administratif général*, 2000, LGDJ-Lextenso, p. 569.

nature juridique de l'organe qui est responsable de la création et de la gestion du service public. Elle dépend également de la nature du lien qui rattache cet organe à la personne publique. Le rattachement est direct si la personne publique (État, collectivité territoriale ou établissement public) assure le service en régie, c'est-à-dire qu'elle le prend elle-même en charge. Il est indirect si la personne publique « l'assume » en exerçant un contrôle étroit sur l'organisme privé qui prend en charge le service public. Le lien indirect est acquis à partir d'un certain degré de sujétion, ou de dépendance, de l'organisme gestionnaire à une collectivité publique.

2) Les éléments matériels

Les deux éléments matériels, bien que distincts, n'en sont pas moins les deux composantes d'une même réalité : le service public existe pour remplir une fonction sociale. Le premier élément est utilisé par le juge administratif, comme critère de qualification d'une activité. Il s'agit de l'intérêt général. Le second l'est davantage par le législateur, lorsqu'il érige une activité privée en service public. Il s'agit de la cohésion de la nation.

a) L'intérêt général

Il y a service public lorsqu'il y a intérêt général. Le problème est que la notion d'intérêt général est incertaine et subjective. Selon les époques, une activité pourra ne pas être considérée comme correspondant à l'intérêt général. Par la suite, le juge décidera au contraire qu'il s'agit d'une activité d'intérêt général. Ainsi, selon Prosper Weill, « s'il est facile de reconnaître un service public organique, rien n'est plus malaisé que de définir un service public au sens matériel du terme. À lui seul le but d'intérêt général qui paraît le caractériser est trop flou et trop incertain[2] ». Le meilleur moyen pour dépasser cette difficulté est sans doute d'adopter la distinction proposée par René Chapus entre « activités de plus grand service » et « activités de plus grand profit ». Les premières visent davantage à satisfaire les administrés alors que les secondes visent le profit. La conclusion s'impose d'elle-même : ***les activités d'intérêt général sont les activités de plus grand service***.

Par-delà les différentes conceptions de l'intérêt général, un élément permet de cerner, au moins dans ses grandes lignes, la notion telle qu'elle existe en France. La conception de l'intérêt général n'est pas utilitariste mais volontariste. Cela signifie qu'il existe un intérêt général distinct des intérêts individuels. Il leur échappe, il les transcende, car il est commun à l'ensemble de la collectivité. La dénomination a changé. Selon les époques elle s'appelait bien public, bien commun, intérêt général, mais l'idée reste la même.

b) La cohésion de la nation

La notion même d'intérêt général est inséparable de la cohésion de la nation. Cette idée ressort très clairement des débats parlementaires qui ont précédé les grandes lois de nationalisations de 1936, de 1946 et de 1981. À chaque fois, la thèse soutenue était que ces nationalisations étaient rendues nécessaires par le besoin de renforcer la cohésion de la nation et donc de permettre l'unité nationale. Tous les citoyens, sur l'ensemble du territoire, doivent pouvoir accéder de manière équitable aux mêmes services publics. D'où la nécessité, grâce à la nationalisation, de transformer des activités

---

2. Weil P., *Le Droit Administratif*, 1968, PUF.

privées en service public. L'alinéa 9 du Préambule de la Constitution de 1946 aux termes duquel « tout bien, toute entreprise, dont l'exploitation a ou acquiert les caractères d'un service public national ou d'un monopole de fait, doit devenir la propriété de la collectivité » donne à l'État le pouvoir de nationaliser afin de renforcer la cohésion de la nation.

Cette réalité a été mise en lumière par Paul Ramadier lors des débats à l'Assemblée nationale relatifs à la nationalisation de l'électricité en 1945 : « il n'y a plus dans le fleuve un courant des Alpes ou des Pyrénées, un courant hydraulique ou thermique : les affluents se perdent dans la matière même qui alimente la France entière du plus petit village à la plus grande ville, de la plus humble maison à la plus puissante usine. Comme notre réseau ferroviaire, comme notre réseau routier, l'électricité inscrit dans la réalité matérielle notre unité nationale »[3].

B - L'Union européenne, facteur d'évolution du service public

Le droit de l'Union européenne, relayé par le droit national de la concurrence, contraint les « opérateurs économiques », qu'ils soient publics ou privés, lorsqu'ils concourent au service public, à respecter, selon l'expression consacrée, « un bon fonctionnement du marché grâce à une concurrence pleine et entière ». La France et l'Union européenne se sont dans un premier temps opposées sur la place qui devait être réservée au service public. À cette opposition a succédé une forme de réconciliation.

1) La confrontation avec le droit européen

Les activités de services publics, au sein de l'Union européenne ne doivent pas entraver la libre concurrence. Il n'y a là rien de nouveau. Depuis longtemps, le droit administratif a dû concilier les nécessités du service public avec la liberté d'entreprendre et la libre concurrence. Le changement vient du fait que les règles européennes s'avèrent plus contraignantes car elles vont plus loin dans le triomphe du marché.

Cette conception essentiellement négative du service public a conduit dans un premier temps à des réactions parfois très négatives. René Chapus évoque ainsi un service « menacé du fait de l'envahissement de notre ordre juridique par les réglementations communautaires qui vont dans le sens du refoulement maximal des services publics, c'est-à-dire de leur réduction à ceux dont on ne conçoit pas (ou pas encore), qu'on puisse se passer : « ***les services régaliens*** » (justice, police, défense, diplomatie, impôts)[4] ».

Il est vrai que la place faite au service public par le droit de l'Union européenne est si dérisoire que l'expression même de service public n'existe pas. La tonalité générale du rapport du Conseil d'État de 1994 est identique : « L'Europe n'instruit pas le procès du ou des services publics, affirme le rapport ; elle fait pire, elle ignore largement la notion de service public et l'existence de services publics, ayant tendance à n'identifier aucune zone intermédiaire entre les services régaliens ou sociaux[5] ». Et lorsqu'elles n'instruisent

3. Rapport fait au nom de la commission de l'équipement national et de la production industrielle, annexe n° 655, 13 mars 1945, AN, p. 631.
4. Chapus R., *Droit administratif général*, t.1, 14e éd., 2000, LGDJ-Lextenso, p. 564.
5. « Service public, services publics : déclin ou renouveau », EDCE 1994, p. 38.

pas le procès du ou des services publics, les institutions communautaires manifestent, et ce en dépit du principe de neutralité quant au régime de propriété énoncé par l'article 22 du traité, « une incontestable suspicion à l'égard des structures de statut public »[6]. Ces jugements sont loin d'être infondés.

Au nom de la libre concurrence, les États, sous la contrainte de l'Union européenne, ont dû procéder au démantèlement des grands monopoles publics. EDF, GDF, la SNCF, La Poste ont ainsi perdu progressivement leur monopole, chacun dans leur domaine. De vastes réorganisations, accompagnées de privatisations, ont également gagné d'autres activités publiques très anciennes : les réseaux téléphoniques qui avaient été nationalisés en 1889. Désormais, une multitude d'organismes, certains publics, d'autres privés, se partagent le secteur des télécommunications.

2) La conciliation avec le droit européen

S'il est certain qu'avec le droit de l'Union européenne, on ne se sent « pas plongé dans une atmosphère de service public[7] », une place a cependant pu lui être trouvée au fil des ans. Certes, cette place n'est pas la même que celle qui lui était traditionnellement réservée en France. Il ne s'agit pas de ce qu'on appelle « le service public à la française ». Mais le droit de l'Union européenne admet, en employant d'autres dénominations que celle de « service public », que les règles de la libre concurrence soient aménagées, voire écartées, lorsqu'il s'agit d'une activité non concurrentielle.

a) Les services publics non soumis au droit de la concurrence

Tous les services publics ne sont pas soumis au droit de la concurrence. Les services publics régaliens, ceux qui sont pris en charge au titre de la puissance publique ou qui remplissent exclusivement des missions de sécurité ou de solidarité n'en font pas partie. Un indice supplémentaire de présomption d'appartenance aux services non soumis au droit de la concurrence réside dans l'absence de lien entre la somme perçue sur l'usager et la prestation qu'il reçoit.

Lorsqu'elle qualifie une activité, la Cour de justice de l'Union européenne procède au cas par cas. Elle ne raisonne pas par grandes catégories. Elle ne s'estime pas non plus liée par le statut de l'activité à qualifier – public ou privé – ni par son mode de financement.

Les activités suivantes ont été considérées comme des activités non économiques : le contrôle aérien[8], l'assurance-maladie française[9], l'activité des agences financières de bassin[10] et la lutte contre la pollution portuaire[11].

Ce sont en quelque sorte, les activités hors commerce. Ces activités vitales pour l'intérêt général peuvent ainsi échapper aux seules lois du marché.

---

6. *Ibid*, p. 47.
7. Chapus R., *Droit administratif général*, t.1 ; 14e éd., 2000, LGDJ, p. 564.
8. CJCE, 19 janv. 1994, n° C-364/92, Eurocontrol.
9. CJCE, 7 févr. 1993, n° C-159/91 et n° C-160/91, Poucet et Pistre.
10. CE, 1er juin 1994, Letierce : Lebon, p. 278.
11. CJCE, 18 mars 1997, n° C-343/95, port de Gênes.

b) Les services publics soumis au droit de la concurrence

Les articles L. 410-1 et suivants du Code de commerce, issus de l'ordonnance du 1er décembre 1986 sur la concurrence, inspirés largement du droit européen, définissent le domaine des activités soumises au droit de la concurrence. Conformément à cet article, toutes les activités de production, de distribution et de services, y compris celles qui sont le fait de personnes publiques, notamment dans le cadre de conventions de délégation de services publics, sont soumises au droit de la concurrence. Plus concrètement, ce sont les opérateurs qui interviennent sur le marché et sont susceptibles d'entrer en concurrence avec le secteur privé. Ils correspondent, dans une large mesure, aux services publics industriels et commerciaux. Cependant, certains services publics administratifs peuvent également être soumis au droit de la concurrence (les cantines scolaires par exemple). Pour l'application de cette réglementation, il est nécessaire d'opérer une distinction entre les activités de l'administration. Une même entreprise pourra, selon ses activités, être soumises au droit de la concurrence ou ne pas l'être. Ainsi, pour les Aéroports de Paris[12], il convient de distinguer entre les activités de police de l'aéroport, non soumises au droit de la concurrence, et les services d'assistance à escale, de nature économique, et donc soumises au droit de la concurrence.

2. L'EXISTENCE DES SERVICES PUBLICS

Pour exister, le service public doit d'abord être créé. La thèse du service public virtuel, qui permet à un service public d'exister en dehors de toute création expresse, constituant l'exception. Une fois créée, la puissance publique devra trouver un mode de gestion adapté au service.

A - La création et la suppression des services publics

La création ou la suppression d'un service public procède d'un acte de volonté formel de la puissance publique. Dans certains cas cette volonté est encadrée car le service est obligatoire. Pour les services publics facultatifs, la liberté de création et de suppression est plus grande.

1) Les services publics obligatoires

Les collectivités territoriales sont tenues d'assurer un certain nombre de services publics déterminés par les différentes lois de décentralisation. Les communes doivent ainsi assurer le service des actes d'état civil ou de l'élimination des déchets. Les départements doivent créer les services de lutte contre l'incendie. Les régions enfin, doivent créer les services de formation professionnelle et d'apprentissage ou de transports scolaires. En dehors de ces obligations légales, elles sont libres de créer les services qu'elles souhaitent, dans la limite du principe de liberté du commerce et de l'industrie.

12. CJCE, 24 oct. 2002, Aéroports de Paris : Rec. I CJCE, p. 9297.

Au niveau de l'État, le Conseil constitutionnel a évoqué dans quatre décisions rendues entre 1986 et 1996 « les services publics dont la nécessité [...] découle de principes ou de règles à valeur constitutionnelle ». À chaque fois qu'il a été saisi d'une loi privatisant un service public, il a jugé que l'activité exercée (banque, crédit, assurance, distribution du gaz), n'entrait pas dans la catégorie des services publics constitutionnels. Existe-t-il, dans ces conditions des services publics que l'État serait tenu par la constitution de créer et de maintenir ? La réponse est certainement positive pour que l'on appelle les services régaliens ou les services de souveraineté : armée, justice, police et perception des impôts. Pour les autres activités prévues par la Constitution, l'État est libre de les prendre en charge directement ou de les faire assumer par une personne privée.

2) *Les services publics facultatifs*

Pour les services publics facultatifs, le principe est que les personnes publiques sont libres de les créer ou de les supprimer. Une limite existe cependant : elles ne doivent pas porter atteinte à la liberté du commerce et de l'industrie.

a) Le principe : la liberté de création et de suppression

Il appartient avant tout à l'autorité publique compétente d'apprécier si un besoin collectif existe et s'il justifie qu'un service public soit ou demeure institué pour le satisfaire. Il s'agit d'une question d'opportunité et d'adaptabilité. Supprimer tout ou partie d'un service public, c'est l'adapter aux évolutions. L'arrêt du Conseil d'État *Vannier* illustre le principe selon lequel « les usagers d'un service public administratif n'ont aucun droit au maintien de ce service[13] ». Hormis les services publics obligatoires, les pouvoirs publics sont par conséquent libres de diminuer les moyens alloués à un service public ou même de le supprimer. Ce qui signifie que les administrés ont droit au fonctionnement normal du service. Ils n'ont pas droit, en revanche, à la création et au maintien des services publics.

b) La limite : la liberté du commerce et de l'industrie

La liberté de création des SPIC se heurte à la liberté du commerce et de l'industrie. Posé par l'article 7 du décret d'Allarde des 2 et 17 mars 1791, réaffirmé par la loi de décentralisation du 2 mars 1982, le principe, qui limite fortement la possibilité de créer des SPIC, s'impose aussi bien à l'État qu'aux collectivités locales. La jurisprudence la plus notable, s'agissant de cette limite, a été rendue en 1930, en réaction au « socialisme municipal » qui se caractérisait par une intervention croissante des municipalités dans le domaine industriel et commercial. Le Conseil d'État, dans son arrêt *Chambre syndicale du commerce en détail de Nevers* devant la crainte que les personnes publiques n'usent de leurs prérogatives de puissance publique pour fausser la concurrence, affirme que les conseils municipaux ne peuvent créer un SPIC « que si, en raison de circonstances particulières de temps et de lieux, un intérêt public justifie leur intervention en cette matière[14] ».

Dans ces conditions, la création d'un SPIC n'est légale qu'à partir du moment où, dans la localité concernée, l'initiative privée est absente ou insuffisante, pour répondre à un besoin suffisamment important de la population.

---

13. CE, 27 janv. 1961, Vannier : Lebon, p. 60.
14. CE, sect., 30 mai 1930, Chambre syndicale du commerce en détail de Nevers : Lebon, p. 583, GAJA.

B - Les modes de gestion des services publics

Un service public peut être assumé par une personne publique ou une personne privée. Hormis les cas où le mode de gestion est imposé par la Constitution ou par la loi, la personne publique dispose d'une grande liberté dans le choix du mode de gestion.

1) La gestion par une personne publique

Les deux modes essentiels de gestion d'un service public par une personne publique sont la régie et l'établissement public. La différence est que, contrairement à l'établissement public, la régie ne possède pas la personnalité morale.

a) La régie

Lorsqu'un service public est exploité directement par la personne publique dont il relève, il est géré en régie. Le service public n'a pas alors de personnalité morale distincte de celui qui l'exploite. La personne publique assure le service avec ses propres moyens, notamment en personnel et en argent. Ce procédé, surtout utilisé pour gérer des SPA, plus rarement des SPIC, présente l'avantage de la simplicité et permet d'assurer un véritable contrôle de l'autorité publique.

Il existe trois types de régie : la régie simple (par ex. les services de l'équipement), la régie autonome (dotée de l'autonomie financière) et la régie personnalisée (dotée d'une personnalité morale propre, distincte de l'autorité qui la constitue).

b) L'établissement public

Une personne publique peut également créer spécialement un établissement public pour gérer un service public. Procédé de décentralisation technique, l'établissement public est une personne morale de droit public, gérant un service public spécialisé, distinct de l'État et des collectivités territoriales, mais rattaché à eux (v. Chapitre 4). L'intérêt de l'établissement public est d'offrir au gestionnaire une plus grande souplesse de gestion. Il peut recevoir des dons qui, en raison du principe de l'universalité budgétaire, devraient se fondre dans la masse du budget de l'État. L'établissement public peut également fournir un cadre adapté pour la coopération entre collectivités publiques.

2) La gestion par une personne privée

La gestion par une personne privée, qui prend la forme d'une délégation, est employée essentiellement pour des services publics industriels et commerciaux. Il existe une notion de délégation et trois formes de délégations.

a) La notion de délégation

La délégation de service public est l'ensemble des contrats par lesquels une personne morale de droit public confie la gestion d'un service public dont elle a la responsabilité à un délégataire (particulier ou société) dont la rémunération est liée au résultat d'exploitation du service[15]. Dans ce contrat, la personne publique, ne renonce pas à son pouvoir d'organisation du service public en se dessaisissant de l'ensemble de celui-ci au profit de

---

15. L. 1993, art. 38 – CGCT, art. L. 1411-1.

la personne privée. Elle conserve un pouvoir de contrôle en vue de s'assurer que le concessionnaire fait bien fonctionner le service. Elle possède également le droit de modifier unilatéralement l'acte de concession en cours d'exécution afin que le service puisse s'adapter aux besoins du public.

Le délégataire est rémunéré par les redevances versées par les usagers. Cela fait de la rémunération le critère principal de la délégation : le gérant du service public est animé par des considérations intéressées.

Deux différences, l'une relative au mode d'association du délégataire, la seconde à sa rémunération, permettent de distinguer la délégation du marché :

- la délégation associe le délégataire de manière beaucoup plus étroite que les marchés publics (travaux publics, fournitures) ;
- le délégataire ne se contente pas de fournir aux services publics des moyens matériels d'action. C'est le service public lui-même qu'il prend en charge. Mais bien que concédé, le service n'en demeure pas moins un service public.

b) Les formes de délégations

La concession est la forme la plus classique de délégation. Le délégataire (ici appelé concessionnaire), construit à ses frais les ouvrages et installations nécessaires au service et fait fonctionner ce dernier sur les usagers. Le concessionnaire se rémunère grâce aux redevances versées par les usagers.

Dans l'affermage, le délégataire (fermier) n'a pas à construire ou à acquérir les ouvrages qu'il va utiliser pour mettre en œuvre le service public. Il les reçoit de la personne publique et les utilise pour faire fonctionner le service en se rémunérant sur l'usager. Pour couvrir les investissements nécessaires au maintien des équipements, le fermier a l'obligation de rétrocéder une partie de sa rémunération à la personne publique délégante.

La régie intéressée se distingue de la concession et de l'affermage par le mode de rémunération du régisseur. Celui-ci est payé par l'administration contractante et non par les usagers du service public. Seulement cette rémunération n'est pas fixe : elle varie en fonction des résultats de sa gestion.

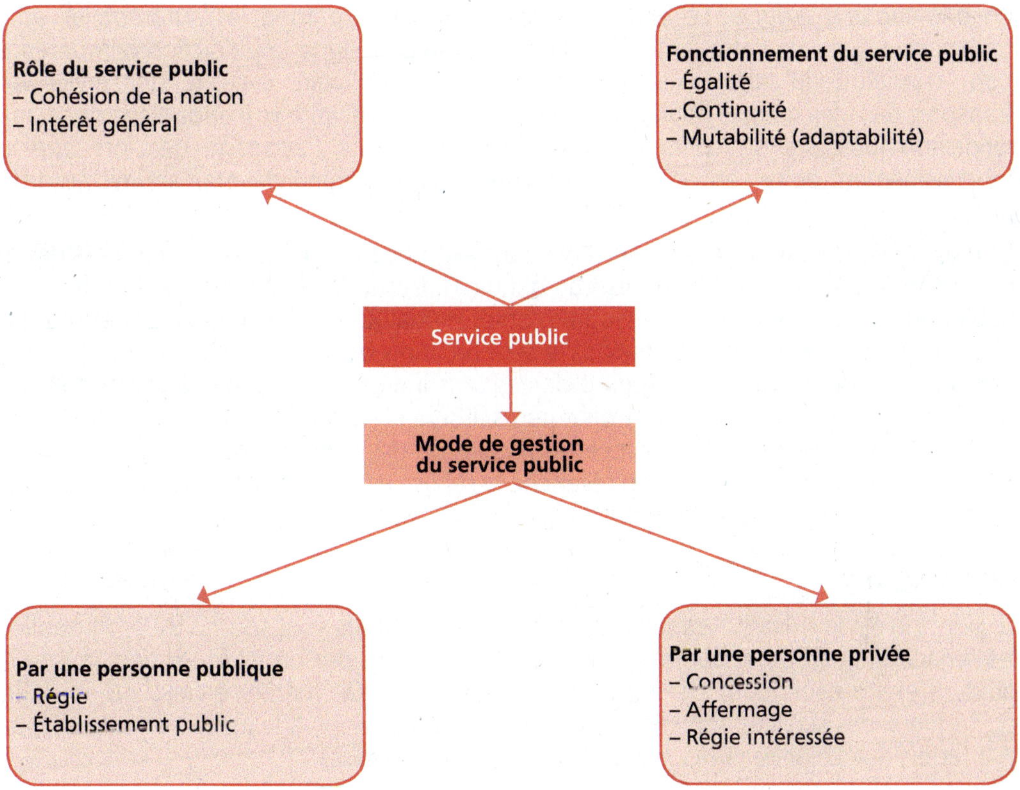

3. LE FONCTIONNEMENT DES SERVICES PUBLICS

Deux types de règles régissent le fonctionnement des services publics. Certaines sont spécifiques aux services publics administratifs (SPA) et aux services publics industriels et commerciaux (SPIC). D'autres sont communes à l'ensemble des services publics.

A - Les règles spécifiques aux SPA et aux SPIC

Les services publics sont soit administratif, soit industriel et commercial. La distinction emporte des conséquences quant au régime applicable.

1) La distinction

La distinction a été consacrée par le Tribunal des conflits, dans son arrêt du 22 janvier 1921, *Société commerciale de l'ouest africain*[16]. La colonie de la Côte d'Ivoire exploitait

16. T. confl., 22 janv. 1921, Société commerciale de l'ouest africain : Lebon, p. 91, GAJA.

un bac sur une lagune. Le bac coula, entraînant par le fond les automobiles qu'il transportait. Saisi de l'affaire, le Tribunal des conflits désigna la juridiction compétente pour connaître du litige : « La colonie de la Côte d'Ivoire exploite un service de transport dans les mêmes conditions qu'un industriel ordinaire », il appartient donc à la juridiction judiciaire de connaître des conséquences de l'accident, dès lors que le fonctionnement de ce service à caractère industriel et commercial était soumis au droit privé.

Le plus souvent, la qualification du service est exprimée par les textes. Si tel n'est pas le cas, il convient de recourir à un faisceau d'indices. Ces indices sont au nombre de trois : l'objet du service, l'origine des ressources et les modalités de fonctionnement et d'organisation du service. Un service public ne sera reconnu comme industriel et commercial par la jurisprudence que si, au regard de ces trois indices, il ressemble à une entreprise privée. S'il s'écarte de l'un de ces trois critères, il sera considéré comme administratif. Par exemple, le financement par des recettes fiscales ou des subventions s'oppose au caractère industriel et commercial. Si en revanche le service est financé essentiellement par les usagers, il sera industriel et commercial.

2) Le régime

Le principe est le suivant : les services publics administratifs sont soumis au droit public ; les services industriels et commerciaux, ses usagers, son personnel et les tiers, au droit privé. Il existe cependant de nombreuses exceptions. De même, en cas de litige, le contentieux des services administratifs appartient en principe à la juridiction administrative tandis que celui des SPIC relève des tribunaux judiciaires.

B - Les principes communs de fonctionnement du service public

Les activités de service public, qu'elles soient exercées par des personnes publiques ou privées, sont soumises à des grands principes. Ils ont été systématisés par Louis Rolland et sont d'une telle importance pour que le service public demeure une réalité, qu'ils méritent bien leur appellation de « ***lois du service public*** ». Ces lois sont au nombre de trois : égalité, continuité, mutabilité.

1) Le principe d'égalité

Le principe constitutionnel d'égalité devant les services publics bénéficie tant aux agents des services publics qu'aux usagers des services publics. Il s'inscrit dans la droite ligne du principe d'égalité devant la loi, tel qu'il résulte des articles 1 et 6 de la Déclaration des droits de l'Homme et du citoyen de 1789. En vertu de ce principe, il doit y avoir égalité de traitement entre des agents ou usagers qui se trouvent dans des situations identiques[17]. L'égalité impliquant une stricte neutralité, les convictions politiques ou les croyances religieuses ne sauraient justifier des différences de traitement[18].

17. CE, 9 mars 1951, Société des concerts du Conservatoire : Lebon, p. 151, GAJA.
18. CE, 28 mai 1954, Barel : Lebon, p. 308, GAJA.

En revanche, des personnes placées dans des situations différentes peuvent être traitées de manières différentes. Des tarifs différents aux usagers d'un pont à péage peuvent être appliqués selon qu'ils ont ou non « leur domicile ou leur lieu de travail dans le ou les départements concernés »[19].

2) *Le principe de continuité*

La continuité des services publics est une manifestation de la continuité de l'État[20]. Un « État à éclipse », pour reprendre l'expression du commissaire au Gouvernement Gazier, ne serait en quelque sorte plus un État. Lorsque l'article 5 de la Constitution précise que « le chef de l'État assure la continuité de l'État », cela implique nécessairement qu'il dispose en permanence des services publics.

Le principe implique que les usagers bénéficient en permanence des prestations que les règles d'organisation du service lui imposent de fournir. Concrètement, cela ne signifie pas, comme le remarque Didier Truchet, « que tout service public devrait fonctionner toute l'année vingt-quatre heures par jour [...] : les vacances scolaires ne sont pas contraires à la continuité ! ».

Il existe ainsi des degrés différents dans la continuité. Celle de l'Éducation nationale s'accorde avec des vacances. Il est inimaginable en revanche d'imaginer des interruptions, même très brèves, dans la continuité de la dissuasion nucléaire. Ou bien c'est la crédibilité de la dissuasion qui serait remise en cause.

Jusqu'en 1946, le principe de continuité a été un obstacle absolu à la grève dans les services publics. Les agents qui se mettaient en grève commettaient une faute susceptible d'être sanctionnée par la révocation. L'agent qui faisait grève était même considéré comme s'excluant lui-même du service public[21]. La reconnaissance du droit de grève par le Préambule de la Constitution de 1946 a remis en cause cette solution. Désormais, « le droit de grève s'exerce dans le cadre des lois qui le réglementent ». Le principe de continuité s'en trouvait nécessairement affaibli. Dès lors, afin de concilier le droit de grève avec le principe de continuité, des limitations législatives et jurisprudentielles lui ont été apportées. Le droit de grève n'est pas reconnu à certaines catégories de personnels (militaires, magistrats, gardien de prison, préfets, policiers, personnels des services de transmission du ministère de l'Intérieur). Les grèves tournantes sont interdites. Enfin, un service minimum peut être imposé par la loi. S'il n'existe pas de limitation, il appartient « au Gouvernement responsable du bon fonctionnement des services, de fixer lui-même, sous le contrôle du juge » la nature et l'étendue des limitations qui doivent être apportées au droit de grève[22].

---

19. CE, sect., 10 mai 1974, Denoyez et Chorques : Lebon, p. 274.
20. 25 juill. 1979, n° 79-105 DC du, Droit de grève à la radio et à la télévision : « En ce qui concerne les services publics, la reconnaissance du droit de grève ne saurait avoir pour effet de faire obstacle au pouvoir du législateur d'apporter à ce droit des limitations nécessaires en vue d'assurer la continuité du service public qui, tout comme le droit de grève, a le caractère d'un principe de valeur constitutionnelle ».
21. CE, 7 août 1909, Winkell : Lebon, p. 826.
22. CE, ass., 7 juill. 1950, Dehaene : Lebon, p. 426, GAJA.

3) *Le principe d'adaptabilité*

Les services publics, pour satisfaire les besoins de la population, doivent s'adapter aux évolutions techniques à chaque fois que cela est nécessaire. Ils doivent être en mesure de prendre en compte les impératifs, forcément changeants, de l'intérêt général. Juridiquement, ce principe fonde le pouvoir de l'administration de modifier l'organisation et le fonctionnement des services publics, d'en créer ou d'en supprimer. En d'autres termes, le droit doit être un facteur d'évolution du service public. En vertu de ce pouvoir, l'administration peut imposer des modifications dans l'organisation ou le fonctionnement des services publics, aux usagers des services publics[23], ou aux concessionnaires de services publics[24].

BIBLIOGRAPHIE

BELLESCIZE (R. de), *Les services publics constitutionnels*, 2005, LGDJ-Lextenso.

CADEAU (E.), LINOTTE (D.) et ROMI (R.), *Droit du service public*, 2e éd., 2014, LexisNexis.

CHEVALLIER (J.), *Le service public*, 11e éd., 2018, PUF, coll. Que sais-je ?

Conseil d'État, « Service public, services publics, Déclin ou renouveau », EDCE 1994, p. 15.

Conseil d'État, « L'intérêt général », EDCE 1999, p. 239.

DEFFIGIER (C.), LACHAUME (J.-F.), PAULIAT (H.), *Droit des services publics*, LexisNexis, 3e éd., 2018.

GAUDEMET (Y.), « Le service public à l'épreuve de l'Europe, Vrais et faux procès », in *Mélanges Jeanneau*, p. 473.

GUGLIELMI (G.) (dir.), *Histoire et service public*, 2004, PUF.

GUGLIELMI (G.), KOUBI (G.) et LONG (M.), *Droit du service public*, 4e éd., 2016, LGDJ-Lextenso.

MELLERAY (F.), « École de Bordeaux, école du service public et école duguiste », RDP 2001, p. 1887.

TRAORÉ (S.), *L'usager du service public*, 2012, LGDJ-Lextenso.

TRUCHET (D.), « Nouvelles récentes d'un illustre vieillard. Label de service public et statut de service public », AJDA 1982, p. 427.

23. CE, sect., 18 mars 1977, Chambre de commerce de La Rochelle : Lebon, p. 153 : suppression de la desserte de certaines lignes non rentables par Air Inter.
24. CE, 10 janv. 1902, Compagnie nouvelle du gaz de Deville-les-Rouen : Lebon, p. 5, GAJA : obligation pour le service d'éclairage, de passer du gaz à l'électricité.

CHAPITRE 9

La police administrative

Le mot police évoque d'abord une activité matérielle assurée principalement par deux corps de l'État, l'un civil, l'autre militaire : la police et la gendarmerie. Mais le terme police désigne également une activité de réglementation dont sont responsables les autorités nationales et locales. C'est la fonction juridique de la police qui est ici visée et non l'organisation administrative et la politique menée. La loi du 18 mars 2003 pour la sécurité intérieure reflète assez bien, semble-t-il, la finalité de cette activité de réglementation : « La sécurité est un droit fondamental et l'une des conditions de l'exercice des libertés individuelles et collectives. L'État a le devoir d'assurer la sécurité en veillant sur l'ensemble du territoire de la République, à la défense des institutions et des intérêts nationaux, au respect des lois, au maintien de la paix et de l'ordre public, à la protection des personnes et des biens ».

La notion de police administrative, les autorités de police et l'exercice du pouvoir de police convergent tous vers ce même objectif que cherche à atteindre la loi du 18 mars 2003 : assurer la sécurité des personnes et des biens.

1 • LA NOTION DE POLICE ADMINISTRATIVE

Les rôles respectifs de la police administrative et de la police judiciaire se confondent au sens où les deux types de polices visent le même objectif : faire régner l'ordre public. Les deux polices se distinguent cependant car elles reposent sur le principe de séparation des autorités administratives et judiciaires. La police administrative agit au nom du pouvoir exécutif. La police judiciaire intervient au nom de l'autorité judiciaire, gardienne des libertés individuelles.

A - La distinction entre police administrative et police judiciaire

La distinction, *a priori* simple, se complique dans sa mise en œuvre. Les deux polices peuvent en effet être exercées par les mêmes agents.

1) La distinction

La distinction entre la police judiciaire et la police administrative est l'un des aspects de la séparation des pouvoirs. Elle a de ce fait un fondement constitutionnel[1]. Pour qualifier une action policière, la jurisprudence ne recourt pas à un critère organique mais finaliste. Elle recherche le but poursuivi par l'auteur de l'action policière, son intention : est-il préventif ou répressif[2].

La police judiciaire désigne la constatation d'une infraction et la recherche de ses auteurs. Elle est répressive. Pour cette raison, elle est placée sous la direction du procureur de la République. Son contentieux est judiciaire. La police administrative a pour objet la protection de l'ordre public. Préventive, elle est régie par le droit administratif. Il s'agit d'une activité administrative. Son contentieux est administratif[3]. Elle vise, par un acte unilatéral, à imposer des contraintes aux particuliers. En ce sens, elle constitue une restriction aux libertés publiques.

2) La mise en œuvre de la distinction

Si la distinction est *a priori* simple, elle se complique dans sa mise en œuvre. Non seulement les deux polices peuvent être exercées par les mêmes agents, mais une même opération peut se transformer en cours d'exécution : commencée comme opération de police administrative, elle devient judiciaire. Les deux polices se chevauchent. Il s'agit d'une opération mixte. La détermination du moment auquel l'on passe de l'une à l'autre peut s'avérer délicate. La juge va chercher quelle est l'opération dominante.

Dans l'affaire *Société Le Profil*[4], des policiers avaient pour mission d'escorter un convoyeur de fonds (opération de police administrative : il s'agit d'empêcher un vol). Le convoyeur est attaqué et dévalisé. Les policiers se lancent à la poursuite des malfaiteurs sans parvenir à les appréhender (opération de police judiciaire : il s'agit d'une tentative d'arrestation).

Le Tribunal des conflits considère que l'opération de police administrative s'est étendue à la brève période pendant laquelle il était encore possible de faire échouer l'opération en arrêtant immédiatement les malfaiteurs. Il se fonde sur la mission qui est de nature administrative, dans laquelle le préjudice trouve son origine. En imputant à cette mission la totalité de ce préjudice, il évite à la victime de mener deux actions en indemnité. L'une devant le juge administratif en raison de la défaillance de la police administrative, l'autre devant le juge judiciaire, en raison de celle de la police judiciaire. Cette simplification altère partiellement la rigueur de la distinction. Elle paraît cependant, pour des raisons d'opportunité, justifiée.

B - L'ordre public comme finalité de la police administrative

L'ordre public, au sens strict du terme, est avant tout matériel : les habitants d'un espace donné doivent pouvoir y vivre en sécurité. Avec le temps, la notion s'est enrichie, voire

1. 12 janv. 2006, n° 2006-64, Lutte contre le terrorisme.
2. CE, sect., 11 mai 1951, consorts Baud : Lebon, p. 265.
3. CE, 24 juin 1960, Soc. Frampar et Soc. France Éditions et publications : Lebon, p. 412.
4. T. confl., 12 juin 1978, Soc. Le Profil c/Ministre de l'Intérieur : Lebon, p. 648.

complexifiée. Des composantes nouvelles, qui relèvent davantage de la morale cette fois, sont apparues, l'idée étant qu'un désordre moral peut entraîner un désordre matériel. Autrement dit, il existe des composantes traditionnelles et des composantes nouvelles de l'ordre public.

1) Les composantes traditionnelles

Selon la loi municipale du 5 avril 1884 relayée par l'article L. 2212-2 du Code général des collectivités territoriales, l'ordre public comprend trois composantes : « la tranquillité, la sûreté, et la salubrité publique ». Ces trois composantes obligent les autorités publiques à veiller à ce que Maurice Hauriou appelait « l'ordre matériel extérieur ».

Si la loi de 1884 ne se réfère qu'à la police administrative générale des maires, cette classification de l'ordre public a été étendue par l'arrêt *Labonne*[5] aux autorités de police administrative générale. Celles-ci peuvent par conséquent prendre les mesures qui se rapportent à l'une de ces composantes de l'ordre public. Afin de préserver la sécurité publique, elles peuvent agir pour prévenir tous risques d'accidents liés, par exemple, à la sécurité routière. Elles peuvent également agir pour empêcher la prolifération d'animaux nuisibles. En vue de maintenir la salubrité publique, elles réglementent le ramassage des ordures et préviennent toutes formes d'épidémies et de pollution. Enfin, pour préserver la tranquillité publique, elles sont compétentes pour lutter contre le bruit.

2) Les composantes nouvelles

Entre les deux composantes nouvelles de l'ordre public, la moralité et la dignité, il existerait une différence de degré. Une interdiction peut être fondée sur le respect de la moralité, parce qu'un trouble à l'ordre public existe, compte tenu des circonstances locales. Une interdiction qui se fonde sur la dignité de la personne, peut être légale, même en l'absence de circonstances locales particulières. La dignité renverrait ainsi à une conception « plus absolue » de la moralité.

a) Le respect de la moralité

Avec le respect de la moralité, il ne s'agit pas de rentrer dans le fort interne des administrés pour leur imposer ce qui pourrait s'apparenter à une forme de morale. Il ne s'agit pas non plus, pour les autorités de police, d'établir ou de rétablir, si tant est qu'il n'ait jamais existé, un ordre moral. Il s'agit simplement, « d'empêcher les atteintes publiques au minimum d'idées morales naturellement admises, à une époque donnée, par la moyenne des individus »[6]. Le respect de la moralité se situe par conséquent hors de l'ordre purement matériel instauré par les composantes traditionnelles de l'ordre public. Il permet à des autorités de police administrative générale de faire obstacle à des troubles purement moraux jugés inacceptables, afin de préserver la paix sociale.

Dans l'arrêt du Conseil d'État *Société Les films Lutetia*, l'interdiction de la projection d'un film (Le feu dans la peau) est jugée légale « à raison du caractère immoral du film et des circonstances locales »[7] et indépendamment de tout risque de troubles matériels. Mais

---

5. CE, 8 août 1919, Labonne : Lebon, p. 737, GAJA.
6. Teitgen P.-H., *La police municipale*, 1934, Sirey, p. 34.
7. CE, sect., 18 déc. 1959, Société Les films Lutetia : Lebon, p. 613, GAJA.

le film est interdit dans une municipalité spécifique (Nice) parce que les circonstances locales font que là, plus qu'ailleurs, il risque de heurter la moralité publique.

De la même manière, l'interdiction d'ouverture d'un sex-shop, en application des pouvoirs de police générale du maire, n'est pas illégale. Cela, en raison des dangers pour la jeunesse, des risques pour la tranquillité des riverains que comportait, en raison de son implantation, l'ouverture de cet établissement[8].

b) Le respect de la dignité

Le Conseil d'État a consacré une composante nouvelle de l'ordre public en affirmant que « le respect de la dignité de la personne est une composante de l'ordre public [...] même en l'absence de circonstances locales particulières », dans son arrêt *Commune de Morsang-sur-Orge*[9]. L'interdiction d'une attraction qui porte atteinte au respect de la dignité des personnes humaines (ici, le lancer de nains), peut être effectuée par l'autorité de police, même en l'absence de circonstances locales, car « l'essence même de la notion de dignité de la personne humaine ne tolère pas des appréciations différentes d'une commune à une autre ».

Cette composante nouvelle de l'ordre public a donné lieu à une ordonnance de référé controversée rendue le 9 janvier 2014. Le Conseil d'État, dans cette ordonnance, a considéré que le spectacle de l'humoriste Dieudonné « Le Mur », pouvait être interdit préventivement, au motif qu'il existait un risque sérieux d'atteintes graves au « respect des valeurs et principes, notamment de dignité de la personne humaine, consacrés par la Déclaration des droits de l'homme et du citoyen et par la tradition républicaine ».

En évoquant l'atteinte à la dignité de la personne humaine, il a mis en balance la liberté d'expression avec un autre principe, le respect de la dignité de la personne humaine. Le risque pris par le Conseil d'État, avec cette ordonnance est, sous couvert de dignité, d'ajouter un ordre public moral à l'ordre public matériel. Ce risque reste cependant limité. Pour preuve, l'ordonnance de référé du 6 février 2015, dans laquelle le Conseil d'État s'est de nouveau prononcé sur un spectacle de l'humoriste Dieudonné, lui donnant cette fois raison[10]. Il est vrai que le contexte était différent. Un spectacle avait été interdit. Le Conseil d'État a considéré que l'arrêté d'interdiction « portait une atteinte grave et manifestement illégale à la liberté d'expression et à la liberté de réunion. La sauvegarde de l'ordre public pouvait être assurée par d'autres mesures que l'interdiction du spectacle » (v. « Pour aller plus loin », p. 148).

2. LES AUTORITÉS DE POLICE

Il existe deux catégories de polices administratives : la police administrative générale et la police administrative spéciale. Les deux polices ont des caractéristiques identiques : elles sont préventives et elles sont exercées par des autorités administratives. Mais contrairement à la police générale, dont l'objet est très large, la police administrative spéciale à

8. CE, 26 juill. 1985, Ville d'Aix-en-Provence : Lebon, p. 236.
9. CE, ass., 27 oct. 1995, Commune de Morsang-sur-Orge : Lebon, p. 372, GAJA.
10. CE, 6 févr. 2015, Commune de Cournon d'Auvergne.

un objet strictement délimité par les textes. D'où la distinction entre autorités de police générale et spéciale. D'où également la question de la concurrence entre les différentes autorités de police.

A - Les autorités de police générale

Les autorités de police générale sont au nombre de trois : le Premier ministre, le préfet et le maire. Soit une autorité au niveau national et deux autorités au niveau local. C'est peu. Cela explique l'importance de ces trois autorités dans l'organisation administrative.

1) Au niveau national

La solution adoptée sous les IIIe et IVe Républiques permet de comprendre la solution actuelle.

a) Sous les IIIe et IVe Républiques

Le pouvoir de police administrative générale a été dévolu, sous la IIIe République, par l'arrêt *Labonne*[11], au président de la République. Aux termes de cet arrêt, le chef de l'État peut, « en dehors de toute délégation législative et en vertu de ses pouvoirs propres, prendre les règlements de police applicables à l'ensemble du territoire national ». C'est cette solution qui permit notamment de donner une base légale au règlement de 1899[12] par lequel le chef de l'État Émile Loubet édicta, en dehors de toute loi l'y habilitant, le premier Code de la route.

b) Sous la Ve République

La jurisprudence *Labonne* a été maintenue sous la Ve République. À une réserve près et non des moindres : aux termes de l'article 21 de la Constitution, c'est désormais le Premier ministre qui détient le pouvoir de police générale. Cette solution est parfaitement conforme à l'esprit de l'arrêt *Labonne*. Le but de cette jurisprudence était d'attribuer le pouvoir de police général au chef du Gouvernement. Or, sous la IIIe République, c'était le chef de l'État. Sous la Ve République, le chef du Gouvernement est le Premier ministre.

Le chef de l'État ne dispose plus désormais des pouvoirs de police qu'en période de mise en œuvre de l'article 16. En dehors de ce cas, il ne participe à l'exercice de la police générale que lorsque celui-ci se matérialise par des décrets délibérés en Conseil des ministres, actes dont il est juridiquement l'auteur.

Les ministres, en revanche, ne disposent d'aucun pouvoir de police générale. Cette situation peut paraître contradictoire. En effet, le ministre de l'Intérieur est le supérieur hiérarchique des personnels mettant en œuvre le pouvoir de police.

11. CE, 8 août 1919, Labonne : Lebon, p. 737, GAJA.
12. D. 10 mars 1899, réglementant la circulation des automobiles en France.

2) *Au niveau local*

Au niveau local, le pouvoir de police est partagé entre le préfet et le maire.

a) Le préfet

Le préfet est, en tant que représentant de l'État dans le département, l'autorité de police générale dans l'espace géographique de son département. En matière de police administrative, il dirige l'action des services de la gendarmerie et de la police nationale.

b) Le maire

Le maire agit au nom de l'État lorsqu'il assure l'exécution des mesures de sûreté générale. Il est chargé de l'ensemble de la police municipale. Il s'agit d'un pouvoir propre qu'il exerce sans intervention du conseil municipal. Il peut, par exemple, interdire les réunions susceptibles de troubler l'ordre public[13]. En cas de carence du maire, le préfet, dans le cadre de son pouvoir de substitution d'action, peut se substituer au maire après une mise en demeure restée sans résultat, et prendre au nom de la commune, les mesures de police nécessaires pour préserver l'ordre public.

Dans les communes bénéficiant d'une police d'État (principalement les communes de plus de 20 000 habitants), le pouvoir de police des maires est légèrement diminué. Une partie des missions de police administrative qui relèvent du domaine de la tranquillité publique est transférée au préfet. Tel est notamment le cas de la police des manifestations et rassemblement occasionnels, des tumultes dans les lieux publics et du tapage nocturne (CGCT, art. L. 2214-4). Cette répartition des compétences se fonde sur l'idée que les troubles ordinaires de la tranquillité publique relèvent du maire, alors que les troubles extraordinaires du préfet.

À Paris, le maire ne dispose que de pouvoirs très limités en matière de police : police des foires et des marchés, salubrité des voies publiques. Les autres pouvoirs appartiennent au préfet de police.

Les progrès de l'intercommunalité se traduisent par une remise en cause des prérogatives de police générales et spéciales du maire au profit, essentiellement, du président des EPCI à fiscalité propre. À partir du moment où l'exercice des compétences dévolues aux structures communales suppose la détention du pouvoir de police, il est logique que la police suive la compétence.

B - Les autorités de polices spéciales

Les polices spéciales concernent le plus souvent des domaines techniques. Le contrôle requiert par conséquent des compétences très spécifiques dont ne disposent pas nécessairement les autorités de polices générales. Cela explique que les autorités de polices spéciales se distinguent par leur objet et par leur domaine.

13. CE, 19 mai 1933, Benjamin : Lebon, p. 541, GAJA.

1) L'objet des polices spéciales

Les polices spéciales reposent toujours sur un texte exprès de niveau législatif (sauf exception). Il s'agit, là où la police générale ne paraît pas remplir, à elle seule, la fonction de sauvegarde de l'ordre public, de modifier les conditions de l'intervention des autorités publiques. Leur objet est extrêmement varié. Il peut porter sur la sécurité en matière nucléaire (L. 13 juin 2006, relative à la transparence et à la sécurité en matière nucléaire), ou la salubrité (police des eaux destinées à l'alimentation humaine : CSP, art. L. 1321-1 et s.).

2) Le domaine de polices spéciales

Beaucoup d'autorités de police spéciales sont simultanément des autorités de police générale. Elles cumulent les deux qualités ainsi que les pouvoirs afférents. Les ministres sont les principales autorités de police spéciale. Ils sont investis par des textes particuliers dans des domaines très variés. Ainsi :

- c'est le ministre de la Culture qui est chargé de la police du cinéma ;
- le ministre de l'Intérieur, de la police des étrangers, de la police des publications destinées à la jeunesse ;
- le ministre des Transports, de la police de la navigation aérienne.

Au niveau départemental, le préfet exerce de nombreuses polices spéciales : chasse, pêche, mines, carrières, cours d'eau... Le maire, au nom de la commune ou de l'État, délivre le permis de construire.

C - La concurrence entre les autorités de police

Le nombre élevé d'autorités de polices, l'identité entre les autorités qui exercent les polices administratives générales et spéciales, conduit à un certain enchevêtrement des pouvoirs de police. Trois types de solutions doivent être envisagés pour démêler cet écheveau.

1) La concurrence entre autorités de police générale

La solution est simple : une autorité inférieure n'a pas le droit de prendre une mesure moins rigoureuse que celle édictée par une autorité supérieure. Elle peut en revanche, prendre une mesure plus rigoureuse si les circonstances locales la justifient. Le rapport entre les deux pouvoirs de police est donc réglé par le principe hiérarchique.

Ce principe a été posé par l'arrêt *Commune de Néris-les-Bains* de 1902[14]. Il a ensuite été confirmé par l'arrêt *Labonne* de 1919[15]. L'exemple le plus simple peut être emprunté à la réglementation de la circulation automobile. Le Premier ministre fixe une vitesse maximum pour traverser les agglomérations à 50 km/h. Un maire, en tenant compte des circonstances locales, peut abaisser cette vitesse à 40 km/h. Il lui est donc possible de prendre une mesure plus rigoureuse. En revanche, il lui est interdit de relever la limitation de vitesse à 60 km/h.

14. CE, 18 avril 1902, Commune de Néris les Bains : Lebon, p. 275, GAJA.
15. CE, 8 août 1919, Labonne : Lebon, p. 737, GAJA.

Deux conditions sont donc nécessaires pour qu'une autorité de police générale territorialement inférieure puisse adopter une décision, lorsqu'une autorité supérieure est déjà intervenue :
- qu'elle aggrave la mesure nationale ;
- que des circonstances particulières de temps et de lieu le justifient.

2) La concurrence entre autorité de police générale et spéciale

Lorsque les deux polices poursuivent des buts différents, l'existence de la police spéciale n'empêche par l'exercice de la police générale. Elles ont chacune des objectifs distincts. Elles sont par conséquent complémentaires plus qu'elles ne sont concurrentes. Si au contraire, les deux autorités de police ont les mêmes finalités, le principe d'exclusivité joue : la police spéciale l'emporte sur la police générale.

3) La concurrence entre autorités de police spéciales

Ce cas est plus rare. Lorsqu'il y est confronté, le juge veille au respect par chaque autorité de ses compétences propres. En tout état de cause, les textes veillent à éviter ce type de concurrence. Si l'hypothèse se présente, le principe d'indépendance des législations joue. Chaque autorité de police prend les décisions qui relèvent de sa compétence sans avoir à tenir compte des actes des autres autorités.

3. L'EXERCICE DU POUVOIR DE POLICE

Le pouvoir confié aux autorités de police l'a été pour garantir l'ordre public. Il est normal dans ces conditions que son exercice soit soumis à des conditions strictes. Deux conditions caractérisent les mesures de police : elles doivent être proportionnelles et elles sont obligatoires.

A - La proportionnalité des mesures de police

Une mesure de police doit être adaptée aux circonstances. L'autorité de police ne doit pas en faire plus que ce qu'exigent les circonstances. Elle ne doit pas en faire moins. Dans les deux cas, la mesure sera illégale. Cette proportionnalité de la mesure est une conséquence du principe libéral selon lequel tout ce qui n'est pas interdit est autorisé. D'un côté il y a l'ordre, de l'autre la liberté. Aux autorités de police de concilier les deux en recherchant le point d'équilibre qui permet de les concilier.

L'arrêt *Benjamin*[16] illustre ce principe. Un conférencier catholique souhaitait tenir une conférence. Les instituteurs laïcs avaient fait part de leur intention de s'y opposer par tous les moyens. Devant les risques de troubles à l'ordre public, le maire décida d'interdire la conférence. La décision fut annulée par le Conseil d'État au motif que « l'éventualité des troubles allégués par le maire [...] ne présentait pas un degré de gravité tel qu'il n'ait pu, sans interdire la conférence, maintenir l'ordre en édictant les

16. CE, 19 mai 1933, Benjamin : Lebon, p. 541.

mesures de police qu'il lui appartenait de prendre ». Autrement dit, le maire aurait dû demander au préfet des forces de police supplémentaire pour dissuader les opposants.

Une liberté fondamentale, la liberté d'expression, aurait ainsi pu être préservée. Plus concrètement, cela signifie que les interdictions générales et absolues seront rarement admises par le juge.

B - L'obligation des mesures de police

Les pouvoirs de police ne peuvent être délégués. Il s'agit d'une conséquence directe de leur caractère obligatoire.

1) L'exercice obligatoire

L'intervention de la police n'est pas, dans la majorité des cas, facultative mais obligatoire. Le Conseil d'État l'a rappelé de manière explicite dans son arrêt *Commune de Morsang-sur-Orge*[17] : « Il appartient à l'autorité de police de prendre toute mesure pour prévenir une atteinte à l'ordre public ». La carence dans l'adoption d'une mesure de police est susceptible d'entraîner la responsabilité de l'administration, à la condition que la preuve de l'existence d'une faute lourde soit apportée[18]. Les obligations de l'autorité de police ne s'épuisent pas avec l'adoption d'une mesure juridique. Elle doit en assurer effectivement l'application.

2) La délégation impossible

Le pouvoir de police ne se délègue pas. L'autorité de police doit l'exercer elle-même. Cette règle a été fixée par le Conseil d'État dans l'arrêt *Ville de Castelnaudary*[19]. La solution s'explique facilement : la puissance publique et le procédé contractuel constituent deux notions antinomiques. La puissance publique commande, tandis que le contrat implique une négociation. Cette antinomie, la spécificité du pouvoir de police ne fait que la renforcer. Les conclusions du conseiller d'État Renaud Denoix de Saint Marc sur la décision du 20 janvier 1978, *Syndicat national de l'enseignement technique agricole public* en témoignent : « Il nous paraît certain que l'autorité administrative n'a pas un choix discrétionnaire entre la voie contractuelle et la voie unilatérale. Il est, pensons-nous, des matières qui ne sont pas négociables avec les usagers ou les collaborateurs du service ; dans ces matières, l'intervention de la puissance publique ne peut se faire que par des actes unilatéraux[20] ».

Il ne faut pas en effet que les administrés puissent se prévaloir dans le domaine de la police ou dans d'autres domaines jugés sensibles, de droit contractuellement acquis à l'encontre de l'administration. Cette dernière doit au contraire demeurer libre de modifier la réglementation comme elle l'entend et au moment où elle le juge opportun. Dans ces domaines, nul ne doit pouvoir prétendre détenir un droit au maintien d'une réglementation.

17. CE, ass., 27 oct. 1995, Commune de Morsang-sur-Orge : Lebon, p. 372, GAJA.
18. CE, 26 juill. 1918, Époux Lemonnier : Lebon, p. 761.
19. CE, 17 juin 1932, Ville de Castelnaudary : Lebon, p. 595.
20. CE, 2 mars 1973, Syndicat national du commerce en gros des équipements, pièces pour véhicules et outillages : Lebon, p. 181.

Pour aller plus loin

L'affaire Dieudonné et l'ordonnance du Conseil d'État du 9 janvier 2014

1) Contre l'ordonnance du Conseil d'État

Jack Lang sur l'affaire Dieudonné : « La décision du Conseil d'État est une profonde régression », Extraits, Le Monde, 13 janvier 2014 (Agrégé de droit public, M. Lang a été professeur de droit à l'université Paris-X-Nanterre).

– Que vous inspire la décision du Conseil d'État dans l'affaire Dieudonné ?

Je suis partagé entre deux sentiments contradictoires. D'un côté, bien sûr, la satisfaction de voir Dieudonné et ses ignominies terrassés par les pouvoirs publics. Mais, de l'autre, je ressens une profonde amertume, je dirais même un goût de cendre en raison de l'atteinte partielle portée à une conception de l'État de droit par le Conseil d'État.

– Que voulez-vous dire ?

Dans cette affaire, l'émotion, la colère et la révolte contre l'infamie ont fait vaciller les meilleurs esprits. Sous prétexte que les autorités judiciaires n'étaient pas parvenues à faire rendre gorge à Dieudonné, on a voulu donner à la police administrative un pouvoir de répression morale et pénale qu'elle ne détient pas.

– Le Conseil d'État, selon vous, a-t-il outrepassé son domaine de compétence ?

L'autorité administrative doit veiller au respect de la tranquillité, de la salubrité et de la sécurité. Selon une jurisprudence qui remonte aux années 1930, elle ne peut interdire une manifestation, un spectacle ou une œuvre qu'en raison d'un trouble matériel à l'ordre public. Depuis, le juge administratif s'en est tenu strictement à cette lecture. Il s'est toujours considéré comme protecteur de la liberté d'expression, et s'est constamment opposé aux interdictions se fondant sur des raisons autres que la menace à l'ordre public.

C'est ainsi, par exemple, que l'ancien maire de Tours, le très conservateur Jean Royer, a vu plusieurs fois ses décisions invalidées par la justice administrative, celle-ci estimant que les considérations morales n'étaient pas de son ressort.

– Pour vous, l'ordre public n'était donc pas menacé par le spectacle de Dieudonné ?

Honnêtement, je ne le crois pas. Aucun élément sérieux ne donnait à penser que la menace était irrésistible. Le Conseil d'État aurait donc dû, sur ce point, donner raison au tribunal administratif de Nantes.

Plus grave encore, en évoquant l'atteinte à la dignité humaine, il a fragilisé sa décision en mettant en balance la liberté d'expression avec un autre principe, le respect de la dignité de la personne humaine, qui peut faire penser que, désormais, un ordre public moral s'ajoute à l'ordre public matériel.

– Pourquoi employez-vous le mot « fragiliser » ?

L'atteinte à l'ordre public, c'est quelque chose de matériel, on est sur un terrain balisé. L'atteinte à la dignité humaine, c'est une notion beaucoup plus floue : on navigue ici dans des eaux plus incertaines où s'entremêlent des considérations philosophiques et politiques beaucoup plus que juridiques. [...]

– Qu'est-ce qui, au fond, vous choque dans cette ordonnance ?

Deux choses majeures. D'abord, la confusion entre deux ordres juridictionnels, l'ordre administratif et l'ordre judiciaire. Par exemple, le principe constitutionnel de dignité ne regarde en rien la police administrative. Sa protection relève du juge judiciaire, du législateur et éventuellement du Conseil constitutionnel.

La seconde chose qui me choque, c'est que cette ordonnance marque un retournement de jurisprudence. Par rapport à l'histoire du Conseil d'État qui a toujours été un gardien vigilant des libertés, c'est un vrai bouleversement, une profonde régression qui tend à instaurer une sorte de régime préventif, voire de censure morale préalable à la liberté d'expression. La boîte de Pandore aux dérives et aux abus est ouverte. [...]

2) Pour l'ordonnance du Conseil d'État

Jean-Marc Sauvé, « Affaire Dieudonné : le Conseil d'État réplique aux critiques », *Le Monde*, 11 janvier 2014. Après les deux ordonnances confirmant l'interdiction des spectacles de Dieudonné à Nantes et Tours, le vice-président du Conseil d'État, Jean-Marc Sauvé, répond aux critiques sur la limitation de la liberté d'expression.

– Le fait d'interdire un spectacle ne constitue-t-il pas une atteinte inédite à la liberté d'expression ?

Le Conseil d'État s'est prononcé en considération de sa jurisprudence, notamment les arrêts « commune de Morsang-sur-Orge » et « Benjamin », qui ont respectivement 18 et 81 ans d'âge. Il a, avec ce spectacle, été confronté à une situation inédite d'articulation entre la liberté d'expression et ses limites nécessaires dans une société démocratique. Vous me permettrez de ne pas en dire davantage, car si M. M'bala M'bala demande au fond l'annulation des interdictions de son spectacle, je suis susceptible de siéger en cas de pourvoi en cassation, après examen collégial par le tribunal puis la cour administrative d'appel.

– Qu'entendez-vous par « situation inédite » ?

Le Conseil d'État n'a jamais été confronté à des dossiers dont les caractéristiques étaient analogues à celles du spectacle qui a justifié les mesures d'interdiction. En particulier, c'est la première fois que se pose la question de savoir comment prévenir des provocations répétées à la haine et à la discrimination raciale et des propos portant atteinte à la dignité humaine [...]

– Quelle est la portée jurisprudentielle de ces décisions ?

Elles sont de nature à éclairer les juges des référés des tribunaux administratifs, pour autant que les circonstances soumises à ces juges soient identiques ou très semblables. Elles concernent un spectacle, tel qu'il a été conçu et précédemment interprété, ainsi que des circonstances locales déterminées.

– Avez-vous conscience du trouble qu'ont engendré ces décisions du Conseil d'État, la plus haute juridiction administrative traditionnellement attachée à la défense des libertés ?

Le juge n'est pas dans une tour d'ivoire. Mais il exerce son office en droit et en toute impartialité. Dans ces affaires, il s'est situé dans la continuité de sa jurisprudence, qui est protectrice des libertés, mais qui a aussi intégré la dignité humaine comme composante de l'ordre public. Lorsqu'il se prononce, il le fait aussi au regard de la convention européenne des droits de l'homme, dont les articles 10 et 11 assortissent les libertés d'expression et de réunion de restrictions nécessaires et proportionnées.

– La « cohésion nationale », visée par la première ordonnance, fait-elle partie de la jurisprudence classique du Conseil ?

Cette notion fait écho aux valeurs et principes essentiels de notre société, sans lesquels le lien social serait rompu.

– Que répondez-vous aux critiques qui assurent que le Conseil d'État est une institution politique ?

Cela est parfaitement injustifié et ne rend compte en aucune manière de la réalité du travail du Conseil et de l'éthique de ses membres, qui constituent une référence en Europe. On ne peut approuver une décision du juge lorsqu'elle vous est favorable, et la stigmatiser pour de prétendues raisons politiques lorsqu'elle est défavorable.

BIBLIOGRAPHIE

ALLAND (D.) et RIALS (S.), « Police » in *Dictionnaire de la culture juridique*, 2003, PUF, p. 1163.

DEBOVE (F.), *100 Questions sur la sécurité intérieure. Concours police, gendarmerie*, 2e éd., 2017, Sirey.

DUPIC (E.), *Droit de la sécurité intérieure*, 2014, Gualino-Lextenso.

LEBRETON (G.), « Le juge administratif face à l'ordre moral », in *Mélanges Peiser*, 1995, PU de Grenoble, p. 363.

LELEU (T.) (coordonné par), « Colloque, Les vingt ans de l'arrêt Commune de Morsang-sur-Orge », RFDA 2015, n° 5, p. 869-896 et n° 6, p. 1075-1100.

MOREAU (J.), « Police administrative et police judiciaire, Recherche d'un critère de distinction », AJDA 1963, p. 68. – « De l'interdiction faite à une autorité de police d'utiliser une technique d'ordre contractuel », AJDA 1965, p. 3.

PRÉTOT (X.) et ZACHARIE (C.), *La police administrative*, LGDJ-Lextenso, Systèmes, 1re éd., 2018.

VAUTROT-SCHWARZ (C.) (dir.), *La police administrative*, 2014, PUF, Thémis.

PARTIE 4

Les moyens juridiques de l'action administrative

L'administration, pour remplir sa mission, peut recourir à deux actes juridiques différents. Le premier de ces actes, le contrat, est fondé sur l'accord des parties. À la base du contrat, il y a l'autonomie de la volonté. C'est parce que les parties ont accepté de s'engager que le contrat produit un effet de droit entre elles. Cela ne signifie pas pour autant que les parties sont sur un pied d'égalité. Si le contrat est administratif, des clauses exorbitantes du droit commun peuvent y être insérées afin de permettre à l'administration de remplir sa mission d'intérêt général.

Le second moyen est l'acte administratif unilatéral. L'administration, plutôt que de négocier, agit unilatéralement, toujours en vue de l'intérêt général. Ces actes, à la différence des contrats, s'imposent sans le consentement de ceux à qui ils sont destinés.

La tendance est aujourd'hui à une utilisation croissante du contrat. L'État négocie plus qu'il ne commande. L'acte administratif unilatéral reste cependant un procédé usuel d'administration.

CHAPITRE 10

Le contrat administratif

L'administration, plutôt que de recourir au procédé unilatéral – l'acte administratif –, peut préférer un procédé négocié : le contrat. L'article 1101 du Code civil définit le contrat comme « une convention par laquelle une ou plusieurs personnes s'obligent, envers une ou plusieurs autres à donner, à faire ou ne pas faire quelque chose ». Pour l'administration, l'intérêt du contrat réside dans sa souplesse qui lui permet de conclure des conventions dans les domaines les plus variés. L'administration, ne saurait toutefois par le contrat, se lier dans des termes qui l'empêchent d'accomplir sa mission d'intérêt général. Cela explique que le régime des contrats administratifs soit distinct de celui des contrats de droit privé. Ces différences apparaissent aussi bien au stade de l'identification des contrats administratifs que de leur exécution.

1• L'IDENTIFICATION DES CONTRATS ADMINISTRATIFS

Les contrats sont administratifs, soit par détermination de la loi, soit par détermination de la jurisprudence. Au regard de ces textes, les contrats soumis au droit administratif sont nombreux. D'où l'intérêt de présenter les différentes catégories de contrats utilisés par l'administration.

A - L'identification législative des contrats administratifs

Certains contrats conclus par l'administration, en vertu de la loi, sont toujours considérés comme des contrats administratifs. La loi du 28 pluviôse an VIII attribue ainsi le contentieux des contrats de vente d'immeubles du domaine privé de l'État aux juridictions administratives. Le but recherché est de rassurer les acquéreurs de biens confisqués pendant la Révolution (les biens nationaux), le juge administratif, contrairement au juge judiciaire, étant présumé peu favorable aux anciens propriétaires. Cette loi est strictement interprétée : il s'agit de la vente et non de l'achat ou de l'échange.

Plus récemment, aux termes de l'article 2 de la loi du 11 décembre 2001, « les marchés passés en application du Code des marchés publics ont le caractère de contrats administratifs »[1]. Le législateur a entendu, par cette loi, mettre un terme à la catégorie des marchés publics de droit privé. Il s'agissait de contrats passés selon les dispositions du Code des marchés publics mais considérés comme des contrats de droit privé par le

1. L. n° 2001-168,11 déc. 2001.

Tribunal des conflits. Enfin, les contrats comportant occupation du domaine public, passés par les personnes publiques ou leurs concessionnaires (personnes privées délégataires de services publics) sont administratifs alors même qu'ils sont passés entre deux personnes privées. De même, l'ordonnance du 17 juin 2004[2] instituant les contrats de partenariat, a spécifié qu'il s'agissait de contrats administratifs.

B - L'identification jurisprudentielle des contrats administratifs

Lorsque la loi ne donne aucune indication sur la nature du contrat, ce qui est le cas le plus fréquent, le juge administratif utilise deux critères afin de déterminer si un contrat est administratif. L'un organique, l'autre matériel.

1) Le critère organique du contrat administratif

Un contrat est considéré comme administratif lorsqu'au moins une personne publique est partie au contrat. À ce principe, il existe des exceptions.

a) Le principe : la présence d'une personne publique

Le critère organique, appliqué de manière rigoureuse, résulte d'une jurisprudence constante. Le Tribunal des conflits a ainsi décidé en 1968 que le contrat conclu entre deux personnes privées est un contrat de droit commun bien qu'il ait pour objet l'exécution du service public administratif de régulation des marchés agricoles dont l'une d'elles était chargée[3]. Cela signifie que les contrats passés par des sociétés d'État, des sociétés d'économie mixte, ou des personnes privées gérant un service public sont des contrats de droit privé à partir du moment où ils sont conclus avec d'autres personnes privées. La question de savoir s'ils contiennent des clauses exorbitantes du droit commun ou qu'ils sont passés en vue de l'exécution d'un service public est en principe, sans incidences.

b) L'exception : le contrat entre deux personnes privées

Un contrat conclu entre deux personnes privées ne peut être administratif. À ce principe, il existe au moins une exception.

Dans un contrat où les parties sont toutes des personnes privées, si l'une d'entre elles est mandataire d'une personne publique, le contrat pourra être administratif. Défini par le Code civil (art. 1984), le mandat est « un acte par lequel une personne donne à une autre le pouvoir de faire quelque chose pour le mandant en son nom ». La solution s'explique facilement : la personne privée est considérée comme n'agissant pas en son nom propre mais au nom d'une personne publique[4].

La seconde exception, relative à la construction des routes, a disparu en 2015. Depuis 1963, la jurisprudence considérait que « la construction de routes [...] appartenait par nature à l'État »[5]. Tous les contrats relatifs à la construction de routes étaient

2. Ord. n° 2004-559, 17 juin 2004.
3. T. confl., 3 mars 1969, Soc. Interlait : Lebon, p. 682.
4. CE, sect., 30 mai 1975, Société d'équipement de la région montpelliéraine : Lebon, p. 326.
5. T. confl., 8 juill. 1963, Soc. Entreprise Peyrot : Lebon, p. 787, GAJA.

administratifs, même s'ils étaient conclus par des personnes privées. Aux termes de la décision Rispal du Tribunal des conflits, les contrats conclus entre une société concessionnaire d'autoroutes (ou de routes) et une personne privée relèvent désormais de la compétence du juge judiciaire[6].

2) *Le critère matériel du contrat administratif*

Il est réalisé soit lorsqu'il existe un lien entre le contrat et l'exécution du service public, soit lorsque le contrat comporte une clause caractérisant un rapport de droit public.

a) L'exécution du service public

Deux situations doivent être distinguées. Dans la première, le cocontractant de l'administration prend en charge le service public. Dans la seconde au contraire, le contrat devient un moyen pour la personne publique d'exécuter sa mission de service public.

Un contrat est administratif lorsqu'il a pour objet de faire participer le cocontractant de l'administration à l'exécution même d'un service public. Il peut s'agir de l'exécution de la totalité du service public ou d'une partie seulement. De même, il peut s'agir aussi bien d'un SPA que d'un SPIC. Ce critère de la participation au service public a été consacré dans la décision du Conseil d'État du 20 avril 1956, *Époux Bertin*[7]. Il s'agissait d'un contrat verbal, passé par l'administration avec les époux Bertin en vue d'assurer la nourriture de réfugiés soviétiques. Un litige opposa les époux Bertin à l'administration. L'application des critères classiques aurait dû aboutir à qualifier le contrat comme étant de droit privé. Si l'une des parties était bien une personne publique, la clause exorbitante du droit commun faisait défaut. Mais les Époux Bertin participant à un service public, le contrat devient administratif.

Le contrat peut également être pour l'administration un moyen de remplir sa mission de service public. Dans cette seconde situation, c'est l'administration elle-même qui, en passant le contrat, exécute le service public. Cette modalité du critère de l'exécution du service public a été dégagée par l'arrêt *Grimouard*[8] rendu le même jour que l'arrêt *Époux Bertin*. Il s'agissait d'un contrat d'opération de reboisement effectué par l'État sur des terrains privés, après contrat conclu avec les propriétaires.

b) La clause caractérisant un rapport de droit public

Jusqu'en 2014, la clause exigée par l'arrêt *Société des granits porphyroïdes des Vosges*[9], pour qu'un contrat soit administratif, même si rien ne le reliait à l'exécution du service public, était une clause exorbitante du droit commun. En 2014, le Tribunal des conflits, dans sa décision *SA AXA France*[10], a fait évoluer le critère en exigeant une clause caractérisant un rapport de droit public. Deux conditions doivent être réunies pour que ce rapport existe : la mise en œuvre de prérogatives de puissance publique et l'existence d'un but d'intérêt général.

6. T. confl., 9 mars 2015, Mme Rispal c/Société Autoroutes du Sud de la France : Lebon, p. 499.
7. CE, 20 avril 1956, Époux Bertin : Lebon, p. 167.
8. CE, 20 avril 1956, Ministre de l'Agriculture c/Consorts Grimouard : Lebon, p. 167, GAJA.
9. CE, 31 juill. 1912, Société des granits porhyroïdes des Vosges : Lebon, p. 909, GAJA.
10. T. confl., 13 oct. 2014, SA AXA France IARD : Lebon, p. 471.

1. La mise en œuvre de prérogatives de puissance publique

Les clauses qui mettent en œuvre des prérogatives de puissance publique sont celles qui instituent un rapport fortement inégalitaire au profit de la personne publique. Soit, elles confèrent à la personne publique des prérogatives ou des avantages exorbitants, soit elles imposent à son cocontractant des obligations ou des sujétions exorbitantes. Il s'agit par exemple des clauses qui confèrent un pouvoir de direction, de contrôle ou de sanction, ou des clauses qui permettent de modifier ou de mettre un terme au contrat de manière quasi discrétionnaire.

Ces clauses sont exorbitantes du droit commun au sens où dans les relations de droit privé elles sont inhabituelles, voire impossibles. Selon les termes du juge administratif, ces clauses ont pour effet « de conférer aux parties des droits, ou de mettre à leur charge des obligations, étrangers par leur nature à ceux qui sont librement consentis par quiconque dans le cadre des lois civiles et commerciales »[11].

2. L'existence d'un but d'intérêt général

Pour qu'une clause mettant en œuvre une prérogative de puissance publique emporte la qualité de contrat administratif, encore faut-il qu'elle ait été insérée dans le contrat dans un but d'intérêt général. Ainsi, parmi les clauses inégalitaires, seules révèlent l'existence d'un rapport de droit public celles qui ont été insérées dans un but d'intérêt général. Ce but d'intérêt général est le même que celui qui est exigé par le juge administratif pour la mise en œuvre, par la personne publique, de son pouvoir de modification unilatérale et de celui de résiliation unilatérale du contrat administratif[12].

C - Les catégories de contrats de l'administration

Les contrats à la disposition des personnes publiques sont multiples et variés. Certains sont relatifs à la commande publique, d'autres aux prestations de service. Certains sont anciens – le marché public et la délégation de service public –, d'autres sont plus récents : le contrat de partenariat. Enfin, toujours pour répondre aux besoins de l'administration, il existe encore d'autres catégories de contrats.

1) Le marché public

Le marché public est défini par l'ordonnance du 23 juillet 2015 relative aux marchés publics. Il s'agit d'un contrat par lequel une personne publique se procure des prestations nécessaires à son fonctionnement, moyennant le versement d'un prix. Ces contrats, régis par le Code des marchés publics, concernent trois domaines : le marché de fourniture (achat de différents produits, etc.), les marchés de travaux publics (bâtiments administratifs, entretien des routes, etc.), et les marchés de services (informatique, distribution d'eau, etc.).

11. CE, 15 févr. 1935, Société française de constructions mécaniques : Lebon, p. 704.
12. CE, ass., 2 févr. 1987, Société TV 6 : Lebon, p. 29.

2) *La délégation de service public*

La délégation de service public est un contrat par lequel la personne publique confie la gestion d'un service public dont elle a la responsabilité à une autre personne qui est le plus souvent une personne privée. La rémunération du délégataire est substantiellement liée aux résultats de l'exploitation.

Apparue avec la loi du 29 janvier 1993 relative à la prévention de la corruption et à la transparence de la vie économique, la délégation de service public résulte d'une triple préoccupation :

- mettre le droit français en conformité avec le droit de l'Union européenne ;
- lutter contre la corruption apparue avec la décentralisation ;
- moderniser la participation du secteur privé à la gestion du secteur public.

L'une des particularités de la délégation est de soumettre l'attribution contractuelle d'un service public à la concurrence.

3) *Le contrat de partenariat*

Le contrat de partenariat, autrement appelé PPP (partenariat public privé), institué par l'ordonnance du 17 juin 2004, présente l'intérêt essentiel de permettre à la personne publique de dépasser le cadre classique des marchés publics et des conventions de délégations de service public. Il s'agit d'un contrat administratif par lequel la personne publique confie à une entreprise, ou à un groupement d'entreprises, une mission globale susceptible de comprendre des opérations très variées : financement, conception, entretien, transformation, exploitation et entretien d'équipements publics.

La personne publique, au lieu de payer intégralement le prix de l'ouvrage dès son achèvement, comme dans un marché de travaux, verse au partenaire privé une rémunération qui s'étend sur toute la durée du contrat. Cette rémunération couvre aussi bien le fonctionnement, l'équipement et la construction du bien public. Ce type de contrat a été utilisé par exemple pour la construction et la maintenance de prisons ou de bâtiments scolaires. C'est dans le cadre d'un PPP qu'a été construit à Balard (Paris), le nouveau ministère de la Défense, autrement appelé le « Pentagone à la française », dans lequel sont réunis les états-majors des trois armées (terre, air, mer).

4) *Les autres catégories de contrats administratifs*

Il existe encore une multitude de contrats administratifs. On peut citer d'abord les contrats prévoyant les conditions dans lesquelles le domaine public peut faire l'objet d'une occupation privative. Ce sera le cas pour une terrasse de café par exemple. Il pourra encore s'agir de contrats conclus entre des personnes publiques. Celles-ci peuvent conclure entre elles des contrats qui portent sur la fourniture de prestations, aussi bien dans le cadre d'une délégation de service public que dans le cadre d'un marché public. Rien n'interdit aux personnes publiques de candidater pour de tels contrats, dès lors qu'elles le font dans des conditions d'égale concurrence avec les autres opérateurs. Il existe encore bien d'autres types de contrats. Pour ne citer qu'un dernier exemple, assez originale au demeurant, il s'agit des contrats de plan État-région. Ils permettent, dans le cadre d'une politique de partenariat, de coordonner les différentes politiques publiques, sans intervention unilatérale de la part de l'État.

2. LE RÉGIME DU CONTRAT ADMINISTRATIF

Le régime des contrats administratifs fait apparaître des différences essentielles avec les contrats de droit privé. Le fondement de ces différences est connu : les contrats de droit administratif participent à l'intérêt général. Les spécificités de ce régime se retrouvent dans la formation des contrats administratifs et dans leur exécution.

A - La formation du contrat

Le droit privé est assez peu formaliste sur la formation du contrat et son contenu. Ce qui importe avant tout est que le principe de l'autonomie de la volonté soit respecté. Ce principe existe également en droit administratif. Il rencontre cependant des limites qui ont notamment pour but d'assurer que les cocontractants de l'administration soient traités équitablement. D'où les règles spécifiques qui régissent les différents stades de l'opération contractuelle : règles relatives à la compétence, au choix du cocontractant et enfin, au contentieux de la passation des contrats. Autant de règles dont le principe de liberté contractuelle constitue le préalable.

1) Le principe de la liberté contractuelle

La valeur juridique du principe de liberté contractuelle des contrats administratifs est incertaine. Pendant longtemps, le Conseil constitutionnel a refusé de faire de la liberté contractuelle un principe constitutionnel. Ses décisions du 19 décembre 2000[13] puis du 13 janvier 2003[14] marquent cependant un tournant. Le Conseil constitutionnel fonde en effet le principe de liberté contractuelle sur l'article 4 de la déclaration des droits de l'homme aux termes duquel « la liberté consiste à pouvoir faire tout ce qui ne nuit pas à autrui [...] ». Le contenu de cette liberté contractuelle demeure cependant ambigu. Seule la liberté contractuelle des personnes privées est réellement constitutionnalisée. Cela signifie que la loi et le décret peuvent restreindre la liberté des parties à un contrat administratif sans contrevenir à la constitution. La liberté contractuelle des personnes publiques est ainsi limitée. Il est des domaines dans lesquels elles ne peuvent contracter, notamment en matière de police.

2) La compétence

Les règles de compétences en matière de signature de contrats administratifs sont d'ordre public. Cela signifie que l'incompétence de l'auteur de l'acte entache la signature du contrat d'une nullité d'ordre public.

Au niveau de l'État, le ministre ou les personnes qui ont sa délégation signent les contrats de l'État.

À l'échelon déconcentré, sauf si un texte donne compétence au ministre, le préfet de département est compétent.

---

13. 19 déc. 2000, n° 2000-437 DC, Financement de la sécurité sociale pour 2001.
14. 13 janv. 2003, n° 2002-465 DC, Loi relative aux salaires, au temps de travail et au développement de l'emploi.

Au niveau des collectivités territoriales, la conclusion du contrat est autorisée par l'assemblée délibérante.

Le contrat, une fois la délibération transmise au préfet, est signé par l'exécutif de cette assemblée. Afin d'écarter tout risque de favoritisme, des mesures empêchent les conseillers municipaux intéressés de prendre part aux délibérations relatives à des contrats où ils seraient partis.

Pour les établissements publics, la compétence appartient, en fonction de leurs textes constitutifs, soit au seul exécutif, (le directeur), soit au conseil d'administration, ou au deux.

3) Le choix du cocontractant

Traditionnellement, la liberté de choix du cocontractant variait en fonction du contrat : pour les marchés publics elle était restreinte, pour les délégations de service public elle était la règle. Cette distinction demeure, même si elle s'est atténuée sous l'emprise du droit communautaire. Les règles de transparence, de publicité et de mise en concurrence, le principe de non-discrimination pour la passation de certains contrats administratifs, ont été renforcées par la loi du 29 janvier 1993 relative à la prévention de la corruption et à la transparence de la vie économique et des procédures publiques. La liberté contractuelle s'en est trouvée d'autant plus limitée.

Pour les marchés publics, il n'existe pas réellement de liberté de choix du cocontractant, tant celle-ci est encadrée. La règle la plus répandue est celle du mieux-disant : la personne publique retient en principe parmi les offres des candidats au marché celle qui est « économiquement la plus avantageuse » (CMP, art. 35). Elle le fait à partir de nombreux critères objectifs préalablement portés à la connaissance des candidats. Pour les autres contrats (délégation de service public, contrats relatifs à des biens, etc.), l'administration dispose d'une liberté de choisir son cocontractant bien plus grande, ces contrats n'étant pas soumis au Code des marchés publics. Dans le cas des contrats de délégation de service public, cette liberté de choix est cependant limitée par les obligations de publicité et de concurrence dont le respect leur est imposé par la loi du 29 janvier 1993.

B - L'exécution du contrat

Dans l'exécution du contrat, le déséquilibre en matière de droits et d'obligations joue en faveur de l'administration. L'explication de cette inégalité est connue : l'administration a en charge l'intérêt général. Les prérogatives de l'administration pour assurer l'intérêt général rencontrent cependant une limite : les droits du cocontractant.

1) Les prérogatives de l'administration

Les prérogatives de l'administration ont une particularité : elles jouent, même en l'absence de stipulation dans le contrat. La personne publique les détient dans tous les cas, en vertu de règles générales applicables aux contrats administratifs, afin d'assurer en toutes circonstances la protection de l'intérêt général. Quatre de ces prérogatives sont particulièrement importantes : le pouvoir de direction et de contrôle, de modification unilatérale, de sanction et enfin, de résiliation unilatérale.

a) *Le pouvoir de direction et de contrôle*

Afin de s'assurer de la bonne exécution du contrat, l'administration a toujours le droit de contrôler l'activité de son cocontractant[15]. Il s'agit d'une contrepartie de la mission d'intérêt général dont le cocontractant a la charge. Le pouvoir de direction et de contrôle confère également à l'administration le pouvoir d'imposer au cocontractant, par des « ordres de service » écrits, l'ordre des opérations ou l'emploi de certains procédés de réalisation des prestations.

b) *Le pouvoir de modification unilatérale*

Ce pouvoir a été consacré dans l'arrêt *Compagnie générale française des tramways*[16]. Le Conseil d'État a admis qu'un préfet pouvait imposer à un concessionnaire de tramways d'augmenter le nombre de rames en service. Ce pouvoir a cependant des limites car la modification doit reposer sur des motifs d'intérêt général. Les clauses financières du contrat ne peuvent, en principe, faire l'objet de modifications. Si tel est le cas, elles doivent rester raisonnables. Si l'économie du contrat est entièrement bouleversée, le cocontractant est en droit de les refuser et de demander la résiliation du contrat.

c) *Le pouvoir de sanction*

L'administration a le pouvoir, lorsque son cocontractant commet une faute, de le sanctionner elle-même. Elle peut le faire en choisissant une sanction prévue par le contrat ou une sanction autre que celle prévue au contrat. Les sanctions sont les suivantes :

- sanctions pécuniaires (amendes) ;
- sanctions coercitives, elles visent à obtenir l'exécution du contrat (mise sous séquestre de la concession, mise en régie du marché de travaux publics, exécution par défaut du marché) ;
- résiliation unilatérale pour faute grave (sauf pour les concessions, en raison des investissements qui sont en jeu).

d) *Le pouvoir de résiliation unilatérale*

Il s'agit là du type même de la clause exorbitante du droit commun, lorsqu'elle est prévue par le contrat. La résiliation existe en tout état de cause sans texte et peut avoir lieu en dehors de toute faute contractuelle. Trois règles s'appliquent à la résiliation :

- elle peut être prononcée par voie réglementaire ;
- elle doit être fondée sur des raisons d'intérêt général[17] ;
- le cocontractant a droit à une indemnisation intégrale des pertes subies en raison de la résiliation.

2) *Les droits du cocontractant*

Les prérogatives du cocontractant sont moins importantes que celles de l'administration. Il n'est pas pour autant démuni face à l'administration. Le droit à l'équilibre financier lui

---

15. CE, 27 juill. 1932, Léonard : Lebon, p. 799.
16. CE, 21 mars 1910, Compagnie générale française des tramways : Lebon, p. 216, GAJA.
17. CE, ass., 2 mai 1958, Distillerie de Magnac-Laval : Lebon, p. 33 : pour que la résiliation soit légale il suffit qu'elle intervienne dans l'intérêt du service.

permet d'obtenir une indemnité en cas de prestation supplémentaire, de fait du prince, ou d'imprévision.

a) La rémunération des prestations supplémentaires

Le cocontractant a droit au paiement du prix fixé initialement par le contrat. Il a droit également au prix des prestations supplémentaires demandées par l'administration à son cocontractant au moyen, le plus souvent, d'ordres de service écrits. En cas de bouleversement des conditions d'exécution du contrat, deux hypothèses lui permettent d'obtenir rémunération des prestations supplémentaires :

- en premier lieu, si les conditions de la théorie des sujétions imprévues sont réunies. Il s'agit d'une situation dans laquelle l'entrepreneur rencontre, en cours d'exécution du marché de travaux, des difficultés particulières non prévues par le contrat ;
- en second lieu, des travaux non prévus par le contrat peuvent être réalisés spontanément par le cocontractant lorsqu'ils ont été jugés par ce dernier, indispensables à la réalisation de l'ouvrage, compte tenu des règles de l'art.

b) La théorie du fait du prince

L'administration contractante peut modifier unilatéralement les conditions d'exécution du contrat. Son cocontractant a alors droit à une indemnité compensatrice qui couvre en principe l'intégralité du préjudice, sur le fondement de la théorie du fait du prince[18]. Deux conditions doivent être réunies pour que puisse s'appliquer la théorie de fait du prince. Il faut, que la modification unilatérale émane de l'administration contractante et que la mesure qui a un effet aggravant, ou bien soit propre au cocontractant, ou bien porte atteinte à un élément essentiel du contrat.

c) La théorie de l'imprévision

Le cocontractant peut, en cours d'exécution du contrat, rencontrer des difficultés importantes et passagères, indépendantes aussi bien de son fait que de celui de l'administration. La théorie de l'imprévision est destinée à permettre la poursuite du contrat, en dépit de cet aléa extérieur aux parties. La théorie a été dégagée par l'arrêt du Conseil d'État de 1916, *Compagnie générale d'éclairage de Bordeaux*[19], afin d'assurer la continuité des services publics. Dans cette affaire, la Compagnie d'éclairage était concessionnaire de la distribution du gaz et de l'électricité de la ville de Bordeaux. Les tarifs avaient été établis, dans le contrat, sur la base du prix du charbon au moment de la signature. Avec la guerre de 1914, le prix du charbon augmenta. La société, après avoir demandé en vain à la ville l'autorisation de relever ses tarifs, déféra ce refus au juge du contrat.

Le Conseil d'État accepte de prendre en compte l'imprévision à ***trois conditions*** :

- les circonstances qui ont affecté l'exécution du contrat doivent ***excéder les aléas économiques et commerciaux normaux***, c'est-à-dire revêtir un caractère anormal et imprévisible ;

18. CE, 29 déc. 1905, Bardy : Lebon, p. 104.
19. CE, 30 mars 1916, Compagnie générale d'éclairage de Bordeaux : Lebon, p. 125, GAJA.

– les circonstances doivent ***être étrangères au cocontractant***. Ce dernier ne peut en effet se prévaloir de la théorie de l'imprévision s'il porte quelque responsabilité dans la situation qui l'affecte, ou même s'il n'a pas fait tout ce qui était en son pouvoir pour éviter cette situation ;
– ces circonstances doivent ***entraîner un véritable bouleversement du contrat***.

Si ces trois conditions sont reconnues par le juge, l'administration devra verser à son cocontractant une indemnité d'imprévision.

C - Le contentieux du contrat

En cas de contentieux, les recours varient selon qu'ils sont le fait de concurrents évincés, de tiers, ou de parties au contrat.

1) Les recours ouverts aux concurrents évincés

a) Le référé précontractuel

Afin d'assurer le respect des procédures de publicité et de mise en concurrence, censées garantir la transparence du choix du cocontractant, la loi du 29 janvier 1993 a institué le ***référé précontractuel***[20]. Ce référé permet à toute personne ayant vocation à conclure un contrat de saisir le juge administratif de tout manquement aux obligations de publicité ou de transparence.

Dans l'affaire du *Musée Rodin*[21], une délégation de service public avait été passée afin d'exploiter une cafétéria dans le jardin du musée. Or, le musée n'avait pas respecté ses obligations de publicité et de concurrence en n'indiquant pas aux entreprises la durée de la convention envisagée. Le juge a annulé la délégation à la demande d'une société non retenue.

b) Le référé contractuel

L'ordonnance du 7 mai 2009, relative aux procédures de recours applicables aux contrats de commande publique instaure un ***référé contractuel***[22]. La procédure vise tous les contrats de commande publique. Elle permet aux personnes ayant intérêt à conclure un contrat et susceptible d'être lésée par tout manquement aux obligations de publicité et de mise en concurrence, de saisir le juge d'un recours en contestation de validité du contrat. Le juge peut décider de pénalités financières mais il peut également prononcer la nullité du contrat.

2) Les recours ouverts aux tiers

Les tiers peuvent former devant le juge du contrat un ***recours de plein contentieux***. Cela résulte de la décision d'assemblée du Conseil d'État *Tarn et Garonne*, du 4 avril 2014[23]. Cette voie de recours est encadrée dans ses modalités : il faut que le requérant

20. CJA, art. L. 551-1 et L. 551-2.
21. CE, 23 mai 2008, Musée Rodin.
22. CJA, art. L. 551-13 et s. et R. 551-7 et s.
23. CE, ass., 4 avril 2014, Département du Tarn et Garonne : Lebon, p. 70, GAJA.

soit susceptible d'être lésé de façon suffisamment directe et certaine dans ses intérêts, par la passation ou par les clauses du contrat. Le recours doit être exercé dans un ***délai de deux mois à compter des mesures de publicité***.

Ce recours est également ouvert aux élus des collectivités territoriales concernées par le contrat et au préfet de département chargé du contrôle de légalité.

3) Les recours ouverts aux parties

« Les parties à un contrat administratif peuvent saisir le juge d'un recours de plein contentieux contestant la validité du contrat qui les lie »[24]. Dans ce type contentieux, le juge doit concilier un ***triple objectif*** : le ***respect de la légalité***, l'***intérêt général*** et le ***principe de stabilité des relations contractuelles***.

Pour concilier ces différents intérêts, le juge s'appuie sur une « ***exigence de loyauté des relations contractuelles*** ». Cette exigence de loyauté peut notamment le conduire à annuler une décision de résiliation d'un contrat et ordonner la reprise des relations contractuelles

BIBLIOGRAPHIE

Conseil d'État, Rapport public 2008, *Le contrat, mode d'action publique et de production de normes*, EDCE, 2008.

DUBREUIL (C.-A.), *Droit des contrats administratifs*, 2018, PUF, Thémis.

GAUDEMET (Y.), « Pour une nouvelle théorie générale du droit des contrats administratifs, mesurer les difficultés d'une entreprise nécessaire », RDP 2010, p. 313.

HOEPFFNER (H.), *Droit des contrats administratifs*, 2e éd., 2019, Dalloz.

LICHÈRE (F.), RICHER (L.), *Droit des contrats administratifs*, 11e éd., 2019, LGDJ-Lextenso.

UBAUD-BERGERON (M.), *Droit des contrats administratifs*, 3e éd., 2019, LexisNexis.

24. CE, ass., 28 déc. 2009, Commune de Béziers : Lebon, p. 509, GAJA ; CE, sect., 21 mars 2011, Commune de Béziers : Lebon, p. 117, GAJA.

CHAPITRE 11

L'acte administratif unilatéral

L'une des prérogatives les plus caractéristiques de la puissance publique est de pouvoir prendre des actes administratifs unilatéraux. Parce qu'ils sont exécutoires, ils s'imposent aux administrés, en vertu de la seule volonté de l'administration. Ils donnent naissance à des obligations, éventuellement à des droits, à la charge ou au profit de tiers, sans leur consentement. Tant l'identification que le régime de l'acte administratif unilatéral, montrent que ce pouvoir se justifie par le rôle que joue l'administration dans la mise en œuvre de l'intérêt général.

1 • L'IDENTIFICATION DE L'ACTE ADMINISTRATIF UNILATÉRAL

L'administration prend tous les jours de nombreux actes dont la finalité est la mise en œuvre de l'intérêt général. Mais tous ces actes ne sont pas des actes administratifs unilatéraux. Deux critères permettent de les identifier et de les classer : le critère formel et le critère matériel. La combinaison de ces deux critères permet la définition de l'acte administratif unilatéral.

A - L'identification formelle de l'acte administratif unilatéral

Au point de vue formel, l'élément essentiel de l'identification est la considération de la personne qui est à l'origine de l'acte administratif. Il peut s'agir d'une personne publique ou d'une personne privée.

1) Les personnes publiques

Seules deux autorités peuvent signer le décret qui est l'acte administratif le plus important : le président de la République et le Premier ministre. Le président de la République prend ***deux sortes de décrets*** :

- ***ceux énumérés par l'article 19 de la Constitution***, ne comportent pas de contreseing du Premier ministre ; par exemple, la dissolution de l'Assemblée nationale (Const., art. 12), ou la décision de mettre en œuvre les pouvoirs exceptionnels (Const., art. 16) ;

– ***les autres sont contresignés par le Premier Ministre et par les ministres chargés de leur exécution*** ; par exemple, la promulgation des lois ou la convocation du Parlement en session extraordinaire.

Les décisions des ministres peuvent recevoir diverses formes (dépêches, notes, circulaires, lettres). La forme la plus solennelle est l'arrêté. Un arrêté pris sous la signature de plusieurs ministres est dit « arrêté interministériel ».

Les décisions des autorités administratives prennent des appellations variées ; le plus souvent ce sont des « arrêtés » quand il s'agit de décisions individuelles (maires, préfets), et des « délibérations » quand il s'agit d'autorités collégiales (conseil municipal, conseil départemental).

2) Les personnes privées

Les personnes privées chargées d'un service public peuvent prendre des actes administratifs[1]. Deux conditions sont nécessaires :
– la personne de droit privé doit assurer l'exécution d'un service public ;
– elle doit employer à cet effet des prérogatives de puissance publique.

Dans le cas contraire, les actes que prennent les personnes privées s'analysent comme des actes unilatéraux de droit privé. Lorsqu'il s'agit d'un service public industriel et commercial, seuls les actes réglementaires touchant à l'organisation du service public peuvent être qualifiés d'actes administratifs[2].

B - L'identification matérielle de l'acte administratif

Le point de vue matériel s'attache au contenu de la décision. Deux distinctions peuvent être effectuées en fonction de ce contenu : selon que la décision est ou non réglementaire, d'une part ; selon qu'elle fait ou non grief, d'autre part.

1) Actes réglementaires et actes non réglementaires

Les actes administratifs réglementaires, ou règlements, sont des dispositions générales et impersonnelles à destination d'une ou de plusieurs personnes désignées de façon abstraite (par exemple un arrêté municipal instituant un sens unique dans une rue).

Les actes non réglementaires sont des décisions individuelles nominatives qui peuvent concerner une ou plusieurs personnes (décision d'un jury d'examen fixant le sort des candidats). Entre ces deux types d'actes, il existe des différences de régime juridique. Les actes réglementaires entraînent une modification de l'ordonnancement juridique mais ils ne créent pas de droits acquis chez les administrés.

2) Actes faisant grief et actes ne faisant pas grief

Tous les actes administratifs ne font pas grief. Certains n'ont pas d'effets directs sur l'ordonnancement juridique. La portée de la distinction est importante car les actes ne

1. CE, 13 janv. 1961, Magnier : Lebon, p. 33.
2. T. confl., 15 janv. 1968, Compagnie AirFrance c/Époux Barbier : Lebon, p. 789.

faisant pas grief ne sont pas susceptibles d'être déférés au juge de l'excès de pouvoir en vue de leur annulation. Il s'agit :
- d'actes à caractère simplement indicatif ;
- d'actes préparatoires ou provisoires (propositions, avis, vœux, rapports, etc.) ;
- d'avis (lorsqu'ils sont facultatifs) rendus par les nombreux organes consultatifs ;
- de circulaires non impératives ;
- de mesures d'ordre intérieur.

C - Définition de l'acte administratif

L'acte administratif est une décision exécutoire adoptée, sauf exception, par une autorité administrative, « qui modifie ou refuse de modifier les droits et les obligations des administrés indépendamment de leur consentement ». De manière plus détaillée, l'acte administratif peut être défini de la manière suivante :
- un acte juridique (c'est-à-dire une manifestation de volonté destinée à produire des effets de droit) ;
- adopté unilatéralement (en ce sens, il se distingue du contrat administratif) ;
- par une autorité administrative (cela signifie que le pouvoir d'édicter un acte administratif est réservé à des autorités strictement délimitées) ;
- qui modifie l'ordonnancement juridique (il modifie ou refuse de modifier les droits ou les obligations des administrés indépendamment de leur consentement).

2. LE RÉGIME DE L'ACTE ADMINISTRATIF UNILATÉRAL

Au cœur du régime de l'acte administratif, il y a la volonté de concilier la protection des administrés avec les impératifs d'intérêt général. Cette volonté de conciliation apparaît aux trois stades de la vie de l'acte administratif : son élaboration, son application et sa disparition.

A - L'élaboration de l'acte administratif unilatéral

Un acte administratif est une prérogative de puissance publique. Les autorités administratives doivent pouvoir l'élaborer seules. Il existe cependant des garanties au profit des administrés afin d'éviter une trop grande subjectivité de l'administration dans l'élaboration des actes administratifs. Ces garanties apparaissent à travers les règles de compétence, de procédure et de forme.

1) La compétence

Pour savoir si une personne est habilitée à prendre un acte administratif, il existe des règles de répartition des compétences. Des aménagements ont été apportés à ces règles afin de remédier à leur rigidité.

a) La répartition des compétences

La compétence, qui est l'aptitude d'un agent à prendre un acte administratif unilatéral, possède trois dimensions :

- ***la compétence matérielle*** (*ratione materiae*), qui détermine la matière sur laquelle un acte administratif unilatéral peut porter. Le Code général des collectivités territoriales fixe par exemple la compétence du maire pour la police municipale ;
- ***la compétence territoriale*** (*ratione loci*), qui délimite la partie du territoire sur laquelle une autorité administrative peut agir ;
- ***la compétence temporelle*** (*ratione temporis*), qui détermine la durée pendant laquelle une autorité administrative est compétente pour prendre des actes administratifs.

Ces règles de compétence sont d'ordre public. Le juge doit soulever d'office l'illégalité des actes administratifs unilatéraux qui les violent. Ce respect scrupuleux s'explique facilement : une autorité qui ne serait pas strictement liée par des règles de compétence risquerait d'étendre indéfiniment son pouvoir.

b) Les aménagements aux règles de compétence

Le respect scrupuleux des règles de compétence ne signifie pas pour autant la rigidité absolue. Il existe des aménagements aux règles de compétence qui permettent de dépasser la trop grande rigidité que peuvent avoir, parfois, les règles de compétence.

Le premier aménagement est constitué par ce que l'on appelle la suppléance ou l'intérim. Ils permettent le remplacement provisoire d'une autorité en cas d'absence. L'intérimaire est investi de « l'intégralité des pouvoirs attachés à la fonction » qui lui est confiée[3].

La délégation de compétence, second aménagement, est l'acte par lequel une autorité administrative confie à une autre autorité administrative l'exercice d'une partie de ses compétences. Son intérêt est double :

- elle permet d'alléger le travail d'une autorité surchargée ;
- elle permet dans certaines situations, de rapprocher celui qui prend la décision des administrés.

Quatre conditions doivent être respectées, faute de quoi la délégation sera illégale. Elle doit :

- être prévue par un texte ;
- être expresse et précise afin qu'il n'y ait aucun doute sur l'identité du délégataire et sur l'étendue de ses pouvoirs ;
- être partielle, afin d'éviter que le délégant ne se dessaisisse de la totalité de son pouvoir ;
- être publiée.

---

3. 22 janv. 1990, n° 89-269 DC, Sécurité sociale et santé.

Il existe deux types de délégations de compétences qui sont, au demeurant, toutes les deux soumises aux quatre conditions de la délégation :

- ***la délégation de pouvoir*** qui possède les effets les plus importants, a deux caractéristiques :
  - elle dessaisit d'une partie de sa compétence le délégant au profit du délégataire. Tant que dure la délégation, le délégant ne peut plus régler une affaire relevant de la compétence déléguée, sauf à révoquer la délégation,
  - elle est abstraite ce qui signifie qu'elle est transmise d'autorité à autorité et non de personne ;
- ***la délégation de signature*** au contraire est attribuée à une personne nommément désignée et disparaît lorsque le délégant ou le délégataire change de fonction. Elle ne dessaisit pas le délégant qui peut à tout moment reprendre une affaire déléguée.

2) La procédure

La procédure est constituée par l'ensemble des règles d'élaboration de l'acte unilatéral. La tendance est au rapprochement de la procédure administrative non contentieuse avec la procédure contradictoire. L'objectif recherché est d'offrir une meilleure protection aux administrés. Cette tendance s'observe tant dans la procédure consultative que dans la procédure contradictoire.

a) La procédure consultative

La consultation et la concertation recouvrent une même réalité. Dans les deux cas, il s'agit de faire accepter une décision unilatérale, permettre une meilleure coordination administrative et tenir compte de tous les intérêts en présence.

Le résultat escompté est parfois à l'inverse de ce qui est recherché. Des comités et des commissions fleurissent sans que le processus de décision s'en trouve nécessairement amélioré. Le juge veille cependant scrupuleusement à ce que ces organismes soient régulièrement composés et consultés, si les textes l'exigent. Pour être régulière, la consultation « doit être effective, loyale et complète »[4].

Les organismes de consultation rendent des avis dont le statut est variable :

- l'***avis facultatif***, n'est pas obligatoire. L'autorité qui consulte, peut ou non demander l'avis. Elle est également libre ou non de le suivre ;
- l'***avis obligatoire***, doit être obligatoirement demandé. Cependant, à la différence de l'avis facultatif, il peut ne pas être suivi. L'obligation porte sur la demande d'avis, non sur l'avis lui-même ;
- l'***avis conforme*** est le plus contraignant. L'obligation ne porte pas seulement cette fois sur la demande d'avis, mais sur l'avis lui-même. Celui qui prend la décision doit non seulement solliciter un avis, mais il doit aussi le suivre.

b) La procédure contradictoire

Pour prendre une bonne décision, il faut écouter l'autre partie. Cela permettra, éventuellement, de tenir compte de son avis. La procédure contradictoire s'inspire de cette idée :

4. Concl. Braibant sur CE, 15 mars 1974, Syndicat national CGT-FO des fonctionnaires et agents du commerce intérieur et des prix : Lebon, p. 662.

avant de prendre une décision, il faut entendre le point de vue des personnes concernées afin qu'elles puissent présenter leur défense. Ce principe du contradictoire est un principe général du droit. Il a été consacré par l'arrêt *Dame veuve Trompier-Gravier* de 1944[5].

Aujourd'hui, la procédure contradictoire est organisée soit par la loi du 12 avril 2000, soit par la jurisprudence. L'étendue de l'obligation du contradictoire s'applique aux sanctions, aux décisions individuelles défavorables et aux décisions prises en considération de la personne. Dans ces hypothèses, la personne visée par l'acte, doit :

- être informée de la procédure ;
- avoir droit à communication préalable de son dossier, s'il s'agit d'une sanction ;
- avoir un délai raisonnable pour répondre, par oral ou par écrit, en fonction de la situation ;
- l'administration ne peut se prononcer avant que l'intéressé ait pu présenter sa défense.

3) La forme

La forme s'oppose au fond[6] : elle est la présentation extérieure de l'acte. Mais le droit administratif français étant peu formaliste, nombreuses sont les dispositions utilisées fréquemment pour la présentation de l'acte administratif qui ne sont pas obligatoires. Leur violation n'est pas sanctionnée. Ce qui importe avant tout, c'est que l'acte repose sur une base légale. Par-delà la relative liberté dans la forme des actes administratifs, il existe des conditions de forme substantielle. Leur non-respect est susceptible d'entraîner la nullité de l'acte. Il s'agit, dans certaines hypothèses, du caractère écrit de l'acte, de sa motivation et de sa signature.

a) La motivation de l'acte administratif

Un acte administratif est toujours motivé. Soit par des considérations de droit, soit par des considérations de fait... généralement, les deux à la fois. Cela ne veut pas dire que l'administration est obligée d'expliquer sur tous les actes, les raisons qui l'ont conduit à l'adopter. Le principe est que la motivation n'est pas obligatoire : « en l'absence de dispositions législatives ou réglementaires [...] les décisions [...] n'ont pas à comporter l'indication des motifs sur lesquels elles sont fondées »[7]. La loi du 11 juillet 1979 sur la motivation des actes administratifs introduit un tempérament à la non-obligation de motivation, pour les décisions administratives individuelles. Parmi ces décisions, celles qui sont favorables n'ont pas à être motivées. En revanche, les décisions défavorables et « les décisions individuelles qui dérogent aux règles fixées par les textes », doivent être motivées. En cas d'urgence ou de secret cependant (secret médical, secret des délibérations), les actes n'ont pas à être motivés.

b) Le caractère écrit de l'acte

La forme écrite n'est obligatoire pour un acte administratif unilatéral, que si un texte l'exige. À titre d'exemple, les travaux réalisés dans la cour d'honneur du Palais Royal, dans le premier arrondissement de Paris, ont été réalisés à la suite d'une simple décision

---

5. CE, 5 mai 1944, Dame veuve Trompier-Gravier : Lebon, p. 133.
6. Même si Victor Hugo disait que « la forme c'est le fond qui remonte à la surface ».
7. CE, 24 avril 1964, Delahaye : Lebon, p. 243.

du ministre d'y installer les curieuses colonnes de Buren[8]. Dans d'autres cas, un acte administratif peut parfaitement être oral[9].

Il peut même n'avoir aucun support matériel. Tel est le cas des décisions implicite d'acceptation.

En effet, aux termes de l'article L. 231-1 du Code des relations entre le public et l'administration, « le silence gardé pendant deux mois par l'administration sur une demande vaut décision d'acceptation ».

c) *La signature de l'acte*

Lorsqu'un texte exige qu'un acte administratif soit écrit, ce dernier doit obligatoirement être signé par l'autorité compétente. Il s'agit d'une formalité substantielle. Son défaut entraînera la nullité de l'acte. Cette solution s'explique facilement : sans signature, un acte ne peut être authentifié.

B - L'application de l'acte administratif unilatéral

L'acte administratif acquiert force obligatoire dès son adoption ou sa publication. Les administrés doivent s'y conformer même s'il l'estime contestable. C'est ce que l'on appelle le privilège du préalable : l'administration dispose de la prérogative de réaliser ses droits par ses propres moyens, sans avoir recours à l'autorisation préalable d'un juge. Pour bénéficier de ce privilège, l'acte doit être entré en vigueur. L'administration pourra alors mettre en œuvre les moyens pour assurer son exécution.

1) *L'entrée en vigueur de l'acte administratif*

L'entrée en vigueur d'un acte administratif est le moment auquel un acte commence à produire ses effets sur l'ordonnancement juridique. Deux principes s'appliquent à cette entrée en vigueur : elle est déterminée par sa publication et elle ne peut être rétroactive.

a) *La publicité des actes administratifs*

Sauf exception, tout acte administratif quel qu'il soit, n'est opposable que s'il a reçu une publicité. L'opposabilité signifie qu'aussi bien l'administration, les destinataires et les tiers pourront se prévaloir des droits et des obligations créés par l'acte. Les règles de publicité varient en fonction de la nature de l'acte. Les actes réglementaires doivent être obligatoirement publiés. Il s'agit d'un principe général du droit[10]. Le procédé le plus courant de publication est le Journal officiel de la République française lois et décrets (JORF) mais certains actes peuvent ne faire l'objet que d'une publication électronique (Ord. 20 févr. 2004). Les actes individuels sont en principe notifiés à chaque personne concernée. Ils sont opposables à la date de réception de la lettre de notification. Les décisions individuelles favorables entrent en revanche vigueur dès leur

8. CE, 12 mars 1986, Ministre de la Culture c/Mme Cusenier et autres : Lebon, p. 661.
9. CE, 11 mai 1987, Divier : Lebon, p. 167.
10. CE, 12 déc. 2003, Syndicat des commissaires et des hauts fonctionnaires de la police nationale : Lebon, p. 506.

signature[11]. La signalisation routière est une autre forme de publication pour les dispositions réglementaires prises en vertu du Code de la route (panneau de sens interdit, limitation de vitesse...).

b) La non-rétroactivité des actes administratifs

Ce qui vaut pour le législateur vaut pour l'administration. L'article 2 du Code civil dispose que « la loi ne dispose que pour l'avenir. Elle n'a point d'effet rétroactif ». Ce principe s'applique d'autant plus aux actes administratifs que, dans le domaine des relations entre l'administration et les administrés, l'impératif de sécurité juridique est fondamental : les actes administratifs ne doivent pas pouvoir revenir sur des situations antérieures. Il s'agit d'un principe général du droit s'imposant à l'administration. Le Conseil d'État en a décidé ainsi dans son arrêt *Société du Journal l'Aurore*[12].

Des dérogations au respect de ce principe existent. Elles sont limitées et ne s'appliquent qu'à des situations très précises :
- les actes administratifs peuvent s'appliquer directement à des situations qui ont leur origine dans le passé ;
- les actes administratifs pris en application d'une loi elle-même rétroactive ;
- les actes administratifs constitutifs de décisions de retrait ou d'approbation.

2) L'exécution de l'acte administratif unilatéral

L'administré peut refuser de se plier aux injonctions contenues dans les actes administratifs. Trois solutions s'offrent alors à l'administration pour contraindre l'administré : la sanction pénale et la sanction administrative. Si, en dépit de ces mesures, l'administré continue à refuser d'exécuter l'acte administratif unilatéral, l'administration peut recourir à l'exécution forcée.

a) L'action pénale

L'article R. 610-5 du Code pénal permet à l'administration d'exercer des poursuites devant le juge pénal contre toute personne qui aura contrevenu aux « obligations édictées par les décrets et arrêtés de police ». D'autres textes lui ouvrent la même possibilité dans d'autres domaines tels que le droit des étrangers. Le recours au juge pénal n'est pas toujours de la plus grande efficacité. Sa lenteur et la faiblesse des sanctions ne permettent pas toujours d'assurer l'exécution d'un acte administratif. L'exception d'illégalité est en outre invocable. D'où l'intérêt des sanctions administratives.

b) La sanction administrative

La sanction administrative, contrairement à la sanction pénale, n'est pas une décision juridictionnelle, elle émane d'une autorité administrative. Le Conseil constitutionnel a admis

11. CE, sect., 19 déc. 1952, Demoiselle Mattei : Lebon, p. 594.
12. CE, 25 janv. 1948, Société du Journal l'Aurore : Lebon, p. 289.

leur existence tout en exigeant qu'un certain nombre de garanties soient respectées[13] :
- seule une loi peut instituer un régime de sanction administrative ;
- une sanction administrative ne peut jamais consister en une peine privative de liberté ;
- un contrôle juridictionnel est obligatoire.

c) L'exécution forcée

En dépit du privilège de l'exécution d'office de l'acte administratif, l'administration n'a pas le droit d'exécuter directement ses décisions par la force. Elle doit saisir le juge qui autorisera ou non l'emploi de la force. Dans certaines situations, elle peut cependant y recourir sans autorisation préalable du juge, afin de vaincre le refus d'un ou de plusieurs administrés d'exécuter un acte administratif unilatéral. Ces situations ont été définies par l'arrêt du Tribunal des conflits *Société Immobilière de Saint-Just*[14]. Elles sont au nombre de trois :
- la ***situation d'urgence***. Selon la formule de Romieu : « quand la maison brûle, on ne va pas demander, au juge l'autorisation d'y envoyer les pompiers ». Le juge, dans cette hypothèse, opère un contrôle de l'existence même de l'urgence ou du péril immédiat ;
- les ***dispositions de la loi***. Le Conseil constitutionnel admet que la loi peut autoriser l'exécution forcée, dès lors que les libertés constitutionnelles sont strictement respectées[15]. La loi du 3 juillet 1877 relative aux réquisitions militaires dispose ainsi qu'en cas de « mauvais vouloir des habitants » l'exécution de la réquisition est assurée par le besoin de la force ;
- ***lorsqu'aucune autre voie de droit n'existe***. Cette hypothèse vise notamment les cas dans lesquels les auteurs d'un acte administratif n'ont pas prévu de sanction pénale réprimant un refus d'exécuter un acte administratif unilatéral. Les faits de l'affaire Saint-Just correspondent à cette situation. Un décret avait ordonné la fermeture d'un établissement congréganiste, en application de la loi du 1er juillet 1901 supprimant les congrégations. Les religieuses qui occupaient cet établissement refusèrent d'obtempérer. Or la loi n'avait prévu aucune sanction pénale en cas de résistance. Le préfet ordonna alors l'évacuation des religieuses.

C - La disparition de l'acte administratif unilatéral

Les actes administratifs n'ont pas été édictés pour l'éternité. Ils disparaissent avec les circonstances qui les ont engendrés. L'abrogation met fin pour l'avenir aux effets d'une décision. Cela signifie qu'elle ne remet pas en cause une situation passée. Le retrait, au contraire, est une annulation qui opère depuis la naissance de l'acte. Si ce retrait est légal, il aura pour conséquence d'anéantir l'acte à l'origine. Les conséquences juridiques de cet acte, aussi bien passées que futures, sont effacées. Au cœur du régime juridique de l'abrogation et plus encore de celui du retrait, il y a la volonté de ne pas remettre en cause des droits acquis.

---

13. 28 juill. 1989, n° 89-260 DC, Sécurité et la transparence du marché financier.
14. T. confl., 2 déc. 1902, Société immobilière de Saint-Just : Lebon, p. 713, GAJA.
15. 12 et 13 août 1993, n° 93-325 DC, Exécution d'office en matière de police des étrangers.

1) L'abrogation

L'abrogation n'entraîne d'effets que pour l'avenir. Elle ne remet pas en cause de droits. Compte tenu de la moindre gravité de ses effets, son régime est moins exigeant : des actes qui n'auraient pu être retirés peuvent être abrogés. Deux situations doivent être distinguées quant à l'abrogation : selon que l'acte revêt ou non un caractère réglementaire.

a) L'abrogation des actes réglementaires

Les actes réglementaires peuvent toujours faire l'objet d'une abrogation[16]. L'administration doit cependant respecter des conditions de forme et de procédure. L'abrogation est une manifestation du principe selon lequel un acte réglementaire n'est pas créateur de droits. L'administration doit demeurer libre d'adapter ou de modifier le fonctionnement d'un service.

L'administration peut même abroger un règlement avant le terme qu'il a lui-même fixé[17]. Le principe de sécurité juridique oblige toutefois à assortir l'abrogation ou la modification des règlements de mesures transitoires. L'objectif étant qu'ils ne portent pas « une atteinte excessive à des situations contractuelles en cours »[18].

Si l'acte réglementaire est illégal, l'administration a l'obligation de l'abroger. « L'autorité compétente, saisie d'une demande tendant à l'abrogation d'un règlement illégal est tenue d'y déférer »[19]. Cette obligation a une portée très générale : elle vaut aussi bien pour les règlements illégaux à l'origine, que ceux qui le sont devenus en raison de changements de circonstances de droit[20] ou de fait[21].

b) L'abrogation des actes non réglementaires

Il faut distinguer entre les actes non réglementaires créateurs de droits et les actes réglementaires non créateurs de droits. Si l'acte n'est pas créateur de droits, il peut toujours être abrogé. L'abrogation peut avoir à lieu soit à l'initiative de l'administration, soit à l'initiative d'un administré. L'administration est obligée d'abroger un acte non réglementaire non créateur de droit lorsque celui-ci est devenu illégal à la suite d'un changement de circonstances de droit ou de fait. La règle est cependant moins stricte que pour les actes réglementaires. Pour qu'il y ait obligation d'abrogation, il faut qu'un administré en fasse la demande. La demande doit être présentée dans un délai de deux mois à compter de la publication[22]. Si l'acte est créateur de droits, il ne peut être remis en cause. Cela ne signifie pas qu'il existe pour l'éternité. En vertu du principe du parallélisme des formes, l'administration peut toujours le remettre en cause par un acte contraire.

---

16. CE, 6 déc. 1907, Compagnie des chemins de fer de l'Est et autres : Lebon, p. 913, GAJA.
17. CE, sect., 27 janv. 1961, Vannier : Lebon, p. 60.
18. CE, ass., 24 mars 2006, Soc KPMG : Lebon, p. 173.
19. CE, ass., 3 févr. 1989, Compagnie Alitalia : Lebon, p. 44, GAJA.
20. CE, 10 janv. 1930, Despujol : Lebon, p. 30.
21. CE, 10 janv. 1964, Ministre de l'Agriculture c/Simonnet : Lebon, p. 19.
22. CE, 30 juin 2006, Société Neuf Télécom SA : Lebon, p. 309.

2) *Le retrait*

Le retrait est rétroactif : l'acte est réputé n'avoir jamais existé. La rétroactivité de l'annulation explique la grande complexité du régime du retrait : il y a toujours un risque de remettre en cause un droit acquis. Cette complexité peut cependant être dépassée en distinguant entre deux situations : le retrait des décisions créatrices de droits et celui des décisions non créatrices de droit.

a) Le retrait des décisions non créatrices de droit

Pour les décisions qui ne sont pas créatrices de droit, le retrait est possible à tout moment et sans condition.

b) Le retrait des décisions créatrices de droit

Les règles ne sont pas les mêmes selon que la décision est explicite ou implicite.

• Les décisions explicites

Un acte explicite peut être illégal tout en créant des droits au profit des administrés de bonne foi. Pour des raisons de sécurité juridique, il est impératif de tenir compte de cet acte. Ce retrait est possible sous certaines conditions précisées par le Conseil d'État dans sa décision *Ternon*[23] :

- le retrait est possible à tout moment si le bénéficiaire en fait la demande ;
- le retrait n'est possible que dans le délai de quatre mois suivant la prise de la décision, si c'est l'administration qui en prend l'initiative.

• Les décisions implicites

Les règles ne sont pas les mêmes pour les décisions implicites qui, par définition, ne font pas l'objet de mesures de publicité. La loi du 12 avril 2000, relative à l'amélioration des relations entre l'administration et les citoyens, pose les règles suivantes :

- le retrait des décisions implicites d'acceptation peut intervenir pendant la durée de l'instance au cas où un recours contentieux a été formé. Ces décisions peuvent également être retirées pendant le délai de recours contentieux si des mesures d'information des tiers ont été mises en œuvre ;
- lorsqu'aucune mesure d'information des tiers n'a été mise en œuvre le retrait peut être prononcé pendant le délai de deux mois à compter de la date à laquelle est intervenue la décision.

---

23. CE, 26 oct. 2001, Ternon : Lebon, p. 497.

BIBLIOGRAPHIE

Conseil d'État (études), *L'application du nouveau principe « silence de l'administration vaut acceptation »*, 2014.

Girard (A.-L.), *La formation historique de la théorie de l'acte administratif unilatéral*, thèse Paris II Assas, 2013, Dalloz.

Milhat (C.), *L'acte administratif, entre processus et procédures*, 2007, Éditions du Papyrus.

RFDA, « Le code des relations entre le public et l'administration » (dossier avec plusieurs articles sur l'acte administratif), n° 1, janvier 2016.

Seiller (B.), *L'acte administratif*, Encyclopédie Dalloz, contentieux administratif.

PARTIE 5

La justice administrative

La justice française se divise en deux ordres de juridictions : la ***juridiction judiciaire*** *est compétente pour juger d'une part les litiges de nature civile ou commerciale opposant deux personnes privées, d'autre part pour sanctionner les infractions aux lois pénales. La* ***juridiction administrative*** *est compétente pour juger les litiges opposant une personne privée ou une personne publique à l'État, une collectivité territoriale, un établissement public ou un organisme privé chargé d'une mission de service public. Son rôle est de faire respecter le droit par les administrations et réparer les dommages que celles-ci auraient pu causer.*

L'idée essentielle (voir introduction pour plus de développements) qui fonde son existence est que seul un juge spécialisé, qui connait le service public et qui est apte à prendre en compte les impératifs d'intérêt général, peut bien juger l'administration et protéger efficacement les citoyens.

La justice administrative veille ainsi à assurer l'équilibre entre les prérogatives de puissance publique de l'administration et les droits des citoyens. La soumission de l'administration au droit se fait grâce à une organisation, celle des tribunaux administratifs. Une première question se pose relativement à ces tribunaux : celle de la répartition des compétences entre les deux ordres de juridictions. Une fois la compétence de la juridiction administrative tranchée, la procédure administrative contentieuse peut être mise en œuvre. Elle le sera dans le cadre d'un recours contentieux, dont l'un des plus importants est le recours pour excès de pouvoir.

CHAPITRE 12

L'organisation des tribunaux administratifs

Il existe deux catégories de juridiction administratives : les juridictions qui ont une compétence générale et celles qui ont une compétence spéciale. Les juridictions les plus importantes sont celles qui ont une compétence générale. Au sommet de la pyramide des juridictions administratives se trouve le Conseil d'État (environ 300 membres). Au centre, les cours administratives d'appel (environ 290 magistrats) et à la base les tribunaux administratifs (850 magistrats). À côté, existent les juridictions spéciales.

1 • LE CONSEIL D'ÉTAT

Le Conseil d'État, « juridiction administrative suprême »[1], possède une double filiation. Il est à la fois l'héritier du Conseil du Roi et l'héritier de Bonaparte, sa réorganisation profonde par la constitution de l'an VIII (1799), en faisant aussi une création napoléonienne. Il exerce trois grandes missions : les deux premières, les plus anciennes, sont les plus importantes. Il est :

- conseiller du Gouvernement pour la préparation des projets de loi et des décrets ;
- juge administratif.

Il a enfin pour mission de gérer l'ensemble des juridictions administratives. Son organisation, ses attributions et son fonctionnement reflètent la diversité de ces missions.

A - L'organisation du Conseil d'État

La composition et le mode de recrutement du Conseil d'État contribuent à en faire le reflet de l'administration.

1. CJA, art. L. 111-1.

1) La composition du Conseil d'État

Le Conseil d'État comprend des membres en service ordinaire et des membres en service extraordinaire. Contrairement à leur dénomination, ce sont les membres ordinaires les plus importants.

a) Les membres en service ordinaire

Le Conseil d'État comprend environ 300 membres : deux-tiers d'entre eux sont en activité au Conseil d'État. Les grades sont les suivants : auditeur (1er grade), maître des requêtes puis conseiller d'État. Tous les auditeurs étaient recrutés par la voie de l'ENA, jusqu'à sa suppression en 2021. Les maîtres des requêtes et les conseillers d'État, sont pour la majorité d'anciens auditeurs, mais ils peuvent également avoir été nommés au tour extérieur (c'est-à-dire qu'ils ne sont pas forcément issus de l'ENA). L'intérêt de ce mode de recrutement est de permettre au Conseil d'État de bénéficier de compétences diversifiées grâce à l'apport de hauts fonctionnaires, tels que d'anciens administrateurs de la France d'outre-mer ou des préfets, par exemple. Les auditeurs et les maîtres des requêtes préparent le travail de discussion.

C'est parmi les maîtres des requêtes ou, plus rarement les auditeurs, que sont choisis les rapporteurs publics dont le rôle est fondamental. Ce sont eux qui rendent des conclusions dans lesquelles ils présentent le point de vue du droit en toute objectivité. Ensuite, les conseillers d'État délibèrent et décident. Le secrétaire général dirige le travail administratif interne du Conseil d'État. La présidence du Conseil d'État, pour des raisons historiques, appartient en droit au premier ministre et, en son absence, au ministre de la Justice. En réalité, le Conseil d'État est présidé par le vice-président du Conseil d'État, qui est, en 2021, Bruno Lasserre.

b) Les membres en service extraordinaire

À ce personnel de carrière sont adjoints des conseillers d'État en service extraordinaire, choisis en raison de leur carrière et de leur compétence. Traditionnellement ils sont au nombre de 12, nommés pour une durée de quatre ans et ne bénéficient pas du système de la double appartenance. Ils ne participent qu'aux formations administratives et non aux formations contentieuses. Ils ne sont par conséquent pas juges.

2) Le Conseil d'État, reflet de l'administration

Les membres du Conseil d'État ne bénéficient pas de la garantie d'inamovibilité. Mais le prestige du Conseil d'État, la tradition et la qualité de ses membres fondent son indépendance. D'où sa situation originale : bien que juge de l'administration, il ne constitue pas un corps séparé de l'administration. Le professeur Yves Gaudemet résume ainsi le rapport entre Conseil d'État et administration : « Il y a entre eux un courant que l'on a volontairement établi : recrutement extérieur, conseillers en service extraordinaire, possibilité pour les membres du conseil d'être détachés périodiquement auprès des administrations ou de faire partie des missions constituées auprès des ministres. Ces éléments sont destinés à créer entre le conseil et la vie administrative un contact étroit et permanent, à faire, comme on l'a dit au conseil, une sorte de synthèse de l'administration et de la juridiction administrative »[2].

Il y a non seulement un courant, mais une véritable proximité qu'entretient le Conseil d'État avec l'administration. Cette proximité se reflète dans la formule de Jean Foyer : « le Conseil d'État est l'administration qui se juge, il n'est pas le juge de l'administration ».

B - Les compétences du Conseil d'État

Le Conseil d'État a un double rôle : il est juge de l'administration et conseil du gouvernement. Il a donc une compétence consultative et une compétence contentieuse.

1) La compétence consultative

La fonction consultative du Conseil d'État est la plus ancienne. Il fournit à ce titre des « avis » au gouvernement, dans le domaine législatif et dans le domaine administratif. Dans ce cadre, le Conseil d'État est consulté sur plus de 1100 projets de textes chaque année. Ils se décomposent de la manière suivante : une centaine de projets de loi, une trentaine de projets d'ordonnances et un peu moins d'un millier de projets de décrets.

a) Dans le domaine législatif

Le Conseil d'État est obligatoirement consulté sur les projets de lois avant d'être soumis au Conseil des ministres. L'avis est donné, normalement, par l'assemblée générale ordinaire ou par la commission permanente, si le gouvernement déclare le projet urgent.

La place du Conseil d'État dans l'élaboration de la loi

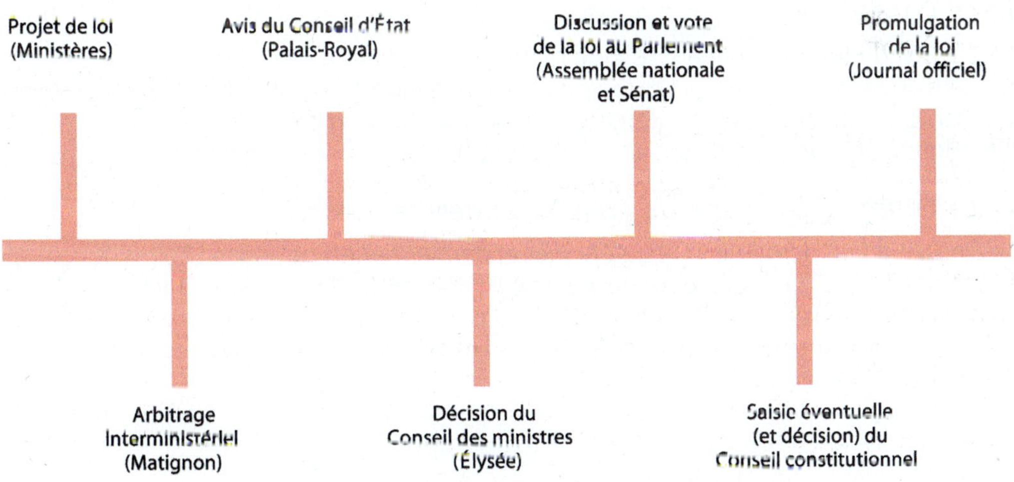

2. Gaudemet Y., *Droit administratif*, 22e éd., 2018, LGDJ-Lextenso, coll. Manuels.

b) Dans le domaine administratif

Il donne obligatoirement son avis sur :

- les projets d'ordonnances, les projets de décrets pris en vertu de l'article 37 de la Constitution ;
- les projets de décrets destinés à modifier des textes législatifs antérieurs à 1958 portant sur le domaine réglementaire ;
- les décisions individuelles du gouvernement, prises par décret en Conseil d'État, (expropriation, travaux, reconnaissance d'utilité publique).

Il peut être consulté par le gouvernement sur toutes les difficultés susceptibles de s'élever en matière administrative. Dans ce cadre, il rend des avis sur des thèmes parfois délicats. L'avis sur le port des signes d'appartenances religieuses (le fameux « tchador ») par les élèves de l'enseignement public du 27 novembre 1989, en constitue un exemple. Les avis rendus dans ce cadre étaient secrets. Depuis 2015, ils sont publiés. Il peut être consulté par le président d'une assemblée sur une proposition de loi, avant son examen en commission (depuis la révision de la constitution du 23 juillet 2008).

2) La compétence juridictionnelle

La compétence juridictionnelle du Conseil d'État a considérablement évolué depuis sa création, en raison notamment de l'accroissement du contentieux. De juge de droit commun il s'est transformé en juge de cassation.

a) Le Conseil d'État juge de cassation

Depuis la loi de réforme du contentieux de 1987, le Conseil d'État est devenu principalement un juge de cassation. Les arrêts rendus par les cours d'appel sont tous susceptibles de faire l'objet d'un pourvoi en cassation devant lui. Il statue également sur les pourvois en cassation que les justiciables ont le droit de former contre les jugements rendus en dernier ressort par les juridictions administratives spéciales.

b) Le Conseil d'État juge d'appel

Le Conseil d'État continue à être juge d'appel en matière d'élections municipales et en matière de recours en interprétation ou en appréciation de légalité formés dans le cadre de contentieux préjudiciels. Dans ces deux cas, la compétence du Conseil d'État s'explique par la volonté d'assurer rapidement le règlement de contentieux urgents.

c) Le Conseil d'État juge de premier et dernier ressort

Le Conseil d'État demeure juge de premier et dernier ressort pour des affaires qui constituent des litiges particulièrement importants. Par exemple, le recours pour excès de pouvoir contre des décrets et contre les ordonnances avant leur ratification ou les recours contre certains organismes à vocation nationale (CSA ou CNIL).

C - Le fonctionnement du Conseil d'État

Des formations distinctes exercent les attributions consultatives et les attributions juridictionnelles. Ces formations – les sections – sont au nombre de sept. Cinq sections administratives : finances, travaux publics, intérieur, section sociale et administration générale. Une section du contentieux et une section du rapport et des études.

1) Les formations administratives

Le Conseil d'État délibère, en matière administrative, selon l'importance de l'affaire, en :

- section ;
- sections réunies ;
- assemblée générale. L'Assemblée générale est présidée par le Vice-président du Conseil d'État.

Les textes les plus importants sont soumis à l'Assemblée générale (environ 35 membres) après avoir été examinés par la section compétente. Les principaux projets de loi et d'ordonnance lui sont soumis. Elle peut également se prononcer sur des projets de décret très importants.

La section du rapport et des études joue un rôle bien distinct de celui des 5 autres sections administratives. Elle élabore le rapport annuel du Conseil d'État, propose au président de la République et au gouvernement des réformes administratives ou législatives. Elle procède enfin à des études à la demande du Premier ministre.

Les sept sections du Conseil d'État

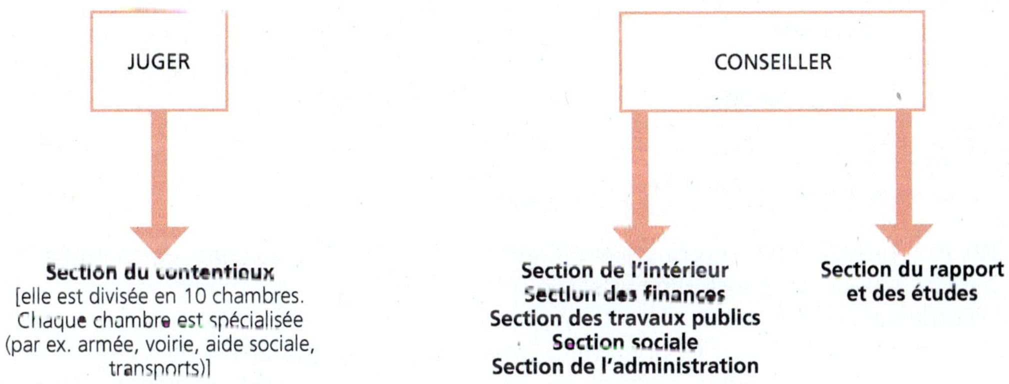

2) Les formations contentieuses

Selon l'article R. 122-1 du Code de justice administrative, la section du contentieux « juge de toutes les affaires qui relèvent de la juridiction contentieuse du Conseil d'État ». Mais les 9 500 décisions rendues par la section du contentieux chaque année ne sont pas toutes prononcées par les mêmes formations de jugement. Il existe ainsi ***quatre niveaux différents de formations de jugement au sein du Conseil d'État***, adaptées à l'importance de l'affaire à traiter :

– la chambre jugeant seule : ces formations jugent des affaires ne posant pas de difficultés particulières et, en particulier, rejettent les pourvois en cassation qui ne sont pas admis ;
– les chambres réunies : elles jugent des affaires présentant une difficulté juridique particulière.

Les deux niveaux supérieurs sont constitués des formations solennelles du Conseil d'État, où sont jugées les affaires d'une grande importance :

– la ***section du contentieux*** (15 membres) ;
– l'***Assemblée du contentieux***. Elle est présidée par le vice-président du Conseil d'État et composée des six présidents de section, les trois présidents adjoints de la section du contentieux, le président de la sous-section d'instruction et le rapporteur. Seules les affaires les plus importantes sont examinées par l'assemblée du contentieux. La plupart des décisions dites « de principe » sont rendues par l'assemblée du contentieux.

En pratique, la moitié des 10 000 arrêts rendus par le Conseil d'État chaque année l'est par des juges uniques statuant par ordonnances. L'autre moitié est rendue par les sous-sections, statuant seules ou réunies. Une trentaine est rendue par la « section » et une dizaine par l'assemblée. Soit environ quarante décisions par la section et l'assemblée, mais ce sont les plus importantes.

2. LES COURS ADMINISTRATIVES D'APPEL

Les cours administratives d'appel ont été créées par la loi du 31 décembre 1987 relative à la réforme du contentieux administratif. L'objectif de leur création, qui a été atteint, était de désengorger le Conseil d'État menacé d'asphyxie. Les cours administratives d'appel sont aujourd'hui au nombre de huit (Bordeaux, Douai, Lyon, Marseille, Nancy, Nantes, Paris et Versailles).

A - L'organisation des cours administratives d'appel

Elles sont présidées par un conseiller d'État et composées de présidents de chambre (dix chambres pour la cour administrative d'appel de Paris, six chambres pour celle de Bordeaux), d'assesseurs, et de conseillers qui exercent les fonctions de rapporteurs et de rapporteurs publics. Le nombre de chambres est fixé par arrêté du vice-président du Conseil d'État. Chaque chambre comporte normalement cinq magistrats. Pour les arrêts les plus importants, chaque cour peut se réunir en « chambres réunies » ou en « formation plénière » réunissant son président et ses présidents de chambre. Les magistrats sont assistés par des agents de greffe qui assurent notamment la transmission des mémoires et pièces entre les parties et la notification des décisions rendues. Environ trois cents magistrats sont affectés aux CAA. Ils appartiennent au même corps que ceux des tribunaux administratifs, ils sont donc choisis parmi les magistrats de ces tribunaux.

B - Les attributions des cours administratives d'appel

Le principe est que les cours administratives d'appel sont les juges d'appel de droit commun des tribunaux administratifs. Certaines compétences d'appel continuent cependant exceptionnellement de relever du Conseil d'État. Il s'agit des appels formés contre les recours sur renvoi de l'autorité judiciaire, du contentieux des élections municipales et cantonales et des recours en appréciation de légalité, qui relèvent du Conseil d'État en appel.

Environ 20 % des jugements rendus par les tribunaux administratifs sont frappés d'appel auprès des cours administratives d'appel. Ce taux est en légère augmentation. Les 8 cours d'appel ont réglé aux alentours de 34 260 affaires en 2020. Les délais moyens de jugement sont inférieurs à un an.

3. LES TRIBUNAUX ADMINISTRATIFS

Il existe 42 tribunaux administratifs : 31 en France métropolitaine et 11 en outre-mer. Si le tribunal administratif de Paris est plus important que celui de Saint-Pierre-et-Miquelon, leur organisation et leurs attributions sont assez proches.

A - L'organisation des tribunaux administratifs

Les tribunaux administratifs ont succédé en 1953 aux conseils de préfecture institués en l'an VIII. En dépit de cette filiation, ils sont très différents de leurs prédécesseurs. Les conseils de préfecture n'avaient qu'une compétence d'attribution, limitée à des domaines précis. Les tribunaux administratifs sont au contraire, sauf exception, les juges administratifs de droit commun. Les membres de ce corps sont recrutés soit à la sortie de l'ENA, soit par voie de concours particuliers. À la différence des membres du Conseil d'État, les conseillers des tribunaux administratifs consacrent le plus souvent l'essentiel de leur carrière à leur activité de magistrat.

L'organisation interne des tribunaux administratifs varie selon leur taille. Le tribunal administratif de Paris est divisé en sections, subdivisées en chambres. Il en existe 17. Le tribunal administratif de Nouméa compétent pour l'ensemble de la Nouvelle-Calédonie ne comprend qu'une seule chambre. Chaque chambre comprend trois juges plus un rapporteur public. Cela signifie que toute affaire doit en principe être jugée par trois juges[3] ; ce principe de collégialité constituant une garantie pour le contribuable.

La loi du 8 février 1995 lui apporte cependant plusieurs exceptions en permettant à chaque président de tribunal administratif, ou magistrat qu'il désigne, de statuer seul sur certains litiges. Il peut s'agir par exemple de la situation individuelle des agents publics, de pensions, redevance audiovisuelle ou bâtiment menaçant ruine.

---

3. CJA, art. R. 222-18.

B - Les attributions des tribunaux administratifs

La compétence matérielle du tribunal administratif se définit de la manière suivante : juge de droit commun, il connaît en principe en premier ressort de tous les litiges, à l'exception de ceux qu'une disposition attribue à une autre juridiction. Concrètement, cela signifie qu'il est amené à connaître de la grande majorité des recours pour excès de pouvoir ainsi que des recours de pleine juridiction. Le tribunal compétent est en principe celui dans le ressort duquel se trouve le siège de l'autorité qui a pris la décision litigieuse. Il existe cependant des exceptions dont l'objectif est de désencombrer le tribunal administratif de Paris. En 2019, un peu moins de 223 229 affaires ont été jugées. Le délai moyen de jugement était de 10 mois.

4. LES JURIDICTIONS ADMINISTRATIVES SPÉCIALISÉES

Certains contentieux, en raison de leur technicité, mais aussi afin d'alléger la charge des juridictions administratives, sont confiés à des juridictions spécifiques. Ces juridictions sont dites spécialisées car elles ne disposent que d'une compétence d'attribution définie par les textes qui les instituent.

A - Les principales juridictions spécialisées

Les juridictions spécialisées constituent un ensemble hétérogène qui comprend, notamment la Commission du recours des réfugiés, la Cour nationale du droit d'asile, des juridictions financières, disciplinaires et sociales.

1) Les juridictions financières

Parmi les juridictions spécialisées, la plus prestigieuse est la ***Cour de comptes***. Créée en 1807, elle a pour rôle de juger les comptes de comptables publics. Cette compétence s'exerce en premier ressort pour les comptes des comptables publics et en appel pour les décisions rendues par les chambres régionales des comptes. Ses arrêts peuvent toujours faire l'objet d'un pourvoi en cassation devant le Conseil d'État[4].

La ***Cour de discipline budgétaire et financière***, créée en 1948, à l'inverse de la Cour des comptes qui juge les comptes et non les comptables, est dotée d'une compétence répressive qui se rapproche des juridictions pénales. Elle juge les actes de certains gestionnaires publics. Elle est composée paritairement de membres du Conseil d'État et de la Cour des comptes.

4. CE, ass., 23 févr. 2000, Société Labor Métal : Lebon, p. 83.

2) *Les juridictions disciplinaires*

Les juridictions administratives à caractère disciplinaire sont nombreuses. Il s'agit par exemple :

- du ***Conseil supérieur de la magistrature*** siégeant en conseil de discipline et compétent pour juger les fautes disciplinaires commises par les magistrats de l'ordre judiciaire ;
- des ***conseils régionaux et nationaux des ordres professionnels*** statuant en formations disciplinaires, compétents pour juger les fautes commises par les membres de leur profession dans son exercice ;
- des ***sections disciplinaires des conseils d'administration des universités***, compétentes pour juger les étudiants et les enseignants de ces universités.

3) *Les juridictions sociales*

La réforme des juridictions sociales est entrée en vigueur le 1er janvier 2019 (ordonnance n° 2018-358 du 16 mai 2018). Deux cent quarante-deux juridictions, parmi lesquelles les commissions départementales d'aide sociale et les tribunaux des affaires de sécurité sociale, sont supprimées. Leur contentieux est transféré majoritairement à la juridiction judiciaire. L'objectif de la réforme est de rendre la justice plus simple et plus accessible aux justiciables, souvent parmi les plus en difficultés.

B - La notion de juridiction administrative spéciale

Les règles de procédure administrative contentieuse générale s'appliquent aux juridictions administratives spécialisées. Toutes les juridictions spéciales relèvent en appel ou en cassation du Conseil d'État. C'est à ce titre qu'elles appartiennent aux juridictions administratives. Lorsqu'un organisme est qualifié expressément par la loi de juridiction, aucun problème ne se pose quant à sa nature juridictionnelle[5].

Lorsqu'un organisme n'est pas qualifié expressément de juridiction, la jurisprudence recours à des indices formels tels que la composition ou la procédure suivie devant cet organisme. Elle peut également avoir recours à un critère matériel, c'est-à-dire à la nature de l'activité. La jurisprudence, selon les époques, a privilégié l'un ou l'autre de ces critères. Le critère formel est retenu dans la jurisprudence d'*Aillières*[6] tandis que la jurisprudence *de Bayo*[7] retient le critère matériel. Un organisme sera qualifié de juridictionnel si sa composition est collégiale, s'il tranche une contestation conformément au droit et s'il dispose d'un véritable pouvoir de décision.

5. CE, sect., 27 févr. 2004, Mme Popin : Lebon, p. 168, GAJA : les sections disciplinaires des conseils d'administration des universités jugent au « nom de l'État ».
6. CE, ass., 7 févr. 1948, d'Aillières : Lebon, p. 50.
7. CE, ass., 12 déc. 1953, de Bayo : Lebon, p. 544.

Pour aller plus loin

Le rapporteur public est-il compatible avec la jurisprudence de la Cour européenne des droits de l'homme ?

1) L'origine du rapporteur public

Depuis près de deux siècles, le rapporteur public est un élément central de l'organisation juridictionnelle française et de la procédure. Il apporte une contribution éminente à la réflexion et la délibération des juridictions administratives, à l'information des parties avant et pendant l'audience, à la qualité des décisions juridictionnelles et à leur compréhension par les parties.

Sa fonction et son existence même ont été au cœur d'un débat qui a opposé la France à la Cour européenne des droits de l'homme. À travers ce débat, ce sont deux visions de la justice qui s'opposent.

Traditionnellement désigné sous l'appellation « commissaire du gouvernement » depuis une décision du Conseil d'État du 1er juin 1849[8], il a été renommé « rapporteur public », depuis le décret du 7 janvier 2009. L'ancienne dénomination, abandonnée sous la pression de la Cour européenne des droits de l'homme, était en effet de nature à induire en erreur les justiciables sur la véritable fonction du rapporteur public. Ce changement de dénomination est allé de pair avec une modification du rôle du rapporteur public. Les parties peuvent désormais présenter de brèves observations après le prononcé de ses conclusions (CJA, art. R. 732-1 et R. 733-1).

2) Le rôle du rapporteur public et ses obligations

Le Conseil d'État, dans un arrêt du 21 juin 2013, *Communauté d'agglomération du pays de Martigues*, a fait le point sur la mission du rapporteur public et sur ses obligations.

Il a pour mission : d'exposer les questions que présente à juger le recours sur lequel il conclut et de faire connaître, en toute indépendance, son appréciation, qui doit être impartiale, sur les circonstances de fait de l'espèce et les règles de droit applicables ainsi que son opinion sur les solutions qu'appelle, suivant sa conscience, le litige soumis à la juridiction à laquelle il appartient.

Les parties peuvent demander communication du sens général des conclusions du rapporteur public préalablement à l'audience.

3) Les menaces pesant sur le rapporteur public

Au nom du principe du droit à un procès équitable érigé en dogme par la Cour européenne des droits de l'homme, trois menaces pesaient sur le rapporteur public, sur la procédure et l'organisation de la juridiction administrative jugées non conforme à la CEDH :

– la double compétence consultative et contentieuse des juridictions administratives et, en particulier, des Conseils d'État des États membres de l'Union européenne, dont celui de la France (arrêts *Procola* du 28 septembre 1995 et *Sacilor-Lormines* du 9 novembre 2006) ;

– la présence, même silencieuse, du commissaire du gouvernement (devenu rapporteur public) au délibéré (arrêts *Kress* du 7 juin 2001 et *Martinie* du 12 avril 2006) ;

– l'accès du commissaire du gouvernement à la note du rapporteur et au projet d'arrêt (arrêt *Reinhardt et Slimane Kaïd* du 31 mars 1998 pour la Cour de cassation et arrêt *Martinie* pour la Cour des comptes).

4) Les solutions de la Cour européenne des droits de l'homme

Ces trois menaces paraissent avoir été conjurées par trois décisions d'irrecevabilité de la Cour européenne : les décisions *UFC Que Choisir ? Côte-d'Or,* du 30 juin 2009, *Mme Etienne* du 15 septembre 2009 et la décision *Marc-Antoine* du 4 juin 2013. Dans l'arrêt *Marc-Antoine*, la Cour européenne a tranché une question cruciale : le fait que seul le rapporteur public, et non les parties à l'instance, obtienne communication du projet de décision du conseiller rapporteur ne viole pas le droit au procès équitable (art. 6).

---

8. Genevois B., « Le commissaire du gouvernement devant le Conseil d'État statuant au contentieux ou la stratégie de la persuasion », RFDA 2000, p. 1207.

BIBLIOGRAPHIE

Arnoult (E.) et Monnier (F.), *Le Conseil d'État : Juger, conseiller, servir*, 1999, Découverte Gallimard.

Bouvier (L.-A.), *Le Conseil d'État et la confection de la loi*, 2015, LGDJ-Lextenso, Systèmes.

Broyelle (C.), *Contentieux administratif*, 8e éd., 2020, LGDJ-Lextenso.

Caille (P.-O.), *Le contentieux administratif*, vol. 1, La Documentation française, 2014.

Chapus (R.), *Droit du contentieux administratif*, 13e éd., 2008, LGDJ-Lextenso.

Degoffe (M.), *La juridiction administrative spécialisée*, 1996, LGDJ-Lextenso.

Juris-Classeur, Justice administrative

Latour (B.), *La fabrique du droit : une ethnographie du Conseil d'État*, 2002, La Découverte.

Pacteau (B.), *Le Conseil d'État et la Fondation de la justice administrative française au XIXe siècle*, 2003, PUF, Leviathan.

CHAPITRE 13

La répartition des compétences entre les ordres de juridiction

Au commencement, il y a l'interdiction faite aux tribunaux judiciaires par les lois du 16 au 24 août 1790 et du 16 fructidor an III, de se prononcer sur les « opérations des corps administratifs » ou sur les « actes administratifs ». « Les juges judiciaires ne pourront [...] troubler de quelque manière les opérations des corps administratifs ni citer devant eux les administrateurs pour raison de leur fonction ». Le caractère très général de cette formule laisse entière la question des matières dont la dévolution aux tribunaux judiciaires « troublerait les opérations des corps administratifs ». La Constitution dispose que le partage des compétences entre le juge judiciaire et le juge administratif relève de la loi[1].

Dans bien des domaines cependant, la loi est silencieuse. La jurisprudence a pris le relais en précisant les compétences de la juridiction administrative ainsi que les compétences du juge judiciaire en matière administrative. En cas de différend relatif à la compétence de l'un ou l'autre ordre de juridiction, le Tribunal des conflits pourra toujours être saisi.

1 • LA COMPÉTENCE DE LA JURIDICTION ADMINISTRATIVE

Le contentieux administratif reste faible. Environ 250 000 décisions par an, contre 2,6 millions pour le juge judiciaire et 800 000 pour le juge pénal. La tentation existe par conséquent, pour des raisons pratiques mais aussi idéologiques, de supprimer la dualité juridictionnelle, seule la juridiction judiciaire subsistant. Cette hypothèse est aujourd'hui peu probable. D'une part, la juridiction administrative bénéficie d'un statut constitutionnel et d'autre part, l'évolution du critère de compétences de la juridiction administrative a permis l'émergence de principes de compétences satisfaisants.

1. CE, 30 mai 1962, Association française de la meunerie : Lebon, p. 223.

A - Le statut constitutionnel de la juridiction administrative

L'existence de la juridiction administrative est constitutionnellement protégée. Seules certaines de ses compétences sont en revanche garanties par la jurisprudence du Conseil constitutionnel.

1) *L'existence de la juridiction administrative*

L'autorité judiciaire est expressément visée par la Constitution, l'article 64 disposant que « le Président de la République est garant de l'indépendance de l'autorité judiciaire ». Aucun fondement constitutionnel explicite n'existe en revanche pour la juridiction administrative. Certes, le principe de séparation des autorités administratives et judiciaires résultant des lois de 1790 et de l'an III fonde l'existence de la juridiction administrative, seulement cette base n'est que législative.

Le Conseil constitutionnel a tranché en faveur du statut constitutionnel de la juridiction administrative dans une décision du 22 juillet 1980[2]. Il a jugé qu'il existait un principe fondamental reconnu par les lois de la République, donc un principe à valeur constitutionnelle, découlant de la loi du 24 mai 1872 portant réorganisation du Conseil d'État. L'indépendance de la juridiction administrative « est garantie ainsi que le caractère spécifique de [ses] fonctions sur lesquelles ne peuvent empiéter ni le législateur ni le gouvernement ». Ils ne sauraient « ni censurer les décisions de la juridiction, ni [leur] adresser d'injonctions, ni se substituer à elles dans les jugements de litiges ». Le juge administratif se voit offrir les mêmes garanties d'indépendance constitutionnelle que celles dont bénéficie le juge judiciaire. La juridiction administrative est ainsi consacrée. La révision constitutionnelle du 23 juillet 2008, en désignant pour la première fois le Conseil d'État dans sa fonction contentieuse a encore renforcé le fondement constitutionnel de la juridiction administrative.

2) *Les compétences de la juridiction administrative*

Toutes les compétences de la juridiction administrative n'ont pas été constitutionnalisées. Certaines d'entre elles pourraient ainsi être transférées au juge judiciaire par voie législative.

a) La constitutionnalisation des compétences

L'existence de la juridiction administrative mais surtout ses compétences ont été confortées par la décision du 23 janvier 1987[3] rendue à propos d'une loi transférant à la juridiction judiciaire le contentieux des décisions du Conseil de la concurrence.

Le Conseil constitutionnel pour fonder sa décision, s'appuie sur « la conception française de la séparation des pouvoirs [qui] figure au nombre des principes fondamentaux reconnus par les lois de la République ». En vertu de cette conception, « à l'exception des matières réservées par nature à l'autorité judiciaire, relève en dernier ressort de la compétence de la juridiction administrative l'annulation ou la réformation des décisions prises, dans l'exercice des prérogatives de puissance publique, par les autorités exerçant

2. 22 juill. 1980, n° 80-119 DC, Validation d'actes administratifs.
3. 23 janv. 1987, n° 86-224 DC, Contentieux des décisions du Conseil de concurrence.

le pouvoir exécutif, leurs agents, les collectivités territoriales de la République ou les organismes publics placés sous leur autorité ou leur contrôle ».

b) Les compétences constitutionnalisées

La formule permet de dégager les critères de compétences constitutionnellement réservés à la juridiction administrative. Il s'agit de « décisions » prises par des collectivités ou des organismes publics, dans l'exercice de prérogatives de puissance publique, en matière de contentieux de l'annulation ou de la réformation. Sont donc exclus de cette garantie constitutionnelle les décisions prises en matière de contrats et le contentieux des actes administratifs accomplis par des personnes privées. Ces deux domaines pourraient donc, sans obstacle judiciaire, être attribués au juge judiciaire.

B - L'évolution du critère de compétence

Un critère unique d'attribution de compétences n'a, hélas, jamais vraiment existé. D'où la grande complexité des solutions en la matière. Selon les époques, ou parfois simultanément, différents critères ont été utilisés. Quatre âges peuvent être distingués, correspondant à quatre critères différents.

1) L'âge de l'administration

Les tribunaux administratifs ont d'abord été considérés comme compétents pour tous les procès impliquant l'administration. Le critère était par conséquent simple : dès que l'administration agissait ou qu'elle était partie prenante, peu importe sous quelle forme, la juridiction administrative était compétente.

2) L'âge de la puissance publique

Du début à la fin du XIXe siècle, la référence à la notion de puissance publique fonde le droit administratif. Lorsque l'État agit en qualité de puissance publique, qu'il commande, interdit, autorise, en d'autres termes que les actes qu'il accomplit sont des actes d'autorité et non de gestion, le droit administratif doit être appliqué. En vertu de la règle de la compétence et du fond, la juridiction administrative est compétente.

Lorsqu'au contraire, l'État se comporte comme un simple particulier en accomplissant des actes de gestion, qu'il conclut par exemple, des contrats de droit commun, le droit privé doit être appliqué, les activités de gestion relèvent donc du juge judiciaire. C'est ce que l'on a appelé « l'école de la puissance publique » (Hauriou).

3) L'âge du service public

L'arrêt *Blanco* du 8 février 1873 marque l'abandon du critère de puissance publique remplacé par celui du service public. Relèvent désormais des tribunaux administratifs tous les procès qui mettent en cause l'organisation ou le fonctionnement des services publics. Le droit administratif doit s'appliquer dès qu'il y a service public, mais uniquement dans ce cas. L'arrêt *Blanco* lie ainsi à la notion de service public l'application des règles spéciales de droit administratif et la compétence de la juridiction administrative. La relation entre le service public et le régime administratif était si étroite que la doctrine a cru pouvoir les assimiler l'un à l'autre. C'est la théorie de l'école dite « du service public » (Duguit, Jèze, Bonnard). Ce critère a dû être à son tour abandonné. L'apparition des services publics industriels et commerciaux qui sont des services publics organisés et gérés selon des procédés de droit privé, a permis l'extension du droit privé et de la compétence du juge judiciaire. Or, la jurisprudence a pris en compte et même développé cette évolution.

4) L'âge de la gestion publique et de la gestion privée

Des pans entiers du contentieux des services publics ont été transférés au juge judiciaire à mesure que se développait une gestion privée des services publics. La notion de service public a continué à perdre de son influence sans pour autant disparaître. Elle joue toujours un rôle important au sens où la jurisprudence attache des conséquences à la présence d'un service public. Elle n'a plus cependant le rôle de critère exclusif.

Un autre critère est désormais utilisé pour limiter l'application du droit administratif. Ce critère complémentaire au service public réside dans la distinction entre ce que l'on appelle la gestion publique et la gestion privée. Le régime administratif ne s'applique plus que lorsque l'activité de service public s'exerce sous la forme de la gestion publique, dans des conditions exorbitantes du droit commun. Ce régime rappelle, mais sous une forme assez différente, ce que l'on appelait le critère de la puissance publique.

C - Les principes de répartition des compétences

Il n'existe pas de critère unique de répartition des compétences entre les deux ordres de juridiction. Seule une combinaison de critères est susceptible de rendre compte d'une manière assez exhaustive de cette répartition.

1) L'administration partie prenante

La juridiction administrative n'est, en règle générale, compétente qu'à l'égard de litiges auxquels l'administration est partie prenante. Ce sera le cas dans un litige opposant un particulier à une collectivité publique ou deux collectivités l'une contre l'autre.

2) La mise en œuvre de prérogatives de puissance publique

Parmi les litiges auxquels l'administration est partie prenante, seuls relèvent de la juridiction administrative ceux dans lesquels sont impliqués des prérogatives de puissance publique. Les litiges nés d'activités privées de l'administration, en particulier de son domaine privé, relèvent au contraire du juge judiciaire.

L'activité des services publics administratifs ainsi que l'activité de police, répondent à ces conditions. En revanche, l'activité des services publics industriels et commerciaux, la gestion du domaine privé des personnes publiques et enfin, les contrats de l'administration qui ne contiennent pas de clauses exorbitantes de droit commun[4], n'y répondent pas.

4. CE, 31 juill. 1912, Société des granits porphyroïdes des Vosges : Lebon, p. 909, GAJA : marché de fourniture de pavés passé selon les règles et conditions de contrats intervenus entre particulier.

3) Les services publics de l'administration

La juridiction administrative n'est compétente qu'à l'égard des services publics de l'administration, c'est-à-dire à l'égard d'une fonction administrative. Les activités qui portent sur les autres fonctions de l'État échappent en principe, au contrôle de la juridiction administrative. Tel est le cas des fonctions législative et judiciaire.

a) L'exclusion de la fonction législative

La juridiction administrative est incompétente pour connaître du contentieux intéressant l'activité des organes législatifs. À ce principe, il existe deux exceptions :
- les actes individuels relatifs aux agents publics employés par les assemblées parlementaires ;
- les décisions du président de l'Assemblée nationale de passer des contrats.

b) L'exclusion de la fonction judiciaire

Le contentieux du service public de la justice judiciaire échappe aux tribunaux administratifs (saisine de la justice, décisions judiciaires, mesures d'exécution des jugements). Il s'agit là d'une illustration du principe de séparation des autorités administratives et judiciaires. À ce principe, il existe une exception. Il s'agit des actes portant sur l'organisation du service public de la justice judiciaire. Ce sont des actes administratifs unilatéraux. Les actes portant sur son exécution sont au contraire des actes juridictionnels constituant l'essence même de la fonction judiciaire[5].

2. LA COMPÉTENCE DU JUGE JUDICIAIRE EN MATIÈRE ADMINISTRATIVE

Il existe une compétence du juge judiciaire en matière administrative par détermination de la loi. Un bloc de compétences qui concerne la protection de la liberté individuelle d'une part, et la protection du droit de propriété d'autre part, lui est adjoint. Le juge judiciaire dispose enfin d'un pouvoir en matière de résolution des questions préjudicielles.

A - La compétence judiciaire par détermination de la loi

Au fil des décennies, de nombreux contentieux très divers concernant des services publics administratifs ont été attribués par des lois aux tribunaux judiciaires. Il s'agit du contentieux des impôts indirects (L. 5 ventôse an XII) ou de la sécurité sociale. La loi du 31 décembre 1957 donne compétence au juge judiciaire pour les actions en réparation de dommages causés par tous véhicules, y compris des véhicules administratifs. Cela permet d'éviter que ce contentieux relève d'un ordre de juridiction différent, selon que le véhicule à l'origine du dommage est administratif ou privé.

5. T. confl., 27 nov. 1952, Préfet de la Guyane : Lebon, p. 642, GAJA.

L'article L. 142-1 du Code de la sécurité sociale confie le contentieux de la gestion des régimes de la sécurité sociale à des tribunaux judiciaires spécialisés, « les tribunaux des affaires de la sécurité sociale ».

Un dernier exemple de compétence judiciaire par détermination de la loi est fourni par la loi du 12 novembre 1965 qui confie au juge judiciaire le contentieux des accidents nucléaires causés par des navires nucléaires.

B - La compétence judiciaire en matière de liberté individuelle

Aux termes de la jurisprudence *Dame de la Murette*[6], « il appartient à l'autorité judiciaire gardienne de la liberté individuelle de statuer sur les conséquences de tous ordres des atteintes arbitraires à cette liberté ». Le critère du juge judiciaire gardien des libertés individuelles a ensuite été consacré par la Constitution. Son article 66 confie à « l'autorité judiciaire, gardienne de la liberté individuelle », le respect du principe selon lequel « nul ne peut être arbitrairement détenu ». Par la suite, cet article a servi de base à l'extension de la compétence du juge judiciaire. À titre d'exemple, le juge judiciaire est compétent en matière d'expropriation ou d'indemnisation des propriétés traversées par des réseaux de distribution électrique. Il faut cependant préciser que l'institution de procédures de référés efficaces par la loi du 30 juin 2000 redonne une grande importance à l'intervention du juge administratif dans les questions touchant aux libertés individuelles (v. Chapitre 14). Le juge administratif peut en effet ordonner « toutes mesures nécessaires à la sauvegarde d'une liberté fondamentale ». Le juge judiciaire a perdu de ce fait, le quasi-monopole qu'il possédait dans ces domaines.

C - La compétence judiciaire en matière de droit de propriété

La théorie de la voie de fait et la théorie de l'emprise ont en commun d'avoir pour finalité la protection du droit de propriété. Elles se distinguent en ce que la théorie de la voie de fait à une portée beaucoup plus étendue.

1) La voie de fait

La voie de fait fournit une illustration jurisprudentielle de la compétence du juge judiciaire en matière administrative. Ses conditions de mise en œuvre sont très restrictives.

a) Définition de la voie de fait

La voie de fait est une illégalité manifeste de l'administration commise dans l'accomplissement d'une opération matérielle d'exécution. L'administration porte atteinte, de façon grave, à une liberté fondamentale ou au droit de propriété, soit en prenant une décision insusceptible de se rattacher à ses attributions, soit en procédant à l'exécution forcée d'une décision de manière injustifiée, même légale. L'atteinte est si grave que l'acte

6. T. confl., 27 mars 1952, Dame la Murette : Lebon, p. 626.

perd, en quelque sorte, son caractère administratif. Il est dégradé et confié au juge judiciaire. Le juge administratif peut constater la voie de fait mais il doit aussitôt se déclarer incompétent. Le fondement de ce « transfert » réside dans la compétence du juge judiciaire qui est gardien de la propriété privée et de la liberté individuelle.

b) Les conditions de la voie de fait

Pour qu'il y ait voie de fait, deux conditions doivent être réunies :

- ***une mesure manifestement hors des attributions de l'administration***. Cette condition sera réalisée si l'extrême gravité de son illégalité résulte de la décision elle-même. Quelles que soient les conditions de son exécution, elle ne relève d'aucun pouvoir de l'administration. L'extrême irrégularité peut résulter de l'exécution forcée gravement illégale d'une décision légale. En raison des risques que fait courir l'exécution de la décision aux libertés, et lorsqu'il existe d'autres voies de droit, l'exécution est constitutive d'une voie de fait à défaut d'urgence ;
- ***une atteinte à une liberté fondamentale***. Elle peut être constituée par la dépossession ou l'extinction de la propriété ou une atteinte grave à une liberté fondamentale. L'atteinte est si grave qu'elle rend l'exercice de la liberté impossible[7]. Il peut s'agir par exemple d'une atteinte à la liberté de la presse comme dans l'arrêt du Tribunal des conflits *Action française*[8].

2) L'emprise irrégulière

Pour qu'il y ait emprise, il doit y avoir une véritable atteinte à la propriété immobilière, qui prive le propriétaire de son immeuble. L'emprise peut être commise par l'administration ou par un entrepreneur de travaux publics. L'atteinte est d'un genre particulier puisqu'elle consiste en une occupation et donc en une dépossession. Elle se distingue ainsi du simple dommage qui pourrait être causé à un immeuble par une action extérieure. La compétence de la juridiction judiciaire est subordonnée à une condition : l'emprise doit être irrégulière. Elle ne peut donc pas être constituée par « l'exercice de droit attribué à l'administration par les textes législatifs »[9].

En raison de ce caractère de dépossession, les tribunaux judiciaires, gardiens du droit de propriété, sont compétents pour évaluer le préjudice résultant de l'emprise pour le propriétaire.

D - Les questions préjudicielles

La question préjudicielle, qui doit être distinguée de la question préalable, n'a pas la même portée selon qu'elle est mise en œuvre par le juge civil ou le juge répressif.

1) Question préjudicielle et question préalable

La validité d'un acte administratif peut constituer l'objet principal d'un procès. Ce sera le cas par exemple en matière de recours pour excès de pouvoir. Mais l'appréciation de

7. T. confl., 17 juin 2013, Bergoend c/Société ERDF Annecy : Lebon, p. 370, GAJA.
8. T. confl., 8 avril 1935, Action française : Lebon, p. 1226 (saisie du journal de Charles Maurras).
9. T. confl., 17 mars 1949, Société Hôtel du Vieux Beffroi : Lebon, p. 592.

la légalité d'un acte administratif ou son interprétation peut également constituer une question distincte de l'objet principal du litige. La question devra être tranchée en priorité car l'issue du procès en dépend.

Lorsque la juridiction saisie du litige est compétente pour la trancher, il s'agira d'une « question préalable ». Dans le cas contraire, il s'agira d'une « question préjudicielle ». La juridiction saisie devra surseoir à statuer en posant la question préalable à la juridiction compétente. Le procès reprendra son cours lorsque la réponse lui sera donnée. Cette dernière solution présente l'inconvénient de retarder le procès.

2) Le juge civil

Le juge judiciaire non répressif peut interpréter lui-même les actes administratifs réglementaires. Le Tribunal des conflits en a décidé ainsi dans l'arrêt *Septfonds* du 16 juin 1923[10]. En revanche, il ne peut ni interpréter les actes individuels, ni apprécier la légalité des actes administratifs. Il peut également apprécier la validité du règlement lorsque celui-ci a pour objet d'apporter des limitations à une liberté publique ou au droit de propriété. Il s'agit là d'une illustration supplémentaire du pouvoir judiciaire comme gardien des libertés et de la propriété.

L'arrêt *SCEA Chéneau*, du 17 octobre 2011[11], remet partiellement en cause la jurisprudence *Septfonds* en étendant les pouvoirs du juge civil. Celui-ci a désormais le pouvoir d'écarter l'application d'un acte administratif lorsque son illégalité est manifeste. L'appréciation de la légalité de l'acte administratif ne pourra cependant se faire que si une jurisprudence constante a établi auparavant l'illégalité de l'acte. Il ne s'agit donc pas d'un véritable contrôle de légalité des actes administratifs, le juge devant se borner à constater l'illégalité d'un acte, au vu de la jurisprudence administrative. L'arrêt *SCEA Chéneau* autorise également le juge à écarter l'application d'un acte administratif qui ne serait pas conforme au droit de l'Union Européenne. Il peut le faire sans saisir préalablement la juridiction administrative d'une question préjudicielle.

3) Le juge répressif

L'article 111-5 du Code pénal, entré en vigueur en 1994, consacre le caractère absolu de la plénitude de juridiction du juge pénal. Elle peut priver de tout effet l'acte administratif. Afin de garantir la rapidité et l'exemplarité de la sanction pénale, le code interdit les renvois au juge administratif au titre de la question préjudicielle : « Les juridictions pénales sont compétentes pour interpréter les actes administratifs réglementaires ou individuels et pour en apprécier la légalité lorsque de cet examen dépend la solution du procès pénal qui leur est soumis ».

3. LE TRIBUNAL DES CONFLITS

La dualité de juridiction peut poser des problèmes de répartition des compétences. Le Tribunal des conflits est là pour les résoudre. Crée en 1849, disparu sous le second

10. T. confl., 16 juin 1923, Septfonds : Lebon, p. 498, GAJA.
11. T. confl., 17 oct. 2011, SCEA du Chéneau : Lebon, p. 698.

Empire, il est finalement rétabli par une loi du 24 mai 1872 puis réorganisé en 2015[12]. Sa composition et ses attributions témoignent de la volonté d'en faire un organe de répartition objectif des compétences entre l'ordre administratif et l'ordre judiciaire.

A - Composition

Le tribunal des conflits est composé de façon paritaire. Il comprend onze membres : quatre conseillers d'État, quatre magistrats du siège hors hiérarchie de la Cour de cassation, deux suppléants et un président issu alternativement du Conseil d'État et de la Cour de cassation.

B - Attributions

Le tribunal des conflits est chargé de résoudre les conflits que la dualité d'ordres de juridiction est susceptible de faire surgir. Il est également compétent en matière de durée excessive de procédure.

1) La résolution des conflits de juridiction

Trois types de conflits sont susceptibles d'apparaître.

a) Le conflit positif

Le conflit positif est la procédure par laquelle un préfet s'oppose à ce qu'une affaire soit jugée par une juridiction judiciaire. Il estime que cette affaire relève de la compétence administrative. Outre les préfets, le préfet de police de Paris, les préfets maritimes et les hauts-commissaires des collectivités d'outre-mer sont également compétents pour mettre en œuvre le conflit positif.

Si la juridiction judiciaire refuse d'obtempérer au « déclinatoire de compétence » que lui adresse le préfet, il peut « élever le conflit » par un « arrêté de conflit ». En d'autres termes, il saisit le Tribunal des conflits

b) Le conflit négatif

Pour qu'il y ait conflit négatif, il faut qu'une juridiction judiciaire et une juridiction administrative se déclarent toutes les deux incompétentes pour une même affaire. Le justiciable qui se retrouve alors sans juge, peut saisir le Tribunal des conflits avec l'assistance d'un avocat au conseil d'État et à la Cour de cassation. Le préfet, dans ce type de conflit, n'intervient pas. Afin d'éviter le plus possible les conflits négatifs, le décret du 25 juillet 1960 a institué des procédures de prévention des conflits.

c) Le conflit de décisions

Le conflit de décisions est réalisé lorsqu'un tribunal judiciaire et un tribunal administratif rendent dans une même affaire des décisions contradictoires. Le tribunal des conflits est saisi, comme dans le conflit négatif, par le justiciable victime du conflit. Une fois saisi,

12. L. n° 2015-177, 16 févr. 2015.

le Tribunal des conflits ne se contente pas de prononcer une annulation. Il juge lui-même l'affaire au fond.

2) *La durée excessive des procédures*

Le Tribunal des conflits statue sur les recours en responsabilité pour une durée excessive des procédures. Ces procédures doivent être :

- afférentes à un même litige ;
- conduites entre les mêmes parties devant les deux ordres de juridictions.

BIBLIOGRAPHIE

BLANCO (F.), *Contentieux administratif*, 2019, PUF, Thémis.

BOYER (P.-X.) et BARRAY (C.), *Droit du contentieux administratif*, 2e éd., 2019, Gualino-Lextenso, Mémentos LMD.

BROYELLE (C.), *Contentieux administratif*, 8e éd., 2020, LGDJ-Lextenso.

CAILLE (P.-O.), *Le contentieux administratif*, vol. 1, La Documentation française, 2014.

GOHIN (O.), *Contentieux administratif*, 9e éd., 2017, Litec.

GUYOMAR (G.) et SEILLER (B.), *Contentieux administratif*, 5e éd., 2019, Dalloz.

ODENT (B.) et TRUCHET (D.), *La justice administrative*, 2008, PUF, Que sais-je ?

PERRIN (A.), *Contentieux administratif*, 2020, Dalloz, Mémentos.

RICCI (J.-C.), *Contentieux administratif*, 5e éd., 2016, Hachette.

CHAPITRE 14

La procédure administrative contentieuse

La procédure administrative contentieuse touche les libertés fondamentales des citoyens. Une procédure administrative contentieuse trop formaliste, dont les règles ne peuvent être comprises que par quelques initiés, risquerait de remettre en cause le droit d'accès à la justice de certains citoyens.

Le droit national, avec le Code de justice administrative entré en vigueur le 1er janvier 2001 et dans une certaine mesure, le droit international, avec la Convention européenne des droits de l'homme, ont tous les deux contribué, au cours des dernières décennies, à faire évoluer les règles régissant la procédure administrative contentieuse. Cela apparaît dans les différentes étapes de la procédure contentieuse : l'introduction du recours, le déroulement de l'instance, les mesures d'urgence et les voies de recours.

1 • L'INTRODUCTION DU RECOURS

Les règles de recevabilité fixées par le Code de justice administrative, relatives à la requête, au requérant, et aux délais, sont d'autant plus importantes qu'elles sont d'ordre public. Or, l'une des caractéristiques du contentieux administratif est le risque de rejets fondés sur l'irrecevabilité. La requête, dans cette hypothèse, n'est pas examinée au fond.

A - Les règles relatives à la requête

Pour être recevable, la requête doit impérativement être dirigée contre une décision préalable. Les faits et moyens doivent être exposés en langue française. Si ces conditions ne sont pas respectées, le juge pourra, sous certaines conditions, inviter le requérant à régulariser sa requête.

1) *La décision préalable*

L'article R. 421-1 du Code de justice administrative oblige le requérant à diriger sa requête, sous peine d'irrecevabilité, contre une décision explicite ou implicite de l'administration. C'est ce que l'on appelle la liaison du contentieux : le justiciable doit provoquer une décision et donner l'opportunité à l'état de satisfaire à sa demande. La règle de la décision préalable est inspirée par l'idée selon laquelle la décision permet d'instaurer un dialogue entre l'administration et l'administré susceptible d'aboutir à un règlement amiable du litige. Cette exigence ne pose pas de difficulté particulière en matière de recours pour excès de pouvoir, ce recours étant nécessairement dirigé contre un acte administratif unilatéral. En cas de silence de l'administration, le défaut de réponse vaut, aux termes de l'article L. 231-1 du Code des relations entre le public et l'administration, accord implicite au bout de deux mois, sauf exception (il existe 2 400 exceptions qui sont précisées par 45 décrets ; V. Sur Légifrance : Silence vaut rejet – SVR).

2) L'exposé des faits et des moyens

La requête doit contenir un exposé, même sommaire, des faits et moyens. Si cette exigence n'est pas respectée, elle pourra être régularisée ultérieurement, par un mémoire ampliatif, dans le délai du recours contentieux. Les pièces justificatives venant à l'appui de l'argumentation développée dans le mémoire doivent être jointes[1]. Le requérant doit indiquer clairement ses conclusions, c'est-à-dire ce qu'il demande au juge.

3) L'emploi de la langue française

La requête doit obligatoirement être rédigée en langue française. Cette exigence qui se fonde sur l'article 111 de l'ordonnance de Villers-Cotterêts, adoptée au cours de la 25e année du règne de François 1er, en 1539, a été renforcée par la révision constitutionnelle du 25 juin 1992 aux termes de laquelle « la langue de la République est le français », puis par la loi du 4 août 1994, relative à l'emploi de la langue française. Une langue étrangère, ou régionale, le breton par exemple[2], ne sera pas recevable.

4) La régularisation de la requête

Parfois, les requérants omettent de respecter certaines exigences dans leur requête. Le juge devrait normalement la rejeter pour irrecevabilité. La jurisprudence, par souci de conciliation, oblige au contraire le juge à inviter les requérants à régulariser leur requête. Le juge a ainsi l'obligation d'inviter le requérant à prendre un avocat s'il pensait pouvoir s'en dispenser.

B - Les règles relatives au requérant

La capacité à agir en justice est nécessaire pour le requérant ou pour son mandataire, mais elle n'est pas suffisante. Il faut également qu'il ait un intérêt à agir en justice.

1) La capacité d'agir en justice

Pour agir en justice, le requérant doit disposer de la capacité à agir en justice. Cette qualité est régie par les règles de droit civil. Les incapables peuvent exercer un recours

1. CJA, art. R. 412-2.
2. CE, 22 nov. 1985, Quillevère : Lebon, p. 333.

pour excès de pouvoir contre les décisions ayant une incidence sur leur liberté individuelle[3].

2) L'intérêt à agir

Le requérant doit démontrer son intérêt à agir. En effet, les recours contentieux, qu'il s'agisse du recours pour excès de pouvoir ou du recours de plein contentieux, ne sont pas des formes d'action populaire. Tous les actes de l'administration ne doivent pas être systématiquement soumis au juge.

Au surplus, il existe un principe général de procédure aux termes duquel, ***« pas d'intérêt, pas d'action »***. D'où la nécessité, pour le requérant, d'avoir un intérêt à agir. L'exercice du recours de plein contentieux ne pose pas de problème particulier étant fondé sur l'existence d'un droit subjectif facilement identifiable. Le recours pour excès de pouvoir pose en revanche plus de difficultés. Plusieurs conditions doivent être réunies pour qu'il y ait intérêt à agir :

- ***l'acte attaqué doit en premier lieu faire grief au requérant***. Le grief peut être matériel ou moral ;
- ***l'intérêt doit être légitime, raisonnable et certain***. Il n'est pas nécessaire en revanche qu'il soit direct et actuel ;
- ***il doit être personnel à l'individu ou au groupement qui forme le recours***. Cette exigence s'exprime par l'adage « nul ne plaide par procureur ». L'intérêt invoqué ne sera cependant pas reconnu s'il est trop général. Ainsi, la qualité de citoyen ne suffit pas à conférer un intérêt personnel à agir[4]. De même, la qualité de contribuable de l'État ne donne pas intérêt à agir contre des décisions augmentant les dépenses publiques[5]. Les associations et syndicats n'ont, en principe, d'intérêt à agir, que dans les domaines relevant de leur objet, défendus collectivement par leur membre.

3) Le mandataire

La requête doit contenir les indications indispensables à l'identification du requérant : son nom, son adresse et sa signature. Lorsque le requérant agit en qualité de mandataire, il doit justifier d'un mandat pour agir. Cette exigence ne s'applique cependant pas aux avocats qui sont traditionnellement présumés agir au nom de leurs clients[6].

Les mandataires des personnes morales de droit privé doivent au contraire produire les statuts de l'organisme et la décision habilitant le président de la personne morale (société, association, syndicat), à introduire un recours. Une délibération de l'assemblé générale n'est pas nécessaire si les statuts de l'association prévoient que le président a le pouvoir de représenter celle-ci en justice[7].

La représentation de l'État est assurée par le ministre concerné.

Le préfet représente les services déconcentrés.

3. CE, 10 juin 1959, Dame Poujol : Lebon, p. 355.
4. CE, 6 oct. 1965, Marcy : Lebon, p. 493.
5. CE, 25 juin 1920, Le Doussal et Métour : Lebon, p. 639.
6. Avis CE, sect., 29 nov. 1991, Syndicat des commerçants non sédentaires de la Savoie : Lebon, p. 414.
7. CE, sect., 3 avril 1998, Fédération de plasturgie : Lebon, p. 127.

Pour les collectivités territoriales, l'exécutif est en principe autorisé à agir par délibération de l'assemblée.

C - Les règles relatives aux délais de recours

Au-delà d'un certain délai, les actes ne peuvent plus être remis en cause. Il s'agit d'une nécessité, sans laquelle la sécurité des relations juridiques serait continuellement remise en cause. Cela explique que les délais en matière recours contentieux, leur computation ou leur prorogation, obéissent à des règles strictes définies par le Code de justice administrative.

1) Le délai de droit commun

Le délai de droit commun est de deux mois à compter de la notification ou de la publication de l'acte attaqué (CJA, art. R. 421-1). Ce délai s'applique aussi bien aux recours pour excès de pouvoir qu'aux recours de plein contentieux. Dans certains cas, ces délais peuvent être plus courts ou plus longs. Par exemple, les recours dirigés contre les actes réputés juridiquement inexistants peuvent être exercés à tout moment, sans condition de délai. Au contraire, les recours à l'encontre des arrêtés préfectoraux de reconduite à la frontière sont de 48 heures.

Si le requérant laisse expirer le délai de recours contentieux sans déposer de recours, il est forclos. Cela signifie qu'il n'est plus recevable à exercer un recours.

2) La computation du délai

La publicité donnée à l'acte fait seul courir le délai. Il s'agit, selon les situations, de la date de publication, de l'affichage ou de la notification. Selon l'article R. 421-5 du Code de justice administrative, « les délais de recours ne sont opposables qu'à la condition d'avoir été mentionnés ainsi que les voies de recours dans la notification de la décision ».

Le délai est franc. Ne sont par conséquent pas pris en compte, le jour où commence à courir le délai et celui auquel il expire. Pour calculer le délai sans erreur, il suffit d'ajouter un jour à la date de publication de la décision et ensuite deux mois (et non 60 jours). Dans le cas de décisions implicites d'acceptation, le délai commence à courir le lendemain du jour où le délai donné à l'administration pour répondre a expiré. Aux termes de l'article L. 231-1 du Code des relations entre le public et l'administration, « le silence gardé pendant deux mois par l'administration sur une demande vaut décision d'acceptation ». Il existe cependant de nombreuses exceptions (environ 2 400 exceptions... qui sont précisées par 45 décrets, V. Sur Légifrance : Silence vaut rejet – SVR).

3) La prorogation du délai

La prorogation désigne le renouvellement du délai de recours contentieux. Le délai est interrompu avant de repartir à zéro pour, généralement, une durée de deux mois. Un requérant n'est en principe susceptible de bénéficier que d'une seule prorogation par acte attaqué. La prorogation peut se faire par l'exercice d'un recours gracieux ou hiérarchique. La demande ou le recours ainsi formé doit toujours intervenir avant l'expiration du délai contentieux.

2. LE DÉROULEMENT DE L'INSTANCE

Le Code de justice administrative prévoit de manière méticuleuse le déroulement de l'instruction. L'une de ses caractéristiques est le rôle important joué par le rapporteur public.

A - L'instruction

L'instruction est l'ensemble de la procédure menée par le juge en vue de permettre à la juridiction administrative de se prononcer sur la requête en connaissance de cause. Elle se distingue par trois traits de caractère : le premier qu'elle partage avec la matière civile, le caractère contradictoire. Les deux autres au contraire, qui la distinguent de la matière civile : elle est écrite et inquisitoriale.

1) L'instruction est contradictoire

Le principe signifie que toute pièce ou tout moyen, tout argument présenté par une partie doit pouvoir être discuté par l'autre (CJA, art. L. 5). Tout élément fourni au juge par l'une des parties est transmis à l'autre pour qu'elle le discute si elle l'estime nécessaire. Le principe du contradictoire est un principe général du droit. Un jugement rendu à la suite d'une instruction non contradictoire est annulé pour vice de procédure.

2) L'instruction est écrite

Les observations orales à l'audience sont rares. Si elles ont lieu, elles sont limitées à la reprise des mémoires pour commenter des moyens déjà soulevés. C'est dire qu'en contentieux administratif, « un bon avocat est un avocat qui se tait ». Une évolution est cependant en cours : le Conseil d'État introduit progressivement une dose d'oralité dans ses procédures contentieuses, traditionnellement écrites, l'objectif étant d'approcher davantage la réalité de l'affaire.

3) L'instruction est inquisitoriale

Le juge dirige l'instruction et décide des mesures nécessaires pour résoudre le litige. C'est tout particulièrement manifeste en matière d'expertise ainsi que pour toutes les mesures qui permettent la manifestation de la preuve. Le rôle de direction du juge administratif apparaît dès le début de l'instance à travers la saisine. Saisi par une requête, c'est à lui d'avertir le défendeur. Dans la procédure accusatoire civile, le demandeur adresse au contraire directement une assignation au défendeur par laquelle il l'invite à comparaître en justice.

B - Le rapporteur public

Choisi au sein de la juridiction administrative en raison de sa grande compétence, la fonction du rapporteur public a été remise en cause par la Cour européenne des droits de l'homme.

1) *La fonction du rapporteur public*

La fonction du rapporteur public a été parfaitement exposée par le Conseil d'État dans l'arrêt *Gervaise*[8] : « [il] a pour mission d'exposer au Conseil les questions que présente à juger chaque recours contentieux et de faire connaître, en formulant en toute indépendance ses conclusions, son appréciation, qui doit être impartiale, sur les circonstances de l'espèce et les règles de droit applicable ainsi que son opinion sur les solutions qu'appelle, suivant sa conscience, le litige soumis à la juridiction ». En d'autres termes, il expose à la juridiction les questions soulevées par le litige et développe, en toute indépendance, ses conclusions sur les circonstances de fait et les règles de droit applicables en proposant une solution au litige.

Ces conclusions sont parfois publiées dans des revues juridiques. Elles sont le plus souvent très instructives, d'autant plus que le rapporteur public présente également les différentes solutions que pourrait recevoir l'affaire, mais qu'il ne retient pas.

2) *La remise en cause du rapporteur public*

Le rôle du rapporteur a fait l'objet, ces dernières années, d'intenses débats. Entre 1849 et 2009 le rapporteur public était appelé « commissaire du gouvernement ». La France a été contrainte de changer son appellation sous la pression de la Cour européenne des droits de l'homme. Selon la Cour, l'appellation traditionnelle ne rendait pas compte de manière satisfaisante de sa fonction réelle, accréditant l'idée qu'il agissait au nom du gouvernement. Le rapporteur public, au surplus, toujours selon la CEDH, enfreignait le principe du contradictoire. Il n'était pas compatible de ce fait, avec le droit à un procès équitable de l'article 6 de la CEDH. En effet, les conclusions prononcées par le rapporteur public étaient traditionnellement soustraites au principe du contradictoire. Dans sa décision *Marc-Antoine c. France*, du 4 juin 2013, la Cour européenne des droits de l'homme a cependant jugé que, sous certaines conditions, le rapporteur public était compatible avec le droit à un procès équitable.

3. LES MESURES D'URGENCE

La justice est parfois trop lente. Un tribunal peut mettre plusieurs années avant de juger une affaire au fond. Les recours, au surplus, ne sont pas suspensifs en droit administratif. Les référés qui sont des procédures d'urgence, en permettant d'obtenir du juge qu'il prenne des mesures provisoires sans attendre la solution de fond du litige, renforcent l'effectivité même du contrôle juridictionnel. Il existe deux catégories de référés qui ont en commun d'avoir été profondément réformés par la loi du 30 juin 2000 : ceux qui sont soumis à la condition d'urgence et ceux qui ne le sont pas.

8. CE, 10 juill. 1957, Gervaise : Lebon, p. 466 – CE, 21 juin 2013, Communauté d'agglomération du pays de Martigues : Lebon, p. 167.

A - Les référés soumis à la condition d'urgence

Trois référés sont soumis à la condition d'urgence. Il s'agit du référé suspension, du référé liberté et du référé conservatoire.

1) *Le référé suspension*

Le référé suspension (CJA, art. L. 521-1) permet au juge unique des référés de suspendre, dans l'attente d'un jugement au fond, l'exécution d'un acte attaqué par voie de recours en annulation ou en réformation. Deux conditions doivent être réunies :

- ***la légalité de la mesure doit apparaître discutable***. Il faut, selon l'article L. 521-1 du code qu'il existe un « moyen propre à créer, en l'état de l'instruction, un doute sérieux quant à la légalité de la décision » ;
- ***il faut qu'il y ait urgence***. Celle-ci existe lorsque « l'exécution de l'acte porte atteinte de manière suffisamment grave et immédiate, à un intérêt public, à la situation du requérant ou aux intérêts qu'il entend défendre ». L'urgence doit s'apprécier objectivement, c'est-à-dire en mettant en balance les intérêts invoqués par le requérant et les intérêts publics invoqués par l'administration.

Si ces conditions sont remplies, le juge n'est pas pour autant tenu d'ordonner le référé suspension. Et s'il le décide, il peut moduler les effets de la suspension dans le temps ou dans la portée (suspension totale ou partielle d'un acte).

2) *Le référé liberté*

Créé par la loi du 30 juin 2000, le référé liberté (CJA, art. L. 521-2) permet au juge unique, saisi d'une demande de référé liberté, « d'ordonner toutes mesures nécessaires à la sauvegarde d'une liberté fondamentale à laquelle une personne morale de droit public ou un organisme de droit privé chargé de la gestion d'un service public aurait porté dans l'exercice de ses pouvoirs, une atteinte grave et manifestement illégale ».

Ce référé peut donc faire obstacle à l'exécution d'une décision administrative. Trois conditions doivent être réunies pour que le référé-liberté puisse être prononcé :

- ***l'atteinte à une liberté fondamentale***. La notion de liberté fondamentale est entendue de manière très large par le Conseil d'État. Sont des libertés fondamentales l'ensemble des libertés publiques : liberté de réunion, d'expression, de culte, d'aller et venir, droit de propriété, etc. ;
- ***l'atteinte grave et manifestement illégale à la liberté en cause***. Le référé liberté n'intervient que dans des hypothèses d'irrégularité caractérisée ;
- ***l'urgence***. La condition d'urgence est appréciée de façon stricte. L'urgence doit être telle qu'elle justifie que le juge statue dans un délai de 48 heures.

Si ces conditions sont remplies, le juge doit statuer dans un délai de 48 heures. Il prend des mesures provisoires et peut adresser des injonctions à l'administration. Il ne peut cependant aller jusqu'à prononcer l'annulation d'une décision administrative. Les mesures ordonnées doivent rester provisoires, c'est-à-dire réversibles.

3) *Le référé conservatoire*

Le référé conservatoire (CJA, art. L. 521-3) permet d'obtenir en urgence que l'administration fasse des actions qu'elle refuse ou semble refuser de faire d'elle-même. La communication d'un document, par exemple. Ce référé ne permet pas en revanche de retirer ou d'empêcher une décision administrative.

Trois conditions doivent être réunies pour que le référé conservatoire soit prononcé :
- il faut qu'il y ait ***urgence à intervenir*** ;
- les ***mesures demandées doivent être conservatoires***. Elles doivent permettre de préserver l'avenir ;
- les ***mesures prononcées ne doivent « faire obstacle à l'exécution d'aucune décision administrative »***. Concrètement, le privilège du préalable, c'est-à-dire la force obligatoire des actes administratifs unilatéraux, ne doit pas être entravé.

B - Les référés non soumis à la condition d'urgence

Le juge, lorsqu'il est saisi d'une demande pour un de ces référés, peut prononcer des mesures destinées à la constatation de faits, au prononcé de mesures d'instruction ou à l'obtention d'une provision.

1) Le référé constat

Crée par la loi du 22 juillet 1889, le référé constat (CJA, art. R. 531-1) connaît un succès renouvelé depuis qu'un décret du 22 novembre 2000 a supprimé la condition d'urgence pour y recourir. Ce référé, en permettant des constatations matérielles, sert à sauvegarder la preuve de faits litigieux appelés à disparaître rapidement. Le président peut ainsi désigner un expert pour constater sans délai des faits susceptibles de donner lieu à un litige devant la juridiction administrative.

2) Le référé instruction

Le référé instruction (CJA, art. R. 531 et s.) permet au juge d'ordonner, même en dehors de toute urgence, toutes les mesures d'instruction qui peuvent paraître utiles. La plupart du temps, il s'agit d'expertises en matière de dommages de travaux publics ou de responsabilité hospitalière. La demande de référé instruction doit être utile pour le règlement du litige principal.

3) Le référé provision

Ce référé a été introduit par le décret du 2 septembre 1988. Il permet au juge unique d'accorder, « même en l'absence d'une demande au fond, [...] une provision au créancier qui l'a saisi lorsque l'existence de l'obligation n'est pas sérieusement contestable » (CJA, art. R. 541-1). L'intérêt du référé provision est, pour les créanciers, d'obtenir une avance sur les sommes qui leur sont dues. Dans certaines situations, cela peut s'avérer très précieux. La provision, qui peut être subordonnée à la constitution d'une garantie, permet ainsi à la victime de disposer immédiatement de fonds, pour commencer par exemple des réparations sur un bâtiment endommagé.

4. LES VOIES DE RECOURS

Sauf exception, l'exercice des voies de recours n'est pas suspensif. L'appel et le pourvoi en cassation sont les voies de recours principales. Il existe, à côté, d'autres voies de recours.

A - L'appel

L'appel peut être interjeté devant les cours administratives d'appel. Pour certains contentieux, il se fait devant le Conseil d'État. Le but de l'appel est d'obtenir l'annulation ou la réformation de la solution donnée en première instance grâce à un nouvel examen du litige. L'effet dévolutif de l'appel signifie que le juge d'appel est tenu de rejuger, en fait et en droit, la décision qui lui est dévolue. Il est compétent pour se prononcer sur l'ensemble des moyens et conclusions présentées en premier ressort. Pour être recevable, l'appel doit être interjeté dans le délai de deux mois à compter de la réception de la notification du jugement. L'appel n'est pas suspensif comme en procédure civile, sauf en matière de contentieux des élections municipales, cantonales et régionales.

B - Le pourvoi en cassation

L'existence du pourvoi en cassation est une garantie fondamentale de bonne justice. Pour que le Conseil d'État l'examine, certaines conditions doivent être réunies.

1) Les conditions du pourvoi

Le recours en cassation est ouvert, même sans texte, à l'égard de l'ensemble des décisions rendues en dernier ressort[9]. En principe, il ne peut être exercé que devant le Conseil d'État qui, depuis la loi de réforme du contentieux du 31 décembre 1987, est devenu principalement un juge de cassation. Le délai pour se pourvoir en cassation est en principe de deux mois. Il est réduit à quinze jours contre les ordonnances rendues par le juge des référés. Seules les parties à l'instance qui a donné lieu à l'arrêt attaqué peuvent se pourvoir en cassation.

Le Code de justice administrative prévoit une procédure préalable d'admission afin d'éviter l'engorgement du Conseil d'État[10]. La procédure est confiée au président de la sous-section à laquelle le pourvoir est attribué. Le président peut décider de l'instruction du pourvoi ou, au contraire, ne pas accepter le pourvoi. Il rend alors « une décision juridictionnelle de refus d'admission » (CJA, art. R. 822-2).

Outre les moyens tirés de l'irrégularité de la décision juridictionnelle attaquée, seuls les moyens développés devant le juge du fond peuvent être invoqués devant le juge de cassation. Les moyens non repris en appel ne sont pas recevables en cassation.

9. CE, ass., 7 févr. 1947, d'Aillères : Lebon, p. 50, GAJA.
10. CJA, art. L. 822-1 et R. 822-1 à R. 822-6.

2) L'examen du pourvoi

Le recours en cassation a pour fonction d'assurer la conformité des arrêts au droit. Il n'a pas en revanche pour but de permettre au Conseil d'État d'effectuer un nouvel examen au fond du litige. Ainsi, le Conseil d'État juge avant tout les arrêts et non les litiges.

Les moyens de cassation peuvent porter sur la régularité externe de l'arrêt attaqué : règles de compétences, de forme et de procédure. Ils peuvent également porter sur le bien-fondé de l'arrêt. Dans ce cadre, le Conseil d'État peut être amené à contrôler la conformité de la solution du litige au droit.

Après avoir examiné les moyens, le Conseil d'État peut soit rejeter le recours, soit annuler l'arrêt. Lorsqu'il rejette le recours, c'est qu'il estime que l'arrêt est conforme au droit, tant du point de vue de sa régularité externe que de sa régularité interne. Lorsqu'il annule l'arrêt, il a le choix entre la cassation avec ou sans renvoi. La cassation avec renvoi évite au juge de cassation de statuer sur le fond du litige. La cassation sans renvoi est plus rare. Elle permet au juge de juger lui-même l'affaire au fond.

C - Les autres voies de recours

Ces voies de recours, au nombre de six, ne sont pas usuelles. L'une d'entre elles n'est même ouverte qu'aux ministres.

1) L'opposition

L'opposition est une voie de recours contre les décisions rendues par défaut. Il s'agit de décisions rendues sans que l'une des parties à l'instance ait présenté d'observations sur sa requête. Elle est ouverte à la partie défaillante contre les arrêts de CAA et du Conseil d'État. Elle n'est pas possible contre les jugements des TA.

2) La tierce opposition

La tierce opposition est une voie de recours qui permet à un tiers de contester un jugement qui lui porte préjudice alors qu'il n'y était pas présent. Cette voie de recours est une règle générale de procédure[11]. Afin de limiter son utilisation, la jurisprudence n'admet en principe sa recevabilité que si le jugement attaqué porte préjudice à un droit et non à un simple intérêt du tiers. Mais la notion de droit est entendue d'une manière extrêmement large.

3) Le recours en révision

Il vise à obtenir une nouvelle instruction et un nouveau jugement. Il peut être exercé devant le Conseil d'État lorsque la décision juridictionnelle a été rendue sur le fondement de pièces fausses ou, si par exemple, une partie n'a pas pu produire une pièce décisive retenue volontairement par une autre partie.

11. CE, 3 nov. 1972, Dame de Talleyrand-Périgord : Lebon p. 407.

4) Le recours en rectification d'erreur matérielle

Il n'est ouvert que devant les cours administratives d'appel et le Conseil d'État. Il tend à corriger des erreurs de plumes (chiffres, dates), ou des omissions. Le président du tribunal administratif dispose cependant d'un pouvoir propre de rectification d'une erreur ou d'une omission matérielle dans le délai d'un mois après notification du jugement.

5) Le recours en interprétation

Il peut être exercé sans condition de délai, par l'une des parties à l'instance, devant la juridiction dont émane le jugement, afin d'éclaircir une ambiguïté de la décision.

6) Le recours dans l'intérêt de la loi

Il n'est ouvert qu'aux ministres intéressés par l'affaire, à l'encontre des jugements définitifs. Ouvert sans condition de délai, il tend à faire rectifier une erreur dans l'application d'une règle de droit. Sa portée est purement de principe puisqu'il demeure sans effet sur la situation des parties telle qu'elle résulte de la décision.

Pour aller plus loin

Une révolution administrative : « le silence de l'administration vaut acceptation »

1) Éléments du débat parlementaire : débats, Sénat, séance du 16 juillet 2013

M. Jean-Jacques Hyest : « [...] Lors de sa conférence de presse du 16 mai 2013, le Président de la République a évoqué un « choc » : le silence de l'administration à l'expiration d'un certain délai vaudrait non plus rejet, mais autorisation. Cela reviendrait à inverser le principe énoncé à l'article 21 de la loi n° 2000-321 du 12 avril 2000 : à l'exception des cas où un régime de décision implicite de rejet serait institué dans les conditions prévues par décret en Conseil d'État, le silence gardé pendant plus de deux mois par l'autorité administrative sur une demande vaudrait décision d'acceptation. »

Madame le ministre : « On verra si vous y parviendrez ! »

M. Alain Richard : « Vous irez directement au Panthéon ! »

M. Jean-Jacques Hyest. : « Nous avons tenté de faire la même chose à plusieurs reprises, notamment en matière d'urbanisme. Nous avons rapidement abandonné, en partie à cause des ABF [architecte des bâtiments de France], sans faire de fixation. » (Sourires.)

« Néanmoins, tant que la décision n'est pas prise, tout le monde a peur et préfère attendre. Ce serait donc un progrès. »

M. Philippe Bas : « Faire naître des décisions illégales, c'est très dangereux ! »

M. Jean-Jacques Hyest : « Voilà ! Vous le constatez, on assiste immédiatement à une réaction attendue de la part de ceux qui ont une longue expérience de l'administration. L'avenir nous dira si la déclaration très empressée du Président de la République trouve à se réaliser, complètement ou, à tout le moins, de manière satisfaisante. »

BIBLIOGRAPHIE

BLANCO (F.), *Contentieux administratif*, 2019, PUF, Thémis.

BOYER (P.-X.) et BARRAY (C.), *Droit du contentieux administratif*, 3e éd., 2020, Gualino-Lextenso, Mémentos.

BROYELLE (C.), *Contentieux administratif*, 8e éd., 2020, LGDJ-Lextenso.

Conseil d'État, *L'application du nouveau principe « silence de l'administration vaut acceptation »*, 2014.

GAUDEMET (Y.), *Les méthodes du juge administratif*, 2013, LGDJ-Lextenso.

GUINCHARD (S.), « Le procès équitable : droit fondamental ? », AJDA 2002, p. 9.

PERRIN (A.), *Contentieux administratif*, 2020, Dalloz, Mémentos.

ROUQUETTE (R.), *Petit traité du procès administratif*, 9e éd., 2020, Dalloz.

CHAPITRE 15

Les recours contentieux

Les deux recours contentieux principaux sont le recours pour excès de pouvoir et le recours de plein contentieux.

Un juge peut annuler pour illégalité la décision administrative d'une autorité exécutive. Il s'agit d'une dimension fondamentale de l'État de droit. Le recours pour excès de pouvoir est l'outil qui permet cette annulation. Il peut aussi permettre aux requérants de protéger des droits particuliers. C'est l'objet du recours de plein contentieux. La distinction entre les deux recours est d'autant plus importante qu'elle emporte des conséquences sur leur régime juridique. Le recours pour excès de pouvoir, ses conditions de recevabilité, les cas d'ouverture ainsi que les pouvoirs du juge de l'excès de pouvoir, méritent une attention particulière en raison de lien étroit qui les unit au principe de légalité.

1 • LA DISTINCTION DU RECOURS POUR EXCÈS DE POUVOIR ET DU RECOURS DE PLEIN CONTENTIEUX

Les deux recours sont clairement distincts. C'est ce que montre leur définition. Par-delà ces différences, il existe toutefois une tendance au rapprochement.

A - La définition des recours

Le respect de légalité est le but exclusif du recours pour excès de pouvoir. Il est accessoire pour le recours de plein contentieux.

1) Le recours pour excès de pouvoir

« Le recours pour excès de pouvoir est l'action par laquelle toute personne y ayant intérêt peut provoquer l'annulation d'une décision exécutoire par le juge administratif en raison de l'illégalité de cette décision »[1]. Il s'agit d'un recours en annulation. En principe, rien d'autre. Ce qui signifie que le requérant ne peut demander au juge des indemnités. Lorsqu'il se prononce, le juge n'a le choix qu'entre deux solutions : la vie ou la mort de l'acte qui lui est déféré. Quant au requérant, il ne peut fonder son recours que sur l'illégalité, c'est-à-dire sur la violation du droit par l'administration.

1. Vedel G., Delvolvé D., *Droit administratif*, 1984, PUF, p. 737.

2) *Le recours de plein contentieux*

Le recours de plein contentieux n'a pas pour but, comme le recours pour excès de pouvoir, d'assurer le règne de la légalité. Il existe pour permettre aux requérants de protéger des droits particuliers. Cela explique que ses conditions de recevabilité soient plus restrictives. Le requérant doit être en mesure de faire état d'un préjudice. Le plus souvent, son recours sera soumis au ministère d'avocat.

Dans le recours de pleine juridiction, le juge dispose de pouvoirs plus étendus. C'est la raison pour laquelle on parle de « pleine juridiction » ou de « plein contentieux ». Ses pouvoirs ne se limitent pas, comme dans le cadre du recours pour excès de pouvoir, à annuler ou à valider un acte administratif. Il peut aussi réformer totalement ou partiellement la décision administrative contestée, voire lui en substituer une nouvelle. Le juge statue alors en fonction du droit en vigueur à la date de sa propre décision. Ce sera par exemple le cas dans le contentieux électoral : le juge administratif, s'il constate de graves irrégularités ayant pu modifier les résultats du scrutin, peut déclarer vainqueur celui qui avait initialement perdu. Ce sera encore le cas en matière de contentieux fiscal dans lequel le juge peut modifier la décision ayant fixé le montant de l'imposition contestée. Le juge peut également prononcer des condamnations pécuniaires en vue de la réparation de préjudices. Ce sera par exemple le cas en matière de contentieux de dommage de travaux publics.

B - Le rapprochement des deux types de recours

La différence entre les deux types de recours a tendance à s'estomper. Le premier facteur de cette évolution vient du renforcement des pouvoirs du juge de l'excès de pouvoir. Il dispose, depuis les lois du 16 juillet 1980 et du 8 février 1995[2], d'un pouvoir d'injonction et d'astreinte. Cela signifie qu'il peut ordonner à l'administration de prendre une décision pour assurer la bonne exécution d'un arrêt ou d'un jugement. Son pouvoir ne s'arrête donc plus à l'annulation d'un acte. La décision du Conseil d'État *Association AC et autres*[3], lui donne également le pouvoir de moduler dans le temps les effets de ses décisions, au cas où ils seraient manifestement excessifs (sur la modulation, V. la fin de ce chapitre).

Le second facteur vient de l'extension du domaine du plein contentieux. Dans sa décision Société *Atom*[4], le Conseil d'État a jugé que, lorsqu'il est saisi d'une contestation relative à une sanction infligée par l'administration à un administré, le juge administratif se prononce toujours comme juge de plein contentieux.

---

2. L. n° 80-539, 16 juill. 1980, relative aux astreintes prononcées en matière administrative et à l'exécution des jugements par les personnes morales de droit public ; L. n° 95-125, 8 févr. 1995, relative à l'organisation des juridictions et à la procédure civile, pénale et administrative.
3. CE, ass., 11 mai 2004, Association AC : Lebon, p. 197.
4. CE, ass., 16 févr. 2009, Atom : Lebon, p. 25.

2. Les caractères du recours pour excès de pouvoir

Le recours pour excès de pouvoir comporte deux traits de caractère : il est un recours en annulation et il est un recours d'ordre public.

A - Un recours en annulation

Le juge de l'excès de pouvoir n'a d'autre choix que d'annuler l'acte attaqué. Cette simplicité du recours par excès de pouvoir, qui ne correspond d'ailleurs plus tout à fait à la réalité actuelle, s'explique par des raisons historiques. L'idée selon laquelle une décision illégale doit pouvoir être annulée, s'est formée progressivement. La loi des 7 et 14 octobre 1790, aux termes de laquelle « les réclamations d'incompétence à l'égard des corps administratifs ne sont en aucun cas du ressort des tribunaux et doivent être portées devant le roi, chef de l'administration générale », constitue un premier jalon.

La loi dénie la compétence des juridictions judiciaires, mais admet un recours administratif devant le chef de l'État. La justice est retenue au sens où le Conseil d'État ne faisait que proposer des solutions au souverain. La justice déléguée ne sera établie que par la loi du 24 mai 1872 qui met un terme à la justice retenue. À partir de cette date, justice administrative et justice judiciaire qui sont toutes deux des justices déléguées, sont désormais sur un pied d'égalité.

Lors de l'apparition du recours pour excès de pouvoir, les recours étaient fondés sur l'incompétence de l'auteur de l'acte attaqué, c'est-à-dire sur le fait que son auteur avait excédé ses attributions. D'autres moyens d'ouverture sont venus s'ajouter au fil du temps. Parallèlement, des mesures ont été prises pour faciliter le recours pour excès de pouvoir : gratuité, dispense d'avocat, classification méthodique des diverses branches du contentieux (décret de 1864). Le système des ouvertures est progressivement perfectionné et l'intérêt à agir admis plus largement[5].

B - Un recours d'ordre public

Ce caractère d'ordre public du recours pour excès de pouvoir emporte trois conséquences :

- ***le recours pour excès de pouvoir est de droit***. Cela signifie qu'il n'est pas besoin d'un texte spécial pour qu'il existe à l'encontre d'un acte, ou d'une catégorie d'actes[6]. Pour exclure le recours pour excès de pouvoir dans une matière, le législateur devrait le dénier expressément ;
- ***nul ne peut renoncer par avance au recours pour excès de pouvoir***. Une telle renonciation serait nulle. En revanche, le requérant peut se désister d'un recours déjà formé ;
- lorsqu'un acte est annulé par la voie du recours pour excès de pouvoir, ***l'annulation est d'ordre public***. Elle est au surplus *erga omnes* : l'acte est annulé à l'égard de tous les administrés, et non pas seulement du requérant.

5. CE, 29 mars 1923, Casanova : Lebon, p. 333, GAJA.
6. CE, ass., 17 févr. 1950, Dame Lamotte : Lebon, p. 110, GAJA.

3. LES CONDITIONS DE RECEVABILITÉ DU RECOURS POUR EXCÈS DE POUVOIR

Selon une classification traditionnelle, les conditions de recevabilité se définissent par rapport à l'acte attaqué et au requérant.

(Pour les autres conditions : forme, délais de recours, exception de recours parallèle, V. Chapitre 14, La procédure administrative contentieuse).

A - Les conditions relatives à l'acte attaqué

Il y a un principe : l'acte attaqué doit être un acte administratif unilatéral. Mais, comme souvent, il y a aussi une exception. Dans certaines hypothèses, les recours pour excès de pouvoir contre les contrats administratifs sont recevables.

1) Le principe : un acte administratif unilatéral

Pour être recevable, le recours pour excès de pouvoir doit être dirigé contre un acte administratif unilatéral. Autrement dit, un recours formé contre une mesure d'ordre intérieur, un contrat administratif ou un acte préparatoire est irrecevable.

Il existe un tempérament au principe : le juge administratif, souhaitant prendre en compte les intérêts des tiers lésés par un contrat administratif, admet qu'à défaut d'être formé contre le contrat proprement dit, le recours pour excès de pouvoir puisse être dirigé en premier lieu contre les clauses réglementaires du contrat, en second lieu contre les actes administratifs unilatéraux détachables du contrat[7]. Ces actes peuvent être relatifs à la formation du contrat ou postérieurs à la formation du contrat. La décision de passer le contrat par exemple, est un acte détachable.

2) Les exceptions : contrat administratif et droit souple

Aux termes de la loi de décentralisation du 2 mars 1982, les préfets peuvent attaquer, devant les tribunaux administratifs, les actes des collectivités locales qui doivent leur être transmis. Or, au nombre des actes qui doivent être transmis figurent certains contrats administratifs. Le déféré préfectoral, qui remplace le contrôle *a priori* du préfet abandonné avec la loi du 2 mars 1982, présente donc cette originalité de pouvoir être dirigé contre un acte administratif unilatéral et contre un contrat administratif.

Le contrôle du juge de l'excès de pouvoir s'étend également aux actes de droit souple, généralement prononcés par des autorités de régulation (par exemple l'Autorité des marchés financiers). Il peut s'agir d'avis, de communiqués de presse, de recommandations, ou de mises en garde et prises de position.

---

7. CE, 4 août 1905, Martin : Lebon, p. 749, GAJA.

Il faut, selon le Conseil d'État, que ces actes soient « de nature à produire des effets notables »[8]. Il peut s'agir :
- d'effets de nature économique ;
- d'actes qui influent de manière significative sur les comportements des personnes auxquelles ils s'adressent.

B - Les conditions relatives au requérant

Pour être recevable, le recours pour excès de pouvoir doit émaner d'un requérant qui dispose de la capacité à agir et qui présente un intérêt à agir.

1) La capacité à agir

La capacité à agir est l'aptitude à ester en justice. Elle suppose d'avoir la capacité juridique et ne pose pas de problème spécifique au recours pour excès de pouvoir.

2) L'intérêt à agir

Le recours pour excès de pouvoir n'est pas une forme d'action populaire que tout citoyen aurait le droit d'entreprendre. Tous les actes de l'administration ne doivent pas être soumis au juge. Au surplus, il existe un principe général de procédure aux termes duquel, « pas d'intérêt, pas d'action ». D'où la nécessité, pour le requérant, d'un intérêt à agir. Plusieurs conditions doivent être réunies pour qu'il y ait intérêt à agir :
- ***l'acte attaqué doit faire grief au requérant***. Le grief peut être matériel ou moral. Ainsi, un prêtre a intérêt au respect de la liberté religieuse[9] ; un contribuable communal a un intérêt contre les décisions intéressant les finances communales[10] ;
- ***l'intérêt doit être légitime, raisonnable et certain*** ;
- il ***doit être personnel à l'individu ou au groupement qui forme le recours***. Cette exigence s'exprime par l'adage « nul ne plaide par procureur » ;
- ***le requérant doit appartenir à une catégorie limitée d'administrés***. Le juge est généreux dans son appréciation. Il admet par exemple que des requérants puissent agir en qualité d'usager du service public[11].

4. LES CAS D'OUVERTURE DU RECOURS POUR EXCÈS DE POUVOIR

Lorsqu'un recours est reconnu recevable, il reste à déterminer s'il est fondé. Le juge va alors examiner les ouvertures qui sont les moyens qu'un requérant peut faire valoir à l'appui d'un recours. Systématisés dès 1887 par Laferrière dans son *Traité de la*

8. CE, ass., 21 mars 2016, Société Fairvesta International GmbH et autres ; Société Numéricâble : Lebon, p. 89, GAJA.
9. CE, 8 févr. 1908, abbé Deliard : Lebon, p. 127.
10. CE, 29 mars 1901, Casanova : Lebon, p. 333, GAJA.
11. CE, 21 déc. 1906, Syndicat des propriétaires et contribuables du quartier de Croix-de-Seguey-Tivoli : Lebon, p. 962, GAJA.

juridiction administrative et des recours contentieux, ces ouvertures se divisent en deux catégories[12] : la légalité externe et la légalité interne.

A - La légalité externe

La régularité formelle de l'acte doit d'abord être examinée : a-t-il été pris par une autorité compétente ? Selon les formes et la procédure prescrite ? Ces deux questions correspondent aux deux premières ouvertures : l'incompétence et le vice de forme.

1) L'incompétence

Trois types d'incompétences peuvent être soulevés par le juge :
- ***l'incompétence matérielle*** (*ratione materiae*), lorsque l'autorité a pris une décision dans une matière ne relevant pas de ses attributions ;
- l'***incompétence territoriale*** (*ratione loci*), lorsque l'auteur a pris une décision sur une partie du territoire sur laquelle il ne peut agir ;
- l'***incompétence temporelle*** (*ratione temporis*), lorsque l'auteur a pris une décision alors qu'elle n'était pas encore ou qu'elle n'était plus compétente.

Ces règles de compétence sont d'ordre public. Le juge doit soulever d'office l'illégalité des actes administratifs unilatéraux qui les violent. Ce respect scrupuleux s'explique facilement : une autorité qui ne serait pas strictement liée par des règles de compétence risquerait d'étendre indéfiniment son pouvoir. Cela explique que la notion de compétence soit un élément fondamental de l'État de droit.

2) Le vice de forme et le vice de procédure

Le vice de forme est constitué par l'absence ou le non-respect des formes et des procédures qui, juridiquement, devraient être respectés. Tout manquement à ces règles de procédure ou de forme n'entraîne pas nécessairement l'annulation de l'acte. Il faut distinguer entre les irrégularités substantielles et les irrégularités non substantielles. Le non-respect de ces dernières n'a pas d'influence sur le sens de la décision car un administré n'a pas été privé d'une garantie. Les annulations pour vice de forme sont rares, le juge administratif cherchant à éviter d'imposer à l'administration un formalisme susceptible d'entraver, voire de paralyser son action. Le défaut de signature d'un acte administratif entraînera sa nullité. Le non-respect des règles de motivation, telles que celles qui sont imposées par la loi du 11 juillet 1978 sur la motivation des actes administratifs sera en revanche interprété avec plus de souplesse. Le juge recherche l'effet utile réel pour les administrés davantage que le respect scrupuleux de la lettre de la loi.

B - La légalité interne

Lorsque la régularité formelle de l'acte a été vérifiée, il faut examiner la régularité matérielle de l'acte, c'est-à-dire la conformité de son contenu au droit. Cette vérification doit se faire du point de vue de la violation de la loi, de l'erreur de fait et enfin, plus rarement, du détournement de pouvoir.

---

12. Cette distinction a été systématisée par CE, sect., 20 févr. 1953, Société Intercopie : Lebon, p. 88.

1) La violation de la loi

Ce cas d'ouverture est le plus récent et le plus diversifié. Il recouvre tous les moyens d'annulation qui ne rentrent pas dans les autres catégories. En substance, il y a violation de la loi si la hiérarchie des normes n'est pas respectée. Le contenu de l'acte est en contradiction avec les normes supérieures – constitutionnelles, législatives, réglementaires ou jurisprudentielles – qui s'imposent à l'administration.

L'un des cas les plus connus tant sa destinée fut grande, est constitué par l'arrêt du tribunal administratif de Paris du 25 janvier 1971[13]. Le préfet de Paris avait refusé de délivrer un récépissé de déclaration d'association, violant ainsi la loi du 1er juillet 1901 sur la liberté d'association. Pour contourner la décision du tribunal administratif de Paris annulant le refus du préfet, le Gouvernement fit voter une loi restreignant la liberté d'association. C'est cette loi qui a donné l'occasion au Conseil constitutionnel, dans sa décision du 16 juillet 1971, Liberté d'association, d'étendre la notion de constitution à celle de bloc de constitutionnalité.

2) L'erreur de fait

L'erreur de fait est constituée lorsque l'autorité administrative fonde son acte sur des faits qui sont inexacts, ou qui ne se sont pas réellement produits. La décision du Conseil d'État *Camino* illustre le cas de l'erreur sur l'exactitude matérielle des faits[14]. Monsieur Camino était maire d'Hendaye (Pyrénées-Atlantiques). Un décret du Président du conseil le révoque au motif qu'il n'aurait pas veillé à la décence du convoi funéraire de l'un de ses administrés, en l'occurrence un adversaire politique. En raison de la fermeture du portail du cimetière, le convoi aurait été contraint d'entrer par une brèche d'un mur d'enceinte du cimetière. Or la police des convois funéraires fait partie des compétences du maire. Monsieur Camino attaque sa révocation devant le Conseil d'État. Après vérification du juge, il s'avère que le convoi funéraire est passé par le portail. Dans une autre espèce, la mise en congé d'un préfet décidée « sur sa demande », alors qu'il n'avait rien demandé du tout[15]. Contrairement à l'arrêt *Camino*, la matérialité des faits peut avoir été constatée, seulement ces derniers sont appréciés de manière incorrecte. La décision de l'administration pourra encourir l'annulation pour erreur dans la qualification juridique des faits[16].

3) Le détournement de pouvoir

Dans un arrêt du 26 novembre 1875, le Conseil d'État annula un arrêté de fermeture d'une fabrique d'allumette. Le préfet avait usé de pouvoirs de police qui lui appartenaient sur les établissements dangereux, incommodes ou insalubres, « pour un objet autre que celui à raison duquel ils lui étaient conférés »[17].

L'objectif réel de l'arrêté de fermeture était d'éviter à l'État d'avoir à payer des indemnités d'expropriation, à la suite d'une loi établissant le monopole de la fabrication des allumettes au profit de l'État.

---

13. TA Paris, 25 janv. 1971, de Beauvoir et Leyris.
14. CE, 14 janv. 1916, Camino : Lebon, p. 15, GAJA.
15. CE, 20 janv. 1922, Trépont : Lebon, p. 65.
16. CE, 4 avril 1914, Gomel : Lebon, p. 488, GAJA.
17. CE, 26 nov. 1875, Pariset et Laumonnier-Carriol : Lebon, p. 936, GAJA.

L'arrêt de fermeture poursuivait bien un objectif d'intérêt général, mais pas celui pour lequel les pouvoirs lui avaient été conférés. Il y avait utilisation de compétences à des fins autres que celles pour lesquelles elles avaient été établies.

Dans l'arrêt *Bellescize*[18] le Conseil d'État annula un arrêté de police municipale limitant l'utilisation de la voie publique, non pas dans un but de sécurité publique, mais dans celui de réduire les frais d'entretien de la voie à la charge de la commune.

Dans ces deux exemples, un pouvoir de police est détourné car il est utilisé pour des motifs financiers. Il y a détournement de pouvoir bien que les autorités administratives aient poursuivi un but d'intérêt général : permettre à l'État de faire des économies.

Un détournement de pouvoir peut encore être constitué dans des cas où l'autorité administrative, en prenant l'acte, n'a poursuivi aucun but d'intérêt général. Tel sera le cas d'une fédération qui refuse de sélectionner un athlète pour le punir d'avoir critiqué l'un de ses dirigeants[19] ; ou encore d'un acte ayant pour but de nuire à autrui ou au contraire de favoriser autrui[20].

5. LES POUVOIRS DU JUGE DE L'EXCÈS DE POUVOIR

Les pouvoirs du juge de l'excès de pouvoir sont en principe strictement encadrés. Il peut soit annuler un acte en raison de son illégalité, soit rejeter le pourvoi. Dans leur mise en œuvre, ces pouvoirs sont cependant plus étendus. Le juge peut faire varier l'étendue du contrôle qu'il opère sur l'acte qui lui est soumis. Il peut également moduler les effets de l'annulation qu'il prononce.

A - L'étendue du contrôle du juge

Plus l'administration dispose de liberté de manœuvre dans son action, moins le contrôle du juge sera poussé. Au contraire, moins l'administration dispose de liberté de choix et plus le contrôle du juge sera important. D'où trois contrôles, en fonction du degré de pouvoir de l'administration : le contrôle minimum, le contrôle normal et le contrôle maximum.

1) Le contrôle minimum

L'administration en situation de compétence discrétionnaire dispose d'une grande liberté de choix dans son action. Face à ce pouvoir discrétionnaire, le juge se borne à exercer un contrôle minimum. Cinq éléments sont alors contrôlés par le juge de l'excès de pouvoir, relatifs à la légalité externe et à la légalité interne. Il s'agit de l'incompétence, du vice de forme et de procédure, du détournement de pouvoir, de l'erreur de droit et de l'inexactitude matérielles des faits.

18. CE, 12 nov. 1927, Bellescize : Lebon, p. 646.
19. CE, 25 mai 1998, Fédération française d'haltérophilie.
20. CE, 13 janv. 1995, Syndicat autonome des inspecteurs généraux et inspecteurs de l'administration : Lebon, p. 23.

Mais afin de s'assurer que le pouvoir discrétionnaire ne se transforme pas en pouvoir arbitraire, le juge contrôle, sauf exception, un sixième élément : l'***erreur manifeste d'appréciation***. Cette erreur peut être définie comme l'erreur énorme, grossière, qui ne pourrait échapper à personne. L'erreur manifeste d'appréciation permet ainsi au juge d'annuler par exemple une sanction manifestement disproportionnée infligée à un agent par sa hiérarchie. Dans certains cas cependant, le juge ne contrôle pas l'erreur manifeste d'appréciation. Il s'agit par exemple, des appréciations portées par les jurys d'examens ou de concours sur la valeur des copies des candidats[21].

2) *Le contrôle normal*

Le juge effectue un contrôle normal lorsqu'une décision est prise dans le cadre de la compétence liée, c'est-à-dire lorsque l'administration est tenue d'édicter une décision qui lui est imposée par les textes. Dans le cadre du contrôle normal, l'arsenal du juge administratif comprend, outre les cinq éléments du contrôle minimum, un sixième élément : la ***qualification juridique des faits***.

La qualification juridique des faits consiste à apprécier si un fait dont l'existence a été constatée est bien de nature à justifier une décision[22]. L'intensité de ce contrôle varie de l'erreur manifeste d'appréciation au contrôle de l'opportunité de la décision.

3) *Le contrôle maximum*

Lorsque des décisions de l'administration sont susceptibles de porter atteinte aux libertés publiques, le juge exerce un contrôle encore plus poussé. Il contrôle les six éléments du contrôle normal, ainsi qu'un septième élément : l'***adéquation d'une mesure par rapport aux motifs de fait***. Cette modalité de contrôle maximum peut le conduire, sous certaines réserves, à apprécier l'opportunité de la décision administrative dont il est saisi.

En matière de police administrative, afin de s'assurer que les restrictions demeurent l'exception, le juge vérifie que les autorités de police n'ont imposé aux citoyens que les mesures strictement proportionnées, en fonction des avantages qu'en retire l'ordre public et des inconvénients qui en résultent pour les libertés publiques[23]. L'urbanisme offre une autre illustration du contrôle maximum opéré par le juge administratif. Certains grands projets urbanistiques, le plus souvent d'intérêt local ou régional, sont susceptibles de porter atteinte au droit de propriété en raison des mesures d'expropriation qu'ils impliquent. Lors du contrôle des déclarations d'utilité publique intervenant dans le cadre des procédures d'expropriation, le juge pourra, à la suite de la mise en œuvre de la technique du « bilan coûts-avantages », si les inconvénients l'emportent sur les avantages, annuler le décret déclarant d'utilité publique l'expropriation[24].

21. CE, 20 mars 1987, Gambus : Lebon, p. 100.
22. CE, 4 avril 1914, Gomel : Lebon, p. 488.
23. CE, 19 mai 1933, Benjamin : Lebon, p. 541.
24. CE, ass., 28 mai 1971, « Ville nouvelle Est » : Lebon, p. 409.

B - La modulation des effets de l'annulation

La modulation des effets de l'annulation d'une décision ne peut être mise en œuvre que si certaines conditions sont réunies.

1) *Les conditions de la modulation*

En principe, lorsque le juge administratif annule un acte administratif, l'acte est réputé n'être jamais intervenu. Sa disparition de l'ordonnancement juridique immédiate est rétroactive[25]. De par son caractère radical, cette règle peut conduire à des conséquences manifestement excessives pour les intérêts publics et privés en présence. Afin de remédier à cette situation, le Conseil d'État, dans sa décision *Association AC ! et autres*[26], a énoncé les principes relatifs à l'office du juge et à la modulation des effets dans le temps d'une annulation contentieuse. Il a été jugé que, à titre exceptionnel, le principe de l'effet rétroactif de l'annulation, pouvait être aménagé lorsqu'il est « de nature à emporter des conséquences manifestement excessives en raison tant des effets que cet acte a produits [...] que de l'intérêt général pouvant s'attacher à un maintien temporaire de ses effets ». Le principe classique de l'effet rétroactif d'une annulation contentieuse n'est donc pas abandonné. Le Conseil d'État admet simplement une exception strictement encadrée.

2) *La mise en œuvre de la modulation*

Dans un premier temps, le juge doit, après avoir prononcé l'annulation d'un acte, se demander, soit à la demande des parties, soit d'office, si l'annulation rétroactive de l'acte « est de nature à emporter des conséquences manifestement excessives ». Le pouvoir de modulation ne pourra s'exercer que si la réponse est positive.

Le juge doit ensuite procéder à un bilan entre les intérêts contradictoires. Il met en balance les conséquences de l'annulation rétroactive sur les intérêts publics et privés en présence, et les inconvénients pour le principe de légalité des limites de l'annulation contentieuse.

Si les avantages d'une modulation l'emportent sur les inconvénients, il pourra moduler dans le temps les effets de l'annulation contentieuse. Il le fera en décidant que tout ou une partie des effets de l'acte antérieurs à son annulation devront être regardés comme définitifs, ou même que l'annulation ne prendra effet qu'à une date ultérieure que le juge déterminera lui-même.

La solution de la décision *Association AC ! et autres* est l'expression d'une évolution du rôle du juge administratif de la légalité. Par une même décision, il peut désormais prononcer l'illégalité d'un acte administratif puis, après avoir vérifié que cette illégalité n'était due qu'à une irrégularité procédurale, différer l'annulation et enjoindre à l'administration d'adopter la même décision, en respectant cette fois les formalités procédurales nécessaires.

25. CE, 26 déc. 1925, Rodière : Lebon, p. 1065.
26. CE, ass., 11 mai 2004, Association AC : Lebon, p. 197.

Pour aller plus loin

Le recours pour excès de pouvoir

Rivero (J.), « Le huron au Palais-Royal ou réflexions naïves sur le recours pour excès de pouvoir », D. 1962, chron., p. 37.

C'était un Huron, mais un Huron juriste ; assis au pied d'un hêtre pourpre, dont une feuille, parfois, détachée par le vent, venait poser sur son épaule comme l'amorce d'une épitoge rouge, il enseignait le droit public aux futurs guerriers de sa tribu. Les cœurs sensibles de ces jeunes hommes bons et vertueux s'exaltaient lorsque sa parole savante leur retraçait les merveilleuses inventions par lesquelles des Sages, de l'autre côté du grand Océan, avaient réussi à protéger les hommes contre les excès du pouvoir. Il rêvait de se rendre en pèlerinage à la ville d'où rayonnait sur le monde le flambeau du contentieux administratif. Une bourse d'études de l'UNESCO lui permit de réaliser son rêve. Il s'envola vers Paris.

À Orly, où j'allais l'accueillir, ses premiers mots furent : « Conduisez-moi, s'il vous plaît, au lieu où siège votre grand Conseil. » Lorsque nous fûmes dans la cour du Palais-Royal, il se prosterna la face contre terre en disant : « Je baise la terre sacrée dans laquelle s'enracine le grand arbre du recours pour excès de pouvoir, la plus merveilleuse création des juristes, l'arme la plus efficace, la plus pratique, la plus économique qui existe au monde pour défendre les libertés » comme l'a écrit votre Gaston Jèze ; rempart de l'opprimé, terreur de l'oppresseur qui, au moment où son bras va s'abattre, s'arrête en entendant la voix redoutable du juge clamer : « Tu n'iras pas plus loin ! ».

Je l'interrompis doucement : « Ne perdez pas de vue, mon cher collègue, que la sagesse du législateur n'a pas voulu accorder, au recours, le caractère suspensif ; il n'appartient donc pas au juge d'arrêter le bras de l'Administration au moment où elle exécute ; c'est après coup qu'intervient sa censure redoutée. » (...)

Il parut déçu, mais se reprit aussitôt : « Qu'importe, après tout ! L'essentiel n'est-il pas cette décision finale qui, d'un mot, annihile l'acte injuste l'acte injuste, efface toutes ses conséquences comme le soleil fond la glace sur nos grands lacs, et donne à la victime tout ce que le droit lui accorde, tout ce que l'Administration lui refusait ? ! »

Un scrupule me fit reprendre la parole : « Attention ! Le pouvoir du juge ne saurait aller jusque-là. De manière générale, vous le savez, il ne lui est pas permis d'imposer à l'Administration une obligation de faire, ni, à plus forte raison, de substituer sa décision à celle qu'il a censurée. (...) Il lui est interdit d'aller au-delà de la pure et simple annulation de l'acte. »

« C'est une interdiction rigoureuse, soupira-t-il ; quel est donc le texte qui l'a édictée ? »

Je souris : « Il n'est pas besoin d'un texte lorsque la nature des choses commande (...) Où irions-nous si le juge administratif tirait, de l'annulation, les conséquences nécessaires, dictait à l'Administration la conduite à tenir pour rétablir le droit, ou osait substituer lui-même, à la décision annulée, une décision juridiquement correcte ? » (...)

La stupeur se peignit sur le visage de mon compagnon : « Eh quoi ! votre juge serait-il pareil à ce faible sachem dont ma tribu, quelques années, connut le règne misérable, et qui, sachant son autorité contestée, n'a trouvé d'autre solution pour régner en paix que de ne jamais user de son pouvoir de chef, sûr de n'être pas désobéi dès lors qu'il ne commandait rien ? (...) »

Je l'interrompis avec véhémence : « Ne blasphémez pas ! c'est une grande et glorieuse institution que le recours pour excès de pouvoir, même lorsqu'il n'apporte pas à celui qui l'exerce avec succès une satisfaction concrète (...) il procure au particulier, d'abord un moyen de protester contre l'arbitraire, une issue à son indignation, ensuite, au minimum, la satisfaction de s'entendre dire qu'il avait raison contre le pouvoir : Cette victoire morale, la comptez-vous pour rien ? »

Ce fut à son tour de m'interrompre : « Nous autres, bons sauvages, nous sommes des esprits simples : nous pensons que la justice est faite pour le justiciable, et que sa valeur se mesure en termes de vie quotidienne. Ce n'est pas le développement du Droit qui nous intéresse, c'est la protection efficace qu'en tire le particulier. Je pensais que votre grand recours lui assurait cette protection. Ai-je fait un si long voyage pour apprendre qu'il n'en est rien ? »

Il y avait un tel abattement sur son visage que je tentais de le réconforter : « Ne désespérez pas ! Les progrès accomplis sont le gage des progrès futurs ; le recours n'a pas dit son dernier mot, et l'avenir reste ouvert : faites confiance au libéralisme du juge. » (...)

« Je reviendrai, dit-il, lorsque l'avenir aura répondu à votre confiance, et que le citoyen trouvera, dans le recours, les satisfactions effectives auxquelles nous autres, modestes Hurons, attachons un prix sans doute excessif. »

Le soir même, sans un regard pour la Tour Eiffel illuminée, il reprenait tristement le chemin de son hêtre pourpre et de son wigwam.

Quand le reverrons-nous ?

BIBLIOGRAPHIE

BAILLEUL (D.), *L'efficacité comparée des recours pour excès de pouvoir et des recours de plein contentieux objectif en droit public français*, 2002, LGDJ-Lextenso.

BERNARD (M.), « Le recours pour excès de pouvoir est-il frappé à mort ? », AJDA 1995, n° spécial, p. 190.

BROYELLE (C.), *Contentieux administratif*, 8e éd., 2020, LGDJ-Lextenso.

CHAPUS (R.), *Droit du contentieux administratif*, 13e éd., 2008, LGDJ-Lextenso.

Gremaud (W.), *La régularisation en droit administratif*, Dalloz, Nouvelle bibliothèque de thèse, 2021.

PERRIN (A.), *Contentieux administratif*, 2020, Dalloz, Mémentos.

RICCI (J.-C.), *Contentieux administratif*, 5e éd., 2016, Hachette.

ROUQUETTE (R.), *Petit traité du procès administratif*, 9e éd., 2020, Dalloz.

CHAPITRE 16

Les principes de la responsabilité administrative

Le mot responsabilité possède, en droit, des sens différents. Il peut s'agir de responsabilité politique, de responsabilité pénale ou même de responsabilité disciplinaire. La responsabilité administrative renvoie à la responsabilité civile qui oblige, sous certaines conditions, l'auteur d'un préjudice à le réparer.

Pour les particuliers, cette responsabilité se fonde sur l'article 1240 du Code civil aux termes duquel « tout fait quelconque de l'homme, qui cause à autrui un dommage, oblige celui par la faute duquel il est arrivé à le réparer ».

Pour l'administration, elle repose sur des principes propres à l'administration. Le Tribunal des conflits, dans l'arrêt *Blanco*[1], a consacré une théorie autonome de la responsabilité administrative, distincte de celle du droit civil : « cette responsabilité n'est ni générale, ni absolue ; [...] elle a ses règles spéciales qui varient suivant les besoins du service et la nécessité de concilier les droits de l'État avec les droits privés ».

L'originalité du régime de responsabilité administrative apparaît dans le préjudice indemnisable et dans la réparation du préjudice.

1• LE PRÉJUDICE INDEMNISABLE

Tout préjudice n'est pas réparable. Encore faut-il que celui-ci présente certaines caractéristiques d'une part, et qu'un lien de causalité le relie à l'administration d'autre part. Si ces deux premières conditions sont réunies, la question de l'imputabilité se pose, c'est-à-dire de la personne sur laquelle repose la responsabilité du fait dommageable.

A - Le préjudice

Pour être indemnisable, un préjudice doit présenter deux caractères : il doit être certain et évaluable en argent.

1. T. confl., 8 févr. 1873, Blanco : Lebon, p. 61.

1) *Un préjudice certain*

Le caractère certain du préjudice ne signifie pas que seuls seront indemnisés les préjudices nés et actuels. Un préjudice futur peut être certain. Un enfant qui naît invalide aura très certainement des difficultés supplémentaires dans sa vie. Pour être indemnisée, la perte d'une chance doit être suffisamment sérieuse. Un candidat irrégulièrement évincé d'un concours ou d'un examen de la fonction publique pourra ainsi être indemnisé. Encore faut-il que la preuve soit apportée que la faute de l'administration a privé la victime d'un espoir raisonnable qu'elle avait d'obtenir un avantage futur.

Par exemple un diagnostic erroné fait perdre au malade la chance qu'il avait de guérir ou d'éviter une infirmité[2]. Ce type de dommage est aléatoire certes, ce qui ne signifie pas qu'il n'est pas certain. La faute de l'administration a incontestablement nui à la victime. Encore faut-il que le préjudice soit spécial à la victime au sens où il peut être individualisé.

Un préjudice commun à l'ensemble d'une même catégorie n'est pas réparable car il ne constitue pas une rupture d'égalité.

Le préjudice doit également être anormal, c'est-à-dire qu'il doit excéder les inconvénients normaux de la vie en société.

2) *Un préjudice évaluable en argent*

Le préjudice doit être évaluable en argent. Cette condition ne pose pas de problème pour les préjudices matériels. Les préjudices moraux, parce qu'ils relèvent de l'ordre des sentiments, de l'immatériel, sont nécessairement plus difficiles à évaluer. La jurisprudence administrative accepte cependant de les réparer en les qualifiant, selon les décisions et selon le type de trouble (obligation de changer de mode de vie, atteinte à la réputation, préjudice esthétique), de « trouble dans les conditions d'existence » ou « d'atteinte à la partie sociale du patrimoine moral ».

Depuis les années 1960, le juge administratif est également revenu sur l'adage selon lequel « les larmes ne se monnaient pas ». Il accepte désormais d'indemniser, généralement selon une méthode forfaitaire, le chagrin ressenti à la mort d'un être cher[3]. La douleur causée par la disparition d'un proche rapporte ainsi 15 000 euros s'il s'agit d'un fils ou d'une fille, d'un père, d'une mère ou d'un conjoint. La perte d'un frère ou d'une sœur est beaucoup moins rentable : aux alentours de 4 000 euros.

B - Le lien de causalité

Le juge administratif s'inspire de différents systèmes de causalité. Les conséquences du choix de l'un ou de l'autre sont importantes. Cependant, quel que soit le système choisi, c'est à la victime d'apporter la preuve de la causalité.

2. CE, 2 déc. 1977, Dame Rossier : Lebon, p. 485.
3. CE, ass., 24 nov. 1961, Letisserand : Lebon, p. 661, GAJA.

1) *Les systèmes de causalité*

Comme en droit civil, un lien de causalité doit exister entre la faute et le dommage. Il s'agit d'un principe de bon sens : pour être indemnisable, le préjudice doit être le résultat d'un fait imputable à l'administration. Deux grands systèmes de causalité existent :

- l'***équivalence des conditions***, est un système dans lequel est considéré comme ayant contribué à la réalisation du dommage tout élément sans lequel le dommage n'aurait pas eu lieu ;
- la ***causalité adéquate*** dans laquelle n'est considéré comme causal que l'élément qui a eu la part prépondérante dans la production du dommage.

Le juge civil pratique plutôt l'équivalence des conditions tandis que le juge administratif préfère la causalité adéquate. Il s'agit néanmoins d'une simple préférence. Selon les affaires, il pourra s'inspirer de l'un ou l'autre système. La causalité adéquate possède cependant cet avantage d'éviter que la responsabilité de l'administration soit mise en œuvre de manière injustifiée.

2) *La preuve de la causalité*

Le juge exige qu'il existe un lien direct de cause à effet entre le fait et le préjudice. Le préjudice dont se prévaut la victime doit pouvoir être rattaché par un lien suffisamment étroit à une action ou une inaction de l'administration. Ce lien doit être prouvé par la victime. Cette exigence ne pose pas de problème lorsque la causalité du dommage est évidente. Peuvent ainsi se prévaloir d'un dommage le riverain d'une voie publique dont le mur s'effondre du fait de creusement d'un fossé sur le bas-côté de la route[4]. En revanche, un tel lien n'existera pas lorsqu'un délai de six mois s'est écoulé entre la fin de la permission de sortie accordée à un détenu et l'agression qu'il commet[5].

L'appréciation est cependant souvent délicate à effectuer. Il a ainsi été considéré que le lien de causalité entre la vaccination contre l'hépatite B et la survenance d'une sclérose en plaques pouvait être constaté « dès lors que les rapports d'expertise, s'ils ne l'ont pas affirmé, n'ont pas exclu l'existence d'un tel lien en raison du bref délai entre la vaccination et la survenance des symptômes et de l'absence d'antécédents chez les patients »[6].

C - L'imputabilité

Plusieurs personnes publiques peuvent coopérer pour prendre en charge une même mission de service public. Par un exemple, un accident causé par les transports scolaires peut entraîner simultanément la condamnation de la commune et celle du département. Lorsqu'un dommage trouve son origine dans les fautes de plusieurs personnes publiques dont chacune aurait à elle seule pu produire le dommage, la victime peut « rechercher la réparation de son préjudice en demandant la condamnation de l'une de ces personnes ou de celle-ci conjointement »[7].

4. CE, 18 mai 1973, Djian : Lebon, p. 361.
5. CE, 27 mars 1985, Mme Henry : Lebon, p. 92.
6. CE, 21 nov. 2012, Ville de Paris : Lebon, p. 386.
7. CE, 2 juill. 2010, M. Madranges : Lebon, p. 236.

Ensuite, aux différentes personnes publiques, en fonction de leur responsabilité effective, de mener des actions récursoires entre coauteurs du dommage.

2. LA RÉPARATION DU PRÉJUDICE

Le préjudice doit être intégralement réparé. Trois facteurs sont susceptibles d'avoir des incidences sur la mise en œuvre de ce principe : la présence ou l'absence de causes d'exonération, la date d'évaluation du préjudice et les règles de calcul des indemnités.

A - Les causes d'exonération

La responsabilité de l'administration peut être limitée, partiellement ou totalement, par une cause d'exonération. Il en existe quatre : la faute de la victime, le fait du tiers, la force majeure et le cas fortuit.

1) La faute de la victime

La faute de la victime exonère totalement ou partiellement l'administration de sa responsabilité. Cette exonération trouve son fondement dans l'adage « nul ne peut invoquer sa propre turpitude ». La règle s'applique aussi bien à la responsabilité pour faute qu'à la responsabilité sans faute. La faute de la victime peut, par exemple, consister en une imprudence, un non-respect des panneaux de signalisation routier, un excès de vitesse, ou un défaut de surveillance des parents.

2) Le fait du tiers

Le « tiers auteur » ne doit pas être confondu avec le « tiers victime ». Le tiers auteur ***doit supporter la part des dommages qu'il a causé***. Dans le cas de la responsabilité pour faute, l'administration est partiellement exonérée de sa responsabilité. Pour obtenir une indemnisation intégrale de son préjudice, la victime doit agir parallèlement contre l'administration et contre le tiers. C'est au juge administratif, en fonction de critères parfois ésotériques, de décider quelle est la part du préjudice dont la réparation incombe à l'administration et au tiers-auteur. Il n'existe pas, comme en droit civil, de responsabilité *in solidum* qui permette à la victime de demander réparation de l'intégralité du dommage au défendeur. À charge pour le défendeur d'exercer ensuite une action récursoire contre le tiers coauteur.

3) La force majeure

La force majeure est, comme en droit civil, un ***événement imprévisible, irrésistible et extérieur aux parties***. Elle exclut l'établissement d'un lien de causalité. Elle est constituée par exemple, par des inondations provoquées par des pluies diluviennes « en raison de leur violence et de leur intensité exceptionnelles et imprévisibles »[8]. Si elle est

8. CE, 25 mai 1990, Abadie : Lebon, p. 239.

reconnue, la force majeure exonère totalement ou partiellement l'administration, en fonction du rôle de l'événement dans la réalisation du dommage.

4) Le cas fortuit

La jurisprudence administrative, contrairement à la jurisprudence civile, distingue le cas fortuit de la force majeure. Le cas fortuit joue un rôle exonératoire plus faible que la force majeure. Comme la force majeure ***le cas fortuit est imprévisible et irrésistible***. En revanche, il n'est ***pas nécessairement extérieur aux parties.***

La rupture du barrage de Malpasset (Var) en 1959, qui fit quatre cent vingt-trois morts, fournit l'exemple le plus connu de cas fortuit. Le Conseil d'État conclut que la cause de la rupture, était certes mystérieuse, imprévisible, irrésistible, mais pas pour autant extérieure au barrage. Il attribua donc sa cause à un cas fortuit et indemnisa les victimes de l'inondation atteinte en qualité de tiers[9].

B - La date d'évaluation du préjudice

Plusieurs années peuvent séparer la réalisation du préjudice du jugement de réparation du préjudice. Traditionnellement, le juge administratif évaluait le dommage à la date de sa réalisation et non de sa réparation. L'inflation, l'érosion monétaire qui l'accompagne, pouvait diminuer considérablement la valeur de la réparation réelle. Afin de permettre une solution plus équitable, le juge distingue désormais entre les dommages causés aux personnes et ceux causés aux biens.

1) Les dommages causés aux personnes

Les dommages causés aux personnes doivent être évalués à la date où l'autorité compétente prend la décision de fixation de l'indemnité[10]. Cela permet de prendre en compte tous les événements survenus depuis la réalisation du dommage.

2) Les dommages causés aux biens

La solution est plus sévère. Les dommages causés aux biens doivent être évalués à la date de leur réalisation et non à la date du jugement. Plus précisément, « à la date où leur cause ayant pris fin et leur étendue étant connue, il peut être procédé aux travaux destinés à les réparer »[11].

Cette date peut coïncider avec la survenance du préjudice. Elle peut aussi correspondre à une date ultérieure si le retard est indépendant de la volonté de la victime. Dans les deux hypothèses, la solution est moins favorable que pour l'évaluation du préjudice causé aux personnes.

9. CE, ass., 28 mai 1971, Département du Var : Lebon, p. 419.
10. CE, ass., 21 mars 1947, Dame veuve Aubry : Lebon, p. 123.
11. CE, 21 mars 1947, Compagnie générale des eaux : Lebon, p. 122.

C - Le calcul de l'indemnité

La victime d'un préjudice peut obtenir, outre les indemnités principales, des indemnités accessoires.

1) Les indemnités principales

Le préjudice doit être intégralement réparé. Ce principe emporte ***deux conséquences*** :

- ***la victime ne doit pas se retrouver appauvrie par le dommage***. Il faut tenir compte tant de son gain manqué que de sa perte subie ;
- ***la victime du dommage ne doit pas non plus se trouver enrichie par celui-ci***. Le préjudice doit faire l'objet d'une « réparation par équivalent », c'est-à-dire pécuniaire et non en nature.

2) Les indemnités accessoires

Les plus importantes sont l'***indemnité compensatoire de frais de justice***, les ***intérêts moratoires*** et les ***intérêts des intérêts***.

L'***indemnité compensatoire des frais de justice*** est prévue par l'article L. 761-1 du Code de justice administrative. Cet article est de portée très générale puisqu'il s'étend à toutes les branches du contentieux administratif. Il a pour objet de compenser les frais de justice exposés par la victime, notamment son avocat. Ces intérêts ne sont accordés que sous des conditions bien précises.

Les ***intérêts moratoires*** sont les intérêts qu'aurait rapportés l'indemnité principale, jusqu'au jour de son versement effectif, si elle avait fait l'objet d'un placement rémunéré au taux légal du loyer de l'argent.

Les ***intérêts des intérêts*** sont une indemnité que le créancier de l'indemnité principale peut obtenir au titre de la capitalisation des intérêts moratoires, pour la période pendant laquelle ceux-ci n'ont pas été payés.

BIBLIOGRAPHIE

BELRHALI (H.), *Responsabilité administrative*, 2e éd., 2020, LGDJ-Lextenso.

CERDA-GUZMAN (C.), « De la distinction entre responsabilité de l'État du fait des conventions internationales et responsabilité du fait des lois », RFDA 2012, p. 38.

CHAPUS (R.), *Responsabilité publique et responsabilité privée*, 2010, LGDJ-Lextenso.

Conseil d'État, « Responsabilité et socialisation du risque », EDCE 2005.

DELAUNAY (B.), *La faute de l'administration*, 2007, LGDJ-Lextenso.

LATOURNERIE (M.-A.), « Responsabilité administrative et constitution », in *Mélanges Chapus*, 1992, Montchrestien, p. 352.

POUILLAUDE (H.-B.), *Le lien de causalité dans le droit de la responsabilité administrative*, thèse Paris 2-Assas, 2011.

Les imperfections de la responsabilité administrative, (dossier, 5 contributions), AJDA 2018, p. 2055.

CHAPITRE 17

La responsabilité pour faute

La responsabilité de l'administration peut être engagée en raison d'une faute de l'administration ou d'une personne qui agit en son nom. Le préjudice de la victime est alors réparé parce que l'administration a commis un « manquement à une obligation préexistante » (Planiol). Mais tous les types de fautes n'engagent pas nécessairement la responsabilité de l'État. Il faut que la faute soit illégale, c'est-à-dire qu'elle constitue un manquement de l'administration à une obligation d'agir ou au contraire de s'abstenir. Il faut également qu'elle soit à l'origine d'un préjudice.

Pour savoir si un manquement de l'administration est de nature à engager sa responsabilité, il convient de distinguer entre trois types de fautes : la faute personnelle et la faute de service, la faute simple et la faute lourde et enfin, la faute présumée

1 • FAUTE PERSONNELLE ET FAUTE DE SERVICE

La distinction entre faute personnelle et faute de service remonte à l'arrêt *Pelletier* de 1873[1].

Parfaitement fondée sur le plan de la responsabilité, la distinction dans sa mise en œuvre, peut conduire à des solutions inéquitables pour la victime. Les théories du cumul et les actions récursoires ont pour objet de limiter ces inconvénients.

A - La distinction entre faute personnelle et faute de service

À chacune de ces fautes correspond un régime juridique spécifique. L'enjeu essentiel est de savoir quel est le patrimoine qui *a priori* doit supporter la charge de la réparation.

1) La faute personnelle

La faute personnelle est une faute qui, selon la formule de Laferrière, « révèle l'homme avec ses faiblesses, ses passions, ses imprudences ». Cette faute engage l'agent, sur son patrimoine personnel. Elle relève de la compétence du juge judiciaire qui applique les règles de droit civil.

1. T. confl., 30 juill. 1873, Pelletier : Lebon, p. 117, GAJA.

Une faute commise hors du service est presque toujours une faute personnelle dès lors qu'elle est étrangère au service. Ainsi, l'accident causé par un militaire en permission avec son véhicule personnel est une faute personnelle[2]. De même, l'assassinat commis par un douanier avec son arme de service, mais en dehors du service, est une faute personnelle[3].

2) La faute de service

La faute de service est la faute qui, toujours selon la formule de Laferrière, « révèle un administrateur plus ou moins sujet à erreur, et non l'homme avec ses faiblesses, ses passions, ses imprudences ». La faute de service est commise à l'occasion d'actions effectuées pour le compte de l'administration. Elle relève du juge administratif qui applique les règles du droit administratif.

Une faute commise dans le cadre du service est en principe considérée comme une faute de service. Il peut s'agir par exemple de la perte d'un dossier par l'administration ou de la fermeture anticipée d'un bureau.

Il existe toutefois une exception au principe selon lequel la faute commise dans le cadre du service est une faute de service. Il s'agit de la faute détachable, qui est assimilée par le juge à une faute personnelle. La faute est détachable dans deux hypothèses : lorsqu'elle est intentionnelle ou lorsqu'elle est d'une gravité inadmissible.

La faute intentionnelle commise dans le cadre du service mais détachable de celui-ci peut consister par exemple en un détournement de fonds[4]. La faute non intentionnelle mais d'une gravité inadmissible commise dans le cadre du service et détachable de celui-ci consiste, par exemple, dans le refus répété d'un médecin de garde de se rendre au chevet d'un malade malgré les appels répétés[5].

B - Les théories du cumul

La jurisprudence *Pelletier*, en distinguant entre faute personnelle et faute de service peut s'avérer redoutable pour la victime. Si le responsable d'une faute personnelle est insolvable, son dommage ne sera jamais réparé. Pour remédier à cette lacune, la jurisprudence, grâce aux théories du cumul des fautes et du cumul des responsabilités, permet à la victime d'agir contre l'administration même lorsque le dommage résulte d'une faute personnelle.

1) Le cumul des fautes

Il s'agit de la situation dans laquelle à l'origine d'un même dommage il y a à la fois une faute personnelle et une faute de service. La jurisprudence offre alors un choix à la victime. Elle peut, en fonction de son intérêt, demander réparation de la totalité du dommage soit à l'administration, devant le juge administratif, soit à l'agent fautif, devant le juge judiciaire.

---

2. CE, 28 juill. 1951, Société Standard des pétroles : Lebon, p. 470.
3. CE, 23 juin 1954, Veuve Litzler : Lebon, p. 376.
4. CE, 21 avril 1937, Demoiselle Quesnel : Lebon, p. 143.
5. CE, 4 juill. 1990, Société d'assurance Le Sou médical : Lebon, p. 245.

La théorie du cumul des fautes a été inaugurée par l'arrêt *Anguet*[6]. Les faits de l'espèce étaient les suivants : un usager des Postes et Télécommunications avait été expulsé si violemment d'un bureau de poste qu'il s'était cassé une jambe. À l'origine du dommage, il y avait deux fautes. Une faute de service : la fermeture prématurée du bureau de poste qui avait contraint M. Anguet à tenter de sortir par une pièce interdite au public. Une faute personnelle : la violence des deux agents qui, prenant M. Anguet pour un voleur, l'avait jeté dehors. M. Anguet choisit d'attaquer l'État plutôt que les agents fautifs. Au nom de la théorie du cumul des fautes, le Conseil d'État condamna l'État à réparer l'intégralité du dommage.

2) Le cumul des responsabilités

Depuis 1918, par dérogation à la jurisprudence *Pelletier*, le Conseil d'État accepte que la victime engage la responsabilité de l'administration plutôt que celle de l'agent. Il y a alors cumul des responsabilités : une seule faute est susceptible d'engager, au choix de la victime, la responsabilité de l'agent fautif devant le juge judiciaire, ou la responsabilité de l'administration devant le juge administratif.

L'arrêt *Lemonnier*[7] est à l'origine de cette théorie du cumul des responsabilités. En admettant la responsabilité de l'administration malgré l'absence de faute de sa part, la théorie va plus loin encore, dans la défense de la victime, que la théorie du cumul des fautes.

Selon les termes du commissaire du gouvernement Blum dans cette affaire, « la faute se détache du service, mais le service ne se détache pas de la faute ». Un promeneur avait été blessé par une balle de carabine. Le coup de feu avait été tiré au cours d'une épreuve de tir organisée dans le cadre d'une fête foraine communale. L'accident était dû exclusivement à une faute personnelle : la grave négligence du maire qui n'avait pas imposé de mesure de sécurité. La victime préféra attaquer la commune, ce que le Conseil d'État accepta au nom de la théorie du cumul des responsabilités.

Après avoir été admis pour les fautes commises dans le service, le Conseil d'État a accepté le cumul des responsabilités pour des fautes commises en dehors du service mais avec des moyens mis à la disposition de l'agent par le service, dans l'arrêt *Demoiselle Mimeur*[8].

Il existe cependant des limites à cette extension de la responsabilité de l'administration. Le Conseil d'État n'accepte pas que la responsabilité de l'administration soit engagée lorsqu'une arme à feu, même détenue pour raison de service, a été utilisée avec la volonté de nuire[9].

C - Les actions récursoires

L'action récursoire est un recours en justice exercé contre le véritable débiteur d'une dette par celui qui a été condamné à la verser. Le Conseil d'État l'a admise au profit de

6. CE, 3 févr. 1911, Anguet : Lebon, p. 146, GAJA.
7. CE, 26 juill. 1918, Époux Lemonnier : Lebon, p. 761, GAJA.
8. CE, ass., 18 nov. 1949, Demoiselle Mimeur : Lebon, p. 492.
9. CE, 12 mars 1975, Pothier : Lebon, p. 190.

l'administration en 1951, dans l'arrêt *Laruelle*[10]. L'administration condamnée à réparer un dommage pour faute personnelle en application de la théorie du cumul des fautes ou du cumul des responsabilités, peut exercer ensuite une action récursoire contre l'agent fautif. Elle pourra ainsi récupérer tout ou partie de l'indemnité versée.

Concrètement, l'administration émet à l'encontre de l'agent fautif un état exécutoire, c'est-à-dire un acte unilatéral le constituant débiteur d'une somme d'argent. Si l'agent refuse de payer, c'est à lui de saisir le juge administratif afin de faire opposition à l'État exécutoire. Cette action récursoire relève toujours du juge administratif. En cas de cumul de fautes, le remboursement de l'agent est limité à la proportion dans laquelle sa faute a concouru au dommage. En cas de cumul de responsabilités, l'agent fautif peut se voir réclamer la totalité de l'indemnité.

2. FAUTE SIMPLE ET FAUTE LOURDE

Pour engager la responsabilité de l'administration, une faute simple est en principe suffisante. Cependant, en raison de la particularité de l'action administrative – la mise en œuvre de l'intérêt général – la jurisprudence, dans certaines situations, est plus exigeante. Lorsque le dommage trouve sa source dans une activité difficile à mener, la victime doit démontrer non seulement qu'il y a faute, mais qu'il s'agit d'une faute lourde. Le domaine dans lesquels une faute lourde est exigée n'a cessé de reculer.

A - La distinction entre faute simple et faute lourde

Le juge administratif distingue entre deux catégories de fautes : la faute simple et la faute lourde.

L'intérêt de cette distinction réside dans la volonté du juge administratif de ne pas entraver l'action administrative. Dans certaines hypothèses, une faute lourde est exigée. Les fautes simples commises dans l'exercice d'activités difficiles sont en quelque sorte excusées, le but étant de laisser à l'administration une marge d'action « en franchise de responsabilité » (René Chapus). Le juge administratif ne définit pas la ***faute simple***. Il déclare simplement que la faute commise entraîne la responsabilité pour faute du service considéré. En substance, la faute simple définit seulement un seuil d'engagement de la responsabilité administrative. Elle ne s'intéresse pas à la gravité de la faute commise par l'administration. La faute simple est donc une faute non qualifiée. Est ainsi une faute simple, qui entraîne la responsabilité de la personne publique concernée, l'interdiction illégale de projeter un film[11] ou l'organisation défectueuse du service de ramassage scolaire[12].

Au contraire, la ***faute lourde*** est toujours expressément qualifiée comme telle par le juge. Elle doit être distinguée de la faute lourde en droit civil pour lequel il existe une définition

10. CE, ass., 28 juill. 1951, Laruelle : Lebon, p. 464, GAJA.
11. CE, 25 mars 1966, Société Les Films Marceau : Lebon, p. 240.
12. CE, 26 mai 1976, Époux Salabaras : Lebon, p. 276.

de la faute. La faute lourde est la faute impardonnable, inexcusable, grossière. Une telle définition n'existe pas en droit administratif.

B - Le recul de la faute lourde

Depuis 1990, le juge administratif a tendance à abandonner la recherche de compromis entre l'efficacité administrative et l'intérêt de la victime, au profit du seul intérêt de la victime. L'exigence de faute lourde est de ce fait remise en cause au profit de la faute simple. Dans certains cas, la faute lourde est cependant encore exigée.

1) Le maintien de l'ordre

Le régime d'irresponsabilité des services de police a pris fin en 1905 avec la décision du Conseil d'État, *Tomaso Grecco*[13]. Le régime de la responsabilité a ensuite été précisé par le Conseil d'État dans sa décision *Clef*, de 1925. Le commissaire du gouvernement écrivait sur cette décision que « pour s'acquitter de la lourde tâche de maintenir l'ordre dans la rue, les forces de police ne doivent pas voir leur action énervée par des menaces permanentes de complications contentieuses »[14]. Désormais, une faute lourde est exigée pour engager la responsabilité de l'administration du fait d'une activité de police administrative, lorsque celle-ci présente des difficultés particulières d'intervention.

2) L'activité de contrôle

Une faute lourde est exigée pour engager la responsabilité de l'administration du fait d'une activité de contrôle. Cette exigence a une portée très large. Elle s'applique aux activités de contrôle les plus diverses :
- contrôle de tutelle sur les établissements publics[15] ;
- contrôle de tutelle sur les collectivités locales ;
- contrôle aux frontières ;
- contrôle des banques par la commission bancaire[16].

3) L'activité des juridictions administratives

L'article L. 141-1 du Code de l'organisation judiciaire dispose que « L'État est tenu de réparer le dommage causé par le fonctionnement défectueux du service de la justice. Cette responsabilité n'est engagée que par une faute lourde ou par un déni de justice ». Cette disposition ne s'applique pas aux juridictions administratives. Le Conseil d'État en a décidé ainsi dans l'arrêt d'Assemblée *Darmont*[17]. Une faute lourde est nécessaire pour engager la responsabilité de la juridiction administrative, mais en vertu des « principes généraux régissant la responsabilité de la puissance publique », cette exigence de faute lourde rencontre cependant une limite. En effet, conformément aux exigences de

---

13. CE, 10 févr. 1905, Tomaso Grecco : Lebon, p. 139, GAJA.
14. Concl. Rivet sur CE, 13 mars 1925, Clef, RDP 1925, p. 274.
15. CE, ass., 29 mars 1946, Caisse départementale d'assurances sociales de Meurthe-et-Moselle, GAJA.
16. CE, ass., 30 nov. 2001, Ministère de l'économie c/Kechichian : Lebon, p. 587.
17. CE, ass., 29 déc. 1978, Darmont : Lebon, p. 542.

la CEDH, la responsabilité pour faute simple est engagée lorsque la juridiction administrative a dépassé le délai raisonnable de jugement d'une affaire[18].

4) L'activité fiscale

Une faute simple lors de l'exécution d'opérations d'établissement et de recouvrement de l'impôt suffit à engager la responsabilité de l'État. La faute engage la responsabilité de l'État au profit du contribuable ou de toute autre personne, si elle leur a directement causé un préjudice[19].

3. FAUTE PROUVÉE ET FAUTE PRÉSUMÉE

La faute présumée constitue une voie moyenne entre la responsabilité pour faute et la responsabilité sans faute. Elle permet de rendre plus aisée l'indemnisation de la victime. Quand il y a présomption de faute, il suffit à la victime d'établir le lien de causalité entre l'action de l'administration et le préjudice subi. La preuve de la faute n'incombe pas à la victime. L'administration doit alors démontrer qu'il n'y a pas de faute de sa part. La jurisprudence utilise la faute présumée au profit d'une part, des usagers d'ouvrages publics, d'autre part des usagers des hôpitaux publics.

A - Les dommages de travaux publics

Les usagers des ouvrages publics bénéficient d'une responsabilité pour faute présumée. Il leur suffit de prouver que le préjudice est causalement dû à l'équipement utilisé. C'est au défendeur d'apporter la preuve qu'aucune faute n'a été commise. Dès lors qu'un manquement à un « défaut d'entretien normal » existe, sa responsabilité est susceptible d'être engagée.

B - Les services publics hospitaliers

Les usagers des hôpitaux publics bénéficient d'une faute présumée. Encore faut-il que les soins courants ou les actes médicaux reçus par les victimes produisent des conséquences dommageables anormales dont le caractère inattendu « révèle une faute dans l'organisation ou le fonctionnement du service hospitalier ». Concrètement, il s'agit d'hypothèses où, après expertise, il n'est pas possible de déterminer avec certitude l'existence d'une faute. Celle-ci, impossible à démonter est alors présumée. Cette jurisprudence d'abord appliquée aux dommages anormaux, dont l'origine exacte reste inconnue, a été étendue à l'ensemble des dommages « inexpliqués », notamment les infections contractées à l'hôpital.

18. CEDH, 26 mars 2002, Lutz c/France.
19. CE, sect. 21 mars 2011, Krupa : Lebon, p. 101.

BIBLIOGRAPHIE

Dossier : « Le préjudice en droit administratif » Dr. adm. n° 8-9, août 2018

BELRHALI (H.), *Responsabilité administrative*, 2e éd., 2020, LGDJ-Lextenso.

CHAPUS (R.), *Responsabilité publique et responsabilité privée*, 2010, LGDJ-Lextenso.

DELAUNAY (B.), *La faute de l'administration*, 2007, LGDJ-Lextenso.

DUBOUT (E.), « Faut-il tuer les catégories de fautes en droit administratif ? », RDP 2009, p. 1341.

POUILLAUDE (H.-B.), *Le lien de causalité dans le droit de la responsabilité administrative*, thèse Paris 2-Assas, 2011.

POULET-GIBOT LECLERC (N.), « La faute lourde n'a pas disparu, elle ne disparaîtra pas ? », LPA 2002, n° 132, p. 16.

CHAPITRE 18

La responsabilité sans faute

La responsabilité sans faute est l'expression de la volonté de l'administration de prendre à sa charge des dommages qu'il serait injuste de laisser porter aux seules victimes. Depuis plus d'un siècle, il en a en effet été jugé que lorsque l'action administrative est de nature à faire courir des risques à certains administrés, la collectivité doit assumer ces risques.

Le Conseil d'État a ainsi admis que la responsabilité de l'État puisse être engagée même sans faute dans le cas d'un accident professionnel subi par un ouvrier d'État[1]. Pour l'administré, le mécanisme de responsabilité sans faute est plus avantageux. D'abord, aucune faute de l'administration ne doit être prouvée. Ensuite, l'administration ne peut pas s'exonérer en prouvant qu'elle n'a pas commis de faute.

Enfin, la responsabilité sans faute est d'ordre public. Cela signifie qu'au cours d'un procès le juge peut la soulever d'office.

Il existe trois fondements à la responsabilité sans faute : la responsabilité pour risque et la responsabilité pour rupture d'égalité devant les charges publiques. Un troisième fondement est apparu beaucoup récemment : la responsabilité pour garde.

1 • LA RESPONSABILITÉ POUR RISQUE

L'administration dans l'exercice normal de son activité, est susceptible de faire peser un risque sur une ou des personnes. Si ce risque se réalise, elle doit les indemniser, dès lors que le dommage est certain. Quatre cas de responsabilité doivent être distingués : le risque subi par les collaborateurs de l'administration, la responsabilité du fait d'activités dangereuses, la responsabilité du fait des attroupements et la responsabilité de travaux publics.

A - Le risque subi par les collaborateurs de l'administration

La jurisprudence inaugurée pour les collaborateurs professionnels de l'administration a été étendue aux collaborateurs occasionnels.

1. CE, 21 juin 1895, Cames : Lebon, p. 509, GAJA.

1) *Les collaborateurs professionnels*

L'État doit réparer les conséquences d'un accident de travail subit par l'un de ses ouvriers. L'arrêt *Cames* a inauguré cette responsabilité en 1895[2]. Romieu expliquait ainsi cette solution : « l'État doit garantir ses ouvriers contre le risque résultant des travaux qu'il leur fait exécuter ». La jurisprudence *Cames* a perdu aujourd'hui une grande part de son intérêt, les agents des services publics étant couverts par une législation du travail spécifique à la fonction publique.

2) *Les collaborateurs occasionnels*

Pour des raisons d'équité, le régime de responsabilité pour risque prévu pour les collaborateurs permanents de l'administration a été étendu aux collaborateurs occasionnels par la décision du Conseil d'État *Commune de Saint priest la Plaine*[3]. Plusieurs conditions doivent être réunies pour que le collaborateur occasionnel du service public bénéficie de la responsabilité pour risque de l'administration :

- l'activité à laquelle la victime a participé doit constituer un véritable service public, relevant de la personne publique ;
- la collaboration doit avoir été ordonnée ou sollicitée par la personne publique ;
- la collaboration doit avoir été réelle.

Les situations dans lesquelles ces conditions peuvent se trouver réunies sont, à titre d'exemples, les suivantes :

- concours apporté à l'exécution du service public des douanes par un automobiliste reconduisant des douaniers qui avaient procédé chez lui à une perquisition ;
- réquisition de l'autorité publique ;
- maire qui demande d'assurer le tir d'un feu d'artifice célébrant le 14 juillet[4].

B - La responsabilité du fait des dommages causés par les choses et les activités dangereuses

La jurisprudence a d'abord admis la responsabilité sans faute de l'administration du fait des dommages causés aux administrés par l'utilisation de choses dangereuses. Cette responsabilité a ensuite été étendue aux méthodes dangereuses.

1) *Les choses dangereuses*

À l'origine de cette responsabilité il y a l'explosion en 1919 du fort de La Courneuve qui contenait des dépôts de munitions. L'explosion ravagea les alentours et provoqua des dizaines de morts. Bien qu'aucune faute n'ait été reprochée à l'armée, le Conseil d'État admit sa responsabilité sans faute[5]. Il constata que les opérations de manutention d'engins dangereux « effectués dans des conditions d'organisation sommaires, sous l'empire des nécessités militaires, comportaient des risques excédent les limites de ceux

2. CE, 21 juin 1895, Cames : Lebon, p. 509, GAJA.
3. CE, ass., 22 nov. 1946, Commune de Saint Priest la Plaine : Lebon, p. 79, GAJA.
4. Commune de Saint priest la Plaine, *op. cit.*
5. CE, 28 mars 1919, Regnault-Desroziers : Lebon, p. 329.

qui résultent normalement du voisinage ». De tels risques étaient de nature « à engager, indépendamment de toute faute, la responsabilité de l'État ».

Ce régime de responsabilité a été étendu progressivement. Sont considérés comme des choses dangereuses les explosifs, les armes à feu[6] et les produits sanguins (en raison du risque de contamination du virus du SIDA qu'ils présentent). En revanche, le matériel de maintien de l'ordre (matraques, grenades lacrymogènes), n'est pas considéré comme dangereux.

2) *Les méthodes dangereuses*

Pour des raisons d'intérêt général, l'administration, pour certaines activités, doit mettre en œuvre des méthodes qui peuvent s'avérer dangereuses pour les tiers. Le fondement de l'indemnisation des victimes réside là encore dans le risque pris par l'administration. Ce sera par exemple le cas lorsque l'administration met en œuvre des méthodes de réinsertion sociale (semi-liberté de mineurs délinquants, sorties pour des malades psychiatriques ou des détenus). Cette solution a été étendue à certains contentieux d'ordre médical. Lorsque le médecin a agi selon les règles de l'art mais que, en raison des aléas thérapeutiques, son intervention se révèle préjudiciable au patient, le Conseil d'État admet, sous certaines conditions, une responsabilité pour risque[7].

C - La responsabilité du fait des attroupements et rassemblements

Les fins de manifestations ou de toutes autres formes de rassemblements sont propices à des débordements. Pour éviter que les victimes soient obligées de prouver une faute de l'État, l'article L. 211-10 du Code de la sécurité intérieure que : « L'État est civilement responsable des dégâts et dommages résultant des crimes et délits commis, à force ouverte ou par violence, par des attroupements ou rassemblements armés ou non armés, soit contre les personnes, soit contre les biens. Il peut exercer une action récursoire contre la commune lorsque la responsabilité de celle-ci se trouve engagée. »

L'application de ces dispositions est donc subordonnée à la condition que les dommages, dont il est demandé l'indemnisation, résultent de manière directe et certaine de crimes ou de délits commis par des rassemblements ou des attroupements précisément identifiés. L'article L. 211-10 du Code de la sécurité intérieure ne définit pas les rassemblements ou les attroupements. La jurisprudence considère cependant qu'il y a attroupement quand, de façon préméditée ou occasionnelle, dans un lieu public ou privé, se trouvent des personnes animées d'un même esprit, groupées ou en nombre tel qu'il est de nature à faire disparaître la personnalité de chacun des individus faisant partie du groupe derrière la personnalité propre de celui-ci.

6. CE, ass., 24 juin 1949, Consorts Lecomte : Lebon, p. 307, GAJA : patron de café tué accidentellement par un coup de feu tiré par un policier.
7. CE, ass., 9 avril 1993, Bianchi : Lebon, p. 126.

D - La responsabilité de travaux publics ou d'ouvrages publics

L'usager d'un ouvrage public qui est victime d'un accident ne bénéficie que d'une responsabilité pour faute présumée. C'est à l'administration qu'il appartiendra de prouver l'absence de tout défaut d'entretien normal de l'ouvrage ou de toute autre faute commise dans l'exécution des travaux. Lorsqu'au contraire la victime de l'accident est un tiers par rapport à l'ouvrage public ou aux travaux, elle bénéficie de la responsabilité pour risque. La personne publique ne peut donc s'exonérer de sa responsabilité en démontrant l'absence de faute. La jurisprudence estime en effet que, à la différence des usagers, les travaux publics et les ouvrages publics font courir aux tiers des risques qu'ils n'ont pas consenti. Il y a là une différence de situation qui fonde une différence de régime.

2• LA RESPONSABILITÉ POUR RUPTURE D'ÉGALITÉ DEVANT LES CHARGES PUBLIQUES

Il n'y a pas de raison qu'une seule personne supporte les conséquences d'un acte ou d'une activité menée dans un but d'intérêt général. La jurisprudence permet de corriger ce déséquilibre grâce à une compensation. Encore faut-il que le dommage soit anormal et spécial, c'est-à-dire qu'il atteigne un certain degré d'importance et qu'il ne concerne que certains membres de la collectivité. Il s'agit là d'une différence avec la responsabilité pour risque qui exige seulement que le dommage soit certain. Il existe trois cas dans lesquels cette responsabilité est mise en œuvre : la responsabilité du fait d'actes administratifs réguliers, la responsabilité du fait des lois et des conventions internationales et la responsabilité pour dommages permanents de travaux publics.

A - La responsabilité du fait d'actes administratifs réguliers

La responsabilité du fait d'actes administratifs réguliers a été inaugurée par le Conseil d'État en 1923 pour les décisions individuelles. Cette responsabilité a été étendue en 1963 aux décisions réglementaires.

1) Les décisions individuelles

L'arrêt du Conseil d'État, *Couitéas*, de 1923[8] marque le point de départ de la jurisprudence reconnaissant la responsabilité sans faute de l'administration pour rupture d'égalité devant les charges publiques. Les autorités françaises refusèrent à M. Couitéas, propriétaire dans le sud de la Tunisie d'un domaine de 38 000 hectares, le concours de la force publique pour exécuter la décision de justice d'expulsion de 8 000 autochtones. Le refus aurait pu être fautif : la décision de justice était revêtue de la formule exécutoire. Mais des impératifs d'ordre public justifiaient le refus. L'exécution de la décision

8. CE, 30 nov. 1923, Couitéas : Lebon, p. 789, GAJA.

constituait un danger pour l'ordre et la sécurité. Le Conseil d'État jugea cependant que « le préjudice qui résulte de ce refus ne saurait [...] être une charge incombant normalement à l'intéressé et qu'il appartient au juge de déterminer la limite à partir de laquelle il doit être supporté par la collectivité ».

Le préjudice anormal est donc réparé même en l'absence d'une faute. La jurisprudence *Couitéas* trouve à s'appliquer en cas de défaut de concours de la force publique pour assurer l'exécution d'une décision de justice. Il peut s'agir de l'expulsion de grévistes d'une usine ou de locataires d'un appartement qu'ils occupent indûment. Cette jurisprudence s'applique également dans d'autres cas de décisions administratives individuelles légales. Par exemple le refus d'autoriser le licenciement de personnels en raison des perturbations dans la vie économique locale qui en seraient résultées[9].

2) *Les décisions réglementaires*

Les actes administratifs réglementaires peuvent causer un préjudice anormal et spécial à un particulier ou à une catégorie de personnes. Ils engageront la responsabilité sans faute de l'administration. Ce principe a été posé par le Conseil d'État dans l'arrêt *Commune de Gavarnie*[10]. Les faits étaient les suivants : deux chemins conduisent au cirque de Gavarnie. Ils sont tous les deux fréquentés à la fois par des ânes et par des piétons. Afin d'éviter les accidents, le maire décide d'affecter un chemin à chaque catégorie d'usagers. Pour son malheur, un marchand de souvenirs s'est installé au bord du chemin réservé ultérieurement aux ânes, de piètres clients.

Le marchand subit donc un préjudice du fait de la décision du maire. La réparation sera assurée sur le terrain de la responsabilité pour rupture d'égalité devant les charges publiques.

De même le règlement qui tarit la clientèle d'un relais routier en interdisant aux poids lourds d'emprunter la route qui y conduit, engage la responsabilité sans faute de l'État[11].

B - La responsabilité du fait des lois et des conventions internationales

La responsabilité de l'État du fait des lois et des conventions internationales est, selon les termes du professeur Chapus, un « produit de luxe : on ne s'en sert pas tous les jours ». Elle va cependant en se développant.

Elle a d'abord été reconnue pour les lois. L'importance prise par le droit international a conduit ultérieurement à reconnaître une responsabilité pour les conventions internationales.

1) *La responsabilité du fait des lois*

Le juge administratif admet qu'une loi, un traité ou une disposition constitutionnelle peut créer un préjudice anormal et spécial dont l'État doit assumer la responsabilité

9. CE, sect., 28 oct. 1949, Société des Ateliers du Cap Janet : Lebon, p. 130.
10. CE, sect., 22 févr. 1963, Commune de Gavarnie : Lebon, p. 113.
11. CE, 13 mai 1987, Aldebert : Lebon, p. 623.

sans faute. Il l'a admis pour la première fois en 1938, pour les lois, dans l'arrêt *La Fleurette*[12].

Une loi relative à la protection des produits laitiers interdisait la fabrication et le commerce de produits ne provenant pas exclusivement du lait, destinés au même usage que la crème. La société des produits La Fleurette qui était la seule touchée par cette mesure, dut cesser son activité. Le Conseil d'État observa que « rien, ni dans le texte même de la loi ou dans ses travaux préparatoires, ni dans l'ensemble des circonstances de l'affaire, ne permet de penser que le législateur a entendu faire supporter à l'intéressé une charge qui ne lui incombe pas normalement ; que cette charge créée dans un intérêt général, doit être supportée par la collectivité ». Ainsi, le préjudice, pour être réparé, doit être spécial et anormal.

La responsabilité de l'État peut également être engagée du fait de l'inconstitutionnalité d'une loi constatée dans le cadre de la procédure de question prioritaire de constitutionnalité. Le Conseil d'État en a décidé ainsi dans trois arrêts rendus le 24 décembre 2019 (*Société Paris Clichy et autres*[13]). L'engagement de la responsabilité de l'État exige trois conditions :

- une déclaration d'inconstitutionnalité ;
- il faut que la déclaration d'inconstitutionnalité n'exclue pas l'indemnisation ;
- un lien de causalité direct entre la loi et le préjudice subi.

2) La responsabilité du fait des conventions internationales

Le Conseil d'État a admis en 1966, dans l'arrêt *Compagnie générale d'énergie radioélectrique*, que la responsabilité de l'État peut être engagée, sur le fondement de la rupture d'égalité devant les charges publiques, du fait des conventions internationales[14]. Il a ainsi condamné l'État à indemniser des propriétaires immobiliers du préjudice résultant pour eux de l'impossibilité d'obtenir l'expulsion d'un locataire. Celui-ci bénéficiait de l'immunité diplomatique prévue par l'accord de siège passé entre la France et l'UNESCO[15].

Par l'arrêt *Gardedieu*[16], il a également reconnu la responsabilité pour faute de l'État, pour violation par une loi d'une convention internationale. La responsabilité de l'État est engagée pour réparer l'ensemble des préjudices qui résultent de l'intervention d'une loi adoptée en méconnaissance des engagements internationaux de la France.

C - La responsabilité pour dommages permanents de travaux publics

Les ouvrages publics peuvent causer aux voisins, aux tiers, par leur présence, leur fonctionnement, les travaux publics qu'ils impliquent, des dommages permanents. Un équipement public peut être source de troubles de voisinage (perte de vue, perte de lumière,

12. CE, ass., 14 janv. 1938, Société des Produits laitiers La Fleurette : Lebon, p. 35, GAJA.
13. CE, ass., 24 déc. 2019, Société Paris Clichy, inédit au Lebon.
14. CE, ass., 30 mars 1966, Compagnie générale d'énergie radio-électrique : Lebon, p. 257, GAJA.
15. CE, sect., 29 oct. 1976, Dame Burgat : Lebon, p. 452.
16. CE, ass., 8 févr. 2007, Gardedieu : Lebon, p. 78.

nuisances sonores, fumée, etc.). Ces troubles, dès lors qu'ils réunissent les conditions de spécialité et d'anormalités sont indemnisables. Ce type de responsabilité sans faute sera par exemple engagé en raison du bruit supporté par un hôtel pendant les deux années qu'a duré la construction d'un parc souterrain de stationnement public[17] ; ou de la fermeture d'un garage liée à la transformation de la rue en voie piétonnière[18].

3. LA RESPONSABILITÉ POUR GARDE

La garde est le fondement le plus récent de la responsabilité sans faute. À l'origine, il s'agissait d'une notion de droit civil à laquelle le juge administratif recourait peu. En effet, aux termes de l'article 1242 du Code civil, « on est responsable non seulement du dommage que l'on cause par son propre fait, mais encore de celui qui est causé par le fait des personnes dont on doit répondre, ou des choses que l'on a sous sa garde ».

Depuis une décision de 2005, le juge administratif a fait de la garde, le fondement de la responsabilité de l'administration. Le Conseil d'État a décidé que « la décision par laquelle le juge des enfants confie la garde d'un mineur, dans le cadre d'une mesure d'assistance éducative [...] transfère à la personne qui en est chargée la responsabilité d'organiser, diriger et contrôler la vie du mineur ». En raison des pouvoirs dont l'État se trouve ainsi investi lorsque le mineur a été confié à un service ou un établissement qui relève de son autorité, sa responsabilité est engagée, même sans faute, pour les dommages causés aux tiers par ce mineur[19].

BIBLIOGRAPHIE

BECHILLON (D. de), « Irresponsabilité de la puissance publique », *Encyclopédie Dalloz*, Responsabilité de la puissance publique.

BELRHALI (H.), *Responsabilité administrative*, 2e éd., 2020, LGDJ-Lextenso.

CERDA-GUZMAN (C.), « De la distinction entre responsabilité de l'État du fait des conventions internationales et responsabilité du fait des lois », RFDA 2012, p. 38.

Conseil d'État, « Responsabilité et socialisation du risque », EDCE 2005.

DISANT (M.), « La responsabilité de l'État du fait de la loi inconstitutionnelle », RFDA 2011, p. 1181.

RFDA, « La responsabilité du fait des lois inconstitutionnelles ou conventionnelles » (dossier), n° 3, 2019, p. 391 et s.

17. CE, 22 juin 1992, Société Bac Montalembert et Saint Martin, inédit au Lebon.
18. CE, 16 oct. 1992, SA Garage de Garches, mentionné aux tables du Lebon.
19. CE, sect., 11 févr. 2005, GIE Axa Courtage : Lebon, p. 45.

Bibliographie générale

• 1) Ouvrages

Aguila (Y.) et Stirn (B.), *Le droit public français et européen*, 3e éd., 2021, Amphi – Presses de Sciences Po et Dalloz.

Bellescize (D. de), *Institutions administratives*, Les cours du droit, 1996.

Belrhali (H.), *Responsabilité administrative*, 2e éd, 2020, LGDJ-Lextenso.

Bigot (G.), *Introduction historique au droit administratif depuis 1789*, 2002, PUF.

Boyer (P.-X.) et Barray (C.), *Droit du contentieux administratif*, 3e éd., 2020, Gualino-Lextenso, Mémentos.

Braud (X.), *Cours de droit administratif général*, 4e éd 2020, Gualino-Lextenso, Amphi LMD.

Burdeau (F.), *Histoire du droit administratif*, 1995, PUF.

Broyelle (C.), *Contentieux administratif*, 8e éd., 2020, LGDJ-Lextenso.

Chapus (R.), *Droit administratif général*, 16e éd., 2004, LGDJ-Lextenso.

Chifflot (N.), Chrétien (P.) et Tourbe (M.), *Droit administratif*, 17e éd., 2020, Sirey.

Degoffe (M.), *Droit administratif*, 3e éd., 2016, Ellipses.

Delvolvé (P.), *Le droit administratif*, 7e éd., 2018, Dalloz, Connaissance du droit.

Dumont (G.), Lombard (M.) et Sirinelli (J.), *Droit administratif*, 13e éd., 2019, Dalloz, Hypercours.

Faure (B), *Droit des collectivités territoriales*, 6e éd., 2021, Dalloz.

Frier (P.-L.) et Petit (J.), *Précis de droit administratif*, 14e éd., 2020, LGDJ-Lextenso, Précis Domat.

Gaudemet (Y.), *Droit administratif*, 23e éd., 2020, LGDJ-Lextenso, Manuels.

Gaudemet (Y.), *Traité de droit administratif*, tome I, 12e éd., 2001, LGDJ-Lextenso.

Gaudemet (Y.), Stirn (B.), Dal Farra (T.) et Rolin (F.), *Les grands avis du Conseil d'État*, 3e éd., 2008, Sirey – Montchrestien.

GONOD (P.), MELLERAY (F.) et YOLKA (P.), *Traité de droit administratif*, (tome 1 et 2), 2011, Dalloz.

GUETTIER (C.), *Institutions administratives*, 7e éd., 2019, Dalloz.

GUYOMAR (M.) et SEILLER (B.), *Contentieux administratif*, 5e éd., 2019, Dalloz, Hypercours.

LEBRETON (G.), *Droit administratif général*, 10e éd., 2019, Dalloz, Cours.

MESTRE (J.-L.), *Introduction historique au droit administratif*, 1985, PUF.

MORAND-DEVILLER (J.), BOURDON (P.), POULET (F.), *Cours de droit administratif*, 16e éd., 2019, LGDJ-Lextenso.

PEISER (G.), *Droit administratif général*, 26e éd., 2014, Dalloz.

PLESSIX (B.), *Droit administratif général*, 3e éd., 2020, LexisNexis.

POUYAUD (D.) et WEIL (P.), *Droit administratif*, 25e éd., 2017, PUF, Que sais-je ?.

PRIET (F.), FERSTENBERT (J.) et QUILICHINI (P.), *Droit des collectivités territoriales*, 2e éd., 2016, Dalloz, Hypercours.

SEILLER (B.), *Droit administratif*, tome I, 7e éd., 2018 et tome II, 7e éd., 2018, Flammarion.

SERRAND (P.), *Manuel d'institutions administratives françaises*, 2015, PUF.

STIRN (B.), *Les sources constitutionnelles du droit administratif*, 10e éd., 2019, LGDJ-Lextenso.

TRUCHET (D.), *Droit administratif*, 8e éd., 2019, PUF, Thémis.

WALINE (J.), *Droit administratif*, 28e éd., 2020, Dalloz.

WEINDENFIELD (K), *Histoire du droit administratif du XIXe siècle à nos jours*, 2010, Economica.

• 2) Recueils d'arrêts

COLIN (F.), *L'essentiel des Grands arrêts de droit administratif*, 13e éd., 2021, Gualino-Lextenso.

LONG (M.), WEILL (P.), BRAIBANT (G.), DELVOLVÉ (P.) et GENEVOIS (B.), *Les grands arrêts de la jurisprudence administrative*, 22e éd., 2019, Dalloz.

LACHAUME (J.-F.), PAULIAT (H.), BRACONNIER (S.) et DEFFIGIER (C.), *Droit administratif, Les grandes décisions de la jurisprudence*, 17e éd., 2017, PUF.

• 3) Sites internet

Légifrance : http://www.legifrance.gouv.fr

Conseil d'État : http://www.conseil-etat.fr

• 4) Revues

Actualité juridique. Droit administratif (AJDA).

Droit administratif (DA).

Revue française de droit administratif (RFDA).

Revue du droit public (RDP).

• 5) Codes

Code général des collectivités territoriales

Code de la justice administrative

Code des relations entre le public et l'administration

Index

D

E

PEFC™
10-31-1316
PEFC recyclé
Ce produit est issu de sources recyclées et contrôlées.
www.pefc-france.org

IMPRIM'VERT®

Imprimé en France sur des papiers provenant exclusivement de l'Union européenne et issus de forêts gérées durablement par Dupliprint, 733 rue Saint-Léonard, 53100 Mayenne

Papier intérieur 100% fibres recyclées

Ce livre est imprimé sur un site sous management environnemental certifié AFAQ ISO 14001
Achevé d'imprimer en novembre 2021
Numéro d'impression : 2968439R
Dépôt légal : août 2021

100 %
PAPIER INTÉRIEUR
100 % RECYCLÉ